글쓰기 자신감을 길러 주는

글쓰기 동기 전략

Janet Angelillo

이경화 이경남 송민주 진용성 선종수 이미경

The Struggling Writer

Strategies to
Help Kids Focus,
Build Stamina, and
Develop Writing
Confidence

역자 소개

이경화: 한국교원대학교 초등교육과 교수

이경남: 초등 국어교육 박사과정(경기 안성 비룡초등학교)

송민주: 초등 국어교육 박사과정(부산 성동초등학교)

진용성: 초등 국어교육 교육학 석사(경기 광주 하남 풍산초등학교)

선종수: 초등 국어교육 교육학 석사(전남 순천 신흥초등학교)

이미경: 초등 국어교육 교육학 석사(서울 상월초등학교)

차 례

감사의 말

작가들이 동료들과 교류 없이 파자마에 슬리퍼 차림으로 아늑한 방에서 책을 쓴다고 생각하는 것은 낭만적인 신화이다. 작가들은 커피를 홀짝홀짝 마시며 이야기를 생각해 내고 개를 이야기 상대로 삼아 시간을 보낼 것 같다. 그러나 사실은 그렇지 않다. 학교, 도서관, 교실을 방문하지 않거나, 많은 사람과 이야기를 하고 회의에 참석하고 세부 내용을 해결하지 않고서는 전문 서적을 쓸 수 없다. 즉, 인적 네트워크가 필요하다는 것이다. 그래서 이 책이 나오기까지 도움을 주었던 사람들의 이름을 밝혀 감사의 마음을 전하고자 한다.

먼저, 뛰어난 친구이자 인내심 많은 편집장인 Lois Bridges에게 감사의 말을 전한다. 그녀는 내가 양해를 구한 것보다 더 오랜 시간 이 책을 기다려 주었다. 그녀의 현명한 조언과 온화한 전화는 항상 반가웠다. 그녀는 나를 더 좋은 작가로 만들어 주었고, 그것은 최고의 편집장이 할 수 있는 일이었다. 그리고 Scholastic사의 편집진에게도 감사의 말을 전한다. 그들은 교사를 위한 최고의 책을 출간하도록 많은 도움을 주었다.

Lucy Calkins에게 항상 감사한다. 교원 양성 대학 읽기 쓰기 프로젝트(The Teachers College Reading and Writing Project)는 내가 알고 있는 어떤 기관보다도 교직 생활과 아이들의 학습을 더 많이 변화시켰다.

내가 다른 방식으로 생각할 수 있게 도움을 준 동료와 친구들, 그리고 문식성 교육을 하는 훌륭한 사람들에게 감사를 전한다. Carl Anderson, Ralph Fletcher, Ruth Culham, Laura Robb, Katie Ray, Linda Rief, Lester Laminack, Isoke Nia, Shirley McPhillips, Michael Shaw, Jim Blasingame.

학생들을 전문적으로 가르치는 전국의 행정관과 선생님들에게도 감사를 전한다. Chicago, El Paso, Las Cruces, Providence, Boston, Albany, Brooklyn, East Orange와 모든 주에 있는 선생님들뿐만 아니라 Connecticut Danbury에 있는 Pam Dalton, Christine Pruss, David Krafick, Laura Kaddis, Pamela Ebersole, Buckley, Priscilla Eller. 뉴욕 동부 할렘 PS 57에 있는 Israel Soto, Lorraine Hasty, Betty Lugo, Angela Camiolo. 인디아나주 포트웨인에 있는 All Write의

Mindy Hoffar, Julia Nixon. 뉴욕 동부 할렘 PS 83의 Frances Castillo, Hazel Cruz, Olga Tsoupros, Susan Ottomanelli. 동부 할렘의 이중 언어 다문화 미니 스쿨(The Bilingual Bicultural Mini School)에 있는 Andrea Hernandez.

OFM Cap의 그레고리 노엘 신부님, 그리고 세턴에 있는 사랑하는 나의 친구에게 끝없는 고마움과 겸손을 보낸다.

그리고 나를 위해 사랑과 조용한 응원으로 항상 나를 밀어 주며 영원히 그 자리에 있어 준 나의 가족 Charles, Cheryl, Mark, Alex. 그대에게 축복이 깃들기를.

역자 서문

丛 기는 자신의 생각이나 감정, 정서 등을 글로 나타내는 행위로서 현대 사회에서 그 중요성이 증가하고 있다. 인터넷의 발달은 사람들이 쓴 글을 매우 빠른 속도로 광범위하게 전달함으로써 이제 글쓰기는 소위 글을 직업으로 하는 특정한 사람들의 전유물이 아니라 현대인이 갖추어야 할 핵심 능력으로 인식되고 있다.

글쓰기는 학교 교육에서도 매우 중요하게 다루어져 왔다. 특히 1980년대를 기점으로 과정 중심 쓰기, 대화주의, 장르 중심 쓰기 등 다양한 쓰기 이론이 제시되었고, 이를 바탕으로 한 글쓰기 교육도 활발하게 이루어졌다.

글쓰기에 대한 사회의 요구와 학교 교육에서 지속적으로 강조함에도 불구하고 여전히 적지 않은 사람들이 글쓰기를 싫어하고 어려워한다. 이 책은 쓰기를 가르치면서 교사들이 가지게 되는 본질적인 질문들, '어떻게 하면 학생들이 글쓰기를 좋아하고, 글쓰기에 자신감을 갖도록 할 수 있을까?'에 대한 해답을 제시한다.

이 책의 저자인 Angelillo는 쓰기 부진 학생을 맡고 있는 담임 교사의 요청에 따라 학급을 방문하여 부진 학생을 지도하고, 부진 학생의 글쓰기 지도에 대해 교사를 코칭하는 쓰기 교육 연구자이다. 이 책에서 저자는 오랜 기간 쓰기 부진 학생을 관찰한 다양한 사례를 바탕으로 쓰기 부진 학생의 특성을 유형화하고, 쓰기 부진 학생을 지도하는 데 활용할 수 있는 다양한 글쓰기 지도 방법을 제시하였다.

이 책에서는 '글쓰기를 싫어하는 학생, 글감 찾기를 어려워하는 학생, 쓰기 지구력이 부족한 학생, 쓰기 관습을 어려워하는 학생, 쓰기 과정에 대해서 어려움을 겪고 있는 학생, 잘 써야 한다는 부담감을 가진 학생, 자기 글을 존중하지 않은 학생'과 같이 7가지 유형으로 쓰기 부진 학생의 유형을 제시하였다. 이러한 쓰기 부진 학생들의 특성과 어려움을 실생활에서 누구나 겪을 수 있는 상황에 비유하여 독자들이 보다 쉽게 이해할 수 있도록 하였다. 그리고 쓰기 부진 학생의 유형별로 실제 지도 사례를 다양하게 보여 주면서 교사들이 쓰기를 가르치면서 사용할 수 있는 지도 방법을 제시한다.

이 책은 쓰기 부진 학생의 지도를 위해서는 무엇보다도 학생에 대한 교사의 진심 어린 이해와 공감이 바탕이 되어야 한다는 점을 강조한다. 저자는 교사와 학생이 양방향적인 대화와 따뜻한 마음을 교류할 때에 진정한 학습이 이루어진다는 점을 다양한 사례를 통해 제시하였다. 한 사례를 들어 보자. 저자는 쓰기 부진 학생이 "나는 글쓰기가 싫어요."라고 말하는 것을 듣고 학생의 마음에 공감하며 자신이 매우 싫어하는 '운동'을 떠올렸다. 저자는 누구나 삶에서 매우 중요하지만 싫어하는 것이 있을 수 있다는 것을 인정하고 운동을 즐기면서 할 수 있는 방법에 대해 이 학생에게 조언해 달라고 하였다. 이후 학생 또한 자신이 저자에게 조언한 방법을 쓰기에 적용하면서 차츰 쓰기를 좋아하고 쓰기에 대한 어려움을 스스로 극복해 나갈 수 있게 되었다.

공감과 이해와 더불어 교사의 따뜻한 격려와 지지는 부진 학생들에게 매우 중요하다. 자칫 쓰기 부진 학생은 많이 부족하고 쓰기 능력 향상이 느릴 것이라는 선입견에 단순한 지식이나 하위 기능만을 반복하게 하는 것은 오히려 쓰기를 더 싫어하게 하는 결과를 초래할 수 있다. 이 책에서는 교사의 따뜻한 격려와 정서적인 지지가 있다면 쓰기 부진 학생들이 글쓰기에서 겪고 있는 한두 가지 어려움을 스스로 극복할 수 있으며 궁극에는 글쓰기를 좋아하게 되고 글쓰기에 자신감을 가진 평생 필자로서 성장할 수 있는 가능성을 보여 준다.

이 책에서 제시한 부진 학생이 가지고 있는 7가지 유형은 교사들이 쓰기를 가르치면서 만나게 되는 쓰기 부진 학생이 가지는 전형적인 어려움을 보여 주는 동시에 일반 학생들이 글쓰기를 하는 동안 종종 겪는 어려움이다. 그런 점에서 이 책은 쓰기 부진 학생의 글쓰기 지도와 일반 학생의 글쓰기 지도에도 모두 도움이 될 것이다. 이 책이 쓰기 부진 학생을 포함한 모든 학생들이 글쓰기를 좋아하게 하고 글쓰기 자신감을 길러 주고자 노력하는 교사, 글쓰기 지도사, 예비 교사에게 좋은 안내와 지침이 되기 바란다.

이 책이 나오기까지 여러 번의 교정을 해 준 한국교원대학교 석사 과정, 박사 과정 선생님에게 고마움을 전한다. 끝으로 우리나라 교육에 꼭 필요한 책이라며 흔쾌히 발간해 준 교학사 사장님, 이충화 부장님과 교학사 편집진에 심심한 사의를 표한다.

2015년 6월

필자 대표 이경화

〈 들어가는 말: 나의 고백 〉

나는 쓰기 부진아였다

내 학창 시절인 1950~60년대에는 쓰기 수업이 복잡하지 않았다. 선생님은 월요일에 쓰기 과제를 내고, 학생들은 금요일까지 글을 제출했다. 그리고 선생님은 학생들의 글에 빨간펜으로 등급과 교정할 것을 표시하여 돌려주었다. 맞춤법이 바르고 좋은 필체로 쓰면 잘 쓴 글로 인정받았다. 나는 맞춤법에 서툴고 필체가 좋지 않았기 때문에, "쓰기 부진아"가 되었다. 집에서 나는 서랍에 숨겨 둔 노란 종이에 이야기를 즐겨 썼다. 그러나 학교에서는 기껏해야 보통으로 평가를 받았다. 선생님의 이러한 절제되지 않은 평가 때문에 어쩌면 나는 대학과 가르치는 것 쓰기의 즐거움을 알지 못하게 될 수도 있었다. 이러한 선생님의 판단에 의한 평가가 지금까지 쓰기의 즐거움과 쓰기를 가르치는 것을 대학에서 배우도록 만들어 주었다. 다행히도 한 선생님이 긍정적인 말로 나를 구해 주었다. 그는 글을 볼 수 있는 눈을 가지고 있었다. 그리고 그것은 많은 차이를 만들었다. 펙(Peck) 선생님, 감사합니다.

교사들은 지금껏 쓰기 지도를 해 왔음에도 불구하고, 아직도 많은 학생이 쓰기를 여전히 힘들어하고 있다. 나는 이전에 글쓰기에 대해 혼란, 창피, 화, 속상함을 느낀 적이 있기 때문에 쓰기 부진아들이 어떻게 느끼는지 안다. 나는 "선생님은 내가 글을 어떻게 쓰기를 바라실까? 그리고 나는 왜 그렇게 쓸 수 없을까?"라고 생각했던 것을 기억한다. 그리고 쓰기 부진아들의 얼굴에서 똑같은 것을 보게 된다. 나는 그것이 어떤 것인지 안다고 그들에게 말해 주고 싶다.

교사의 긍정적인 말이야말로 부진아들을 위한 모든 것을 바꿀 수 있지만, 그런 일이 자주 일어나지는 않는다. 나는 쓰기를 좋아했기 때문에 쓰기를 가르치는 선생님이 말한 것에 대해 관심을 가졌다. 만약 체육 선생님이 나에게 긍정적인 말을 했다면, 그것은 의미가 없을 수도 있다. 나는 스포츠 같은 것에는 별로 관심이 없었다. 그래서 나는 학생들 자신이 관심 없는 분야를 잘 수행하는 것의 어려움 또한 이해한다. 내가 로프를 잘 오를 수 없었지만, 로프를 오르지 못할 때보다 글을 잘 쓰지 못할 때 훨씬 고통스러웠다.

이 책은 두 부분으로 나뉘어 있다. 1부의 각 장은 쓰기를 싫어한다고 말하는 유형부터 쓰기 관습을 다루기 어려워하는 유형까지 다양한 쓰기 부진아의 특성을 살핀다. 사실은 대부분의 쓰기 부진아들은 각 장에 있는 학생들의 모습을 복합적으로 가지고 있다. 왜냐하면 부진아들이 단지 쓰기의 한 측면에서만 어려움을 겪는 것은 드물기 때문이다.

2부에서는 쓰기 부진아 교육과 그것을 뒷받침하는 연구를 살펴본다. 나는 학생들이 가지고 있는 어려움, 쓰기 부진아들을 가르치는 것이 그토록 어려운 이유, 학생에 대한 의미 있는 쓰기 평가, 그리고 수업에서 쓰기 부진아를 지도할 수 있는 방법을 살펴본다. 협의하기와 소집단 활동은 실천하기가 쉽지 않지만 부진아들을 위해 가장 효과적이고 유용한 두 가지 교수 유형이다.

　나는 쓰기 부진아 지도에 관한 몇 가지 중요한 원리를 제시하였다. 이 원리들은 부진아가 아닌 일반 학생들을 지도할 때 역시 마찬가지로 적용된다. 교사들은 교실에서 최선의 지도를 하도록 노력해야 한다. 교사들은 수업을 준비해야 하고, 잘 가꾸어야 한다. 수업을 위해서 교사는 자료를 준비하고 충분한 시간을 확보해야 한다. 그리고 학급 당 인원 수는 과밀하지 않고 적은 인원이어야 하며, 교사는 깨끗한 환경을 갖추어야 한다. 이러한 모든 것은 가르치기 위한 기본적인 인권이며 필요조건이다.

　또한 교사들은 온화한 태도와 따뜻한 마음을 유지해야 한다. 많은 교사가 학교 일정과 평가에 대한 부담으로 인해 스트레스를 받고, 학생들에 대한 연민과 친절한 태도를 잃게 된다. 교사들의 얕보는, 부정적인, 빈정대는, 험악한, 비판적인, 인색한 태도는 모든 학생에게 부정적인 영향을 주지만, 쓰기 부진아들에게는 특히 부정적인 영향을 준다. 교사들은 학생을 가르칠 때 교실에서 최선을 다해야 하며, 학생들에게 최선의 것을 제공해야 한다. 쓰기에서 실패한 경험이 있는 학생들은 매일 그들을 보고 미소 짓는 교사들과 만날 수 있어야 한다. 그들은 친절한 말과 격려를 들어야 한다. 그리고 그들은 자신의 쓰기에서 작은 향상을 보일 때도 그에 대한 인정을 받아야 한다. 교사들은 차분한 모습과 온화한 목소리로 쓰기 부진아들을 대해야 하며, 그렇게 함으로써 학생들은 모든 것이 괜찮아질 것이라는 것을 내면화할 것이다. 나는 고부담 평가가 교사들과 청소년들에게 스트레스를 야기하고, 이 스트레스는 학생에게 좋지 않은 영향을 줄 것이라고 생각한다. 교사들은 진정한 교육을 통해 쓰기를 사랑하는 필자들을 성장시킬 기회를 갖지만, 시험의 고통에 전부를 잃게 될 수 있다. 또한 만약 교사들이 쓰기 수업을 사랑하지 않고 사려 깊게 하지 않는다면 쓰기 부진아들을 잃게 될 위험이 있다. 마지막으로, 나는 교사들이 하루 동안의 자신의 생활을 녹음하고 들으면서, 혹시라도 화를 내거나 짜증을 내면서 또는 생색을 내면서 학생을 대하지는 않는지 검토해 볼 것을 권한다. 이러한 일은 교사들이 인식하고 있는 것보다 훨씬 빈번하게 일어난다. 왜냐하면 교사들은 점점 더 스트레스를 받기 때문이다.

　많은 사람들이 말해 온 바와 같이, 교사들이 하는 일은 학생의 미래에 영향을 주는 일이다. 교사들은 교실이 모든 학생들을 위한 품위 있는 교육 장소가 되도록 노력해야 한다. 교사들은 글을 쓰고 이해하기 위해 노력한다면 누구든 글을 잘 쓸 수 있다는 것을 쓰기 부진아들에게 가르쳐야 한다. 쓰기 부진아들도 자신감을 가지고 쓸 수 있으며, 자신감을 가지고 쓰기를 꾸준히 하면 쓰기를 잘할 수 있다.

 # 쓰기 부진아의 특성

대부분의 교실에서 교사들은 쓰기 부진아가 누군지 곧바로 파악한다. 쓰기 부진아는 스스로 어떻게 할지 모르고, 책상을 어지럽히고, 의욕이 부족하며, 자리에 가만히 앉아 있지 못하는 등 교사가 특이하다고 생각할 수 있는 행동을 보여 준다. 교사들은 이런 학생들과 함께 수업을 진행할 수 없다고 말한다. 하지만 이런 학생들은 훌륭한 교수법을 요구하는 우수한 학생이 아니라 학습에 대해 어려움을 겪고 있는 학생들이다.

여기에서는 쓰기 부진아의 몇몇 특성을 제시하려고 한다. 나는 쓰기 부진아를 지속해서 관찰해 왔다. 아마 교사들은 매년 학급에서 쓰기 부진아를 만날 것이다.

내가 소개하는 쓰기 부진아들에 대해 생각하며 교사들이 실제로 학급에서 만나 왔던 쓰기 부진아들과 비교해 보길 권한다.

① 글쓰기를 싫어하는 학생: "글쓰기가 싫어요."
② 글감 찾기를 어려워하는 학생: "쓸거리가 없어요."
③ 쓰기 지구력이 부족한 학생: "난 다 했어요!"
④ 쓰기 관습을 어려워하는 학생: "맞춤법이 중요한가요?"
⑤ 쓰기 과정 자체에 대해서 어려움을 겪고 있는 학생: "나는 내 방식대로 할게요."
⑥ 잘 써야 한다는 부담감을 가진 학생: "글감을 바꾸어도 될까요?"
⑦ 자기 글을 존중하지 않는 학생: "글쓰기 공책을 잃어 버렸어요!"

이 책에서 내가 제안하는 방법을 적용해 보려고 노력하되, 교사 스스로가 어려움을 겪었던 상황에서 그 어려움을 어떻게 극복했는지를 생각해 보면서 이런 쓰기 부진아들을 도울 수 있는 방법을 창의적으로 생각하길 바란다. 그 누구도 모든 문제에 대해 완벽한 정답을 제시할 수는 없다. 개별 학생들이 쓰기에서 겪는 어려움은 복합적일 수도 있고 학생마다 다른 어려움을 겪고 있을 수도 있다. 이 글을 읽고 있는 교사들은 분명히 쓰기 부진아에게 적합한 지도 방법을 찾을 수 있을 것이다.

1장. 글쓰기를 싫어하는 학생
"글쓰기가 싫어요."

나[1]는 원래 운동을 싫어했다. 그래도 운동을 열심히 하였건만 별다른 효과가 나타나지 않았다. 다른 사람들이 운동을 해서 건강해지고 살도 빠지는 모습을 보니 운동이 더 싫어졌다.

글쓰기를 싫어하는 학생들은 글쓰기 시간에 느꼈던 것을 내가 싫어하는 운동을 했을 때 똑같이 느끼지 않았을까? 이런 학생들은 글을 쓰는 시간이 돌아올 때마다 무엇인가를 써야 한다는 것에 대해서 두려움을 느낄 것이다. 글쓰기를 잘하는 친구들을 보면 더욱 그러한 마음이 들 것이다. 아마 글쓰기를 잘하는 다른 친구들을 볼 때마다 내가 운동을 할 때 느꼈던 불편한 감정들을 느꼈을 것이다. 글쓰기를 싫어하는 학생들은 글쓰기를 잘하지 못하는 스스로에게 화를 내거나, 글쓰기 자체에 대해서 늘 무기력증에 빠져 있다. 이런 학생들은 왜 글쓰기를 싫어하고 힘들어하는 것일까?

이 장에서는 내가 지도한 학생 중에서 글쓰기를 싫어하는 두 명의 학생을 소개하고, 이들을 위한 지도 원리를 제시할 것이다.

---

1) '나'는 이 책의 저자인 Angelillo이며, 담임 교사의 요청에 따라 학급을 방문하여 부진 학생을 지도하고, 부진 학생의 글쓰기 지도에 대해 교사를 코칭 하는 쓰기 교육 연구자이다.

1. 글쓰기를 싫어하는 학생의 글쓰기에 대한 인식 변화

쓰기 코칭을 위해 나는 초등학교 4학년 교실을 방문했다. 그 반의 담임 교사는 체계적인 작문 교육을 받은 분이다. 담임 교사와 나는 학생들이 글쓰기를 잘하도록 지도하는 방법에 대해서 공동으로 연구를 했다.

어느 날 담임 교사는 글쓰기를 힘들어 하는 학생인 가렛(Garrett)에 대해서 설명해 주었다. 다른 학생과 마찬가지로 가렛은 글쓰기에 대한 무한한 잠재력을 가지고 있었다. 하지만 글쓰기 시간에 담임 교사에게 도움을 청하기보다는 교실 바닥에 눕거나 의자 밑으로 들어가는 등 부적절한 행동을 하곤 했다. 담임 교사는 나에게 가렛을 지도하는 방법을 알려 달라고 요청하여서 내가 그 학생을 지도해 보기로 하였다.

나는 의자를 당겨서 가렛의 옆에 앉아 미소를 지었다. 나는 가렛과 첫 대화를 할 때 칼 앤더슨(Carl Anderson)이 말한 유명한 문장을 사용하여 말했다(2000).

"무엇을 하고 있니? 지금 하고 있는 글쓰기는 어떻게 되어 가고 있니?"

가렛은 머리를 책상에 박고 중얼거렸다. 내가 좀 더 가까이 가서 말을 하자 가렛은 내 말을 듣지 못하고 일어서서 "나는 글쓰기가 싫어요."라고 크게 소리쳤다.

그 후 나는 일주일 동안 가렛에 대해서 많은 생각을 하게 되었다. 가렛이 싫어하는 무엇인가를 해야 할 때 어떤 감정을 느꼈을지에 대해서도 생각해 보았다. 그것은 마치 트레이너가 내게 일정 기간 동안에 감량해야 할 몸무게를 정해 주면 강제로 운동을 해야 하는 것과 같았다. 그때 나는 운동에 흥미를 느끼지 못하고 좌절하고 낙담했었다. 그러나 운동을 많이 하면 할수록 건강에 좋은 것처럼 가렛에게도 글쓰기는 매우 중요하다.

나는 스스로 운동을 재미있고 즐겁게 할 수 있는 방법을 생각해 보았다. 그리고 이러한 상황을 글쓰기를 싫어하는 가렛의 상황에 대입해 보았다. 그래서 가렛이 글쓰기를 싫어하지 않고 스스로 글쓰기에 흥미를 붙이고 글을 쓸 수 있는 전략들에 대해서 생각하게 되었다.

나는 가렛에게 도움을 주기 위해 아래의 목록을 주었다.

- 다른 사람과 비교하지 말고 자신의 일에만 집중한다.
- 한 번에 하나의 도전을 한다.
- 그날 해야 할 일에 대해서 한 가지 정도는 해 보려고 노력한다.

일주일 후에 나는 가렛의 학급을 방문하여 내가 운동을 하기 위해 노력했던 점에 대해 말해 주었다. 그랬더니 가렛이 목록을 보면서 나에게 운동에 대한 조언을 해 주었다.

"선생님, 방과 후에 농구를 해 보시면 어때요?"

"방과 후에 농구를 하는 것은 나에게 너무 어려워."

"그래도 선생님, 농구를 한번 해 보세요."

"그래 좋아. 내가 운동을 위해 농구를 하는 것처럼 너도 글쓰기를 위해서 무엇인가를 노력해 보면 어떨까?"

가렛에게는 글쓰기가 어렵고, 나에게는 운동이 어려운 일이다. 우리는 너무 어려워서 할 수 없는 일들을 스스로 해내는 방법들에 대해 이야기를 나누었다. 가렛은 글쓰기를 싫어하고, 나는 운동을 싫어한다. 우리의 공통점은 어려운 일을 열심히 하려고 노력하지만 잘 되지 않고 남들과 비교해서 열등감에 빠지는 것이었다. 우리는 서로를 바라보며 웃었고 마음도 하나로 통했다.

우리는 내가 작성했던 목록의 첫 부분을 보았다.

'다른 사람과 비교하지 말고 자신의 일에만 집중한다.'

나는 가렛에게 운동을 좋아하면서 꾸준히 할 수 있는 방법에 대해서 물어보았다. 그러자 가렛은 아래의 세 가지를 말해 주었다.

- 다른 사람들이 하는 생각이나 행동들에 대해서 신경을 쓰지 말아야 한다.
- 운동은 즐거움을 위해 할 수 있어야 한다.
- 운동을 더 잘하기 위해서는 연습을 해야 한다.

나는 가렛의 생각을 빨리 적었다. 그리고 가렛의 좋은 생각들을 글쓰기에 적용하면 좋겠다고 말해 주었다. 가렛은 눈살을 찌푸렸지만 그래도 고개를 끄덕였다.

가렛은 다른 친구들이 글쓰기를 하는 것을 보면서 낙담했었다. 자신의 글쓰기 실력이 양적으로나 질적으로 다른 친구들을 따라갈 수 없을 것 같아서 글쓰기를 포기했었다. 나는 가렛이 운동에 대해 말해 주었던 목록을 다시 읽어 보라고 했다. 가렛은 이내 시큰둥하게 말하며 머리를 저었다.

"운동하는 것과 글쓰는 것은 달라요."

"가렛, 어떻게 하면 다른 친구들이 쓴 글을 신경 쓰지 않고 너의 글에만 집중할 수 있을까?"

나는 가렛이 다른 친구들을 신경 쓰지 않게 하기 위해 책상에 가방을 놓는 것에 대해 동의했다. 가렛은 다른 친구들이 얼마나 썼는지, 자신의 글보다 나은지에 대해서 신경쓰지 않기로 다짐하였다. 우리는 담임 교사에게 가렛의 계획을 보여 주었다. 이것은 가렛이 처음으로 시도한 자기 조절 전략이다.

자기 조절은 특별한 교육 상황에서 교사들이 사용하는 전략이다. 이 전략은 학생들이 글쓰기를 시작하지 못하고 중단해 버리는 원인이 무엇인지 스스로 인식하도록 가르치는 것이 목적이다. 학생들이 글쓰기를 하지 못하는 이유를 인식하게 되면, 글쓰기를 계속해 나갈 수 있는 두세 가지의 간단한 단계를 스스로 계획할 수 있다.

쓰기 부진 학생들을 연구한 결과에 따르면, 자기 조절은 글쓰기에서 중요한 전략이다. 종종 쓰기 부진 학생들은 글쓰기를 시작하고, 계속 글을 이어 나가는 방법을 몰라 어려움을 겪는다. 그러나 교사는 가르치는 대로 모든 학생이 글을 쓸 수 있다고 생각하기 때문에 학생들이 글을 잘 쓰지 못할 때 골치아파한다. 이러한 연구에서는 교사들에게 학생들 스스로 글쓰기를 계속할 수 있도록 계획을 세우고, 학생들이 글쓰기의 각 단계를 완수했을 때 칭찬할 수 있도록 개별 학생들과 충분한 협의 시간을 가질 것을 권한다. 이러한 전략은 쓰기 부진 학생들이 글쓰기를 싫어하는 이유의 핵심적인 내용을 포함하고 있어야 한다.

"나는 글쓰기가 싫어요."라는 말은 "글쓰기 과제물이 부담스러워요.", "너무 피곤해요.", "배고파요.", "집중이 잘 안 돼요.", "나는 내 생각을 믿을 수 없어요.", "글쓰기가 너무 어려워요.", "선생님이 실제로 원하는 것이 무엇인지 잘 모르겠어요." 등의 많은 의미를 뜻하는 것일 수도 있다.

글쓰기 습관을 길러 주기 위한 전략들은 간단명료해야 한다. 교사가 요구한 것이 많다고 느끼지 않게 하기 위해서는 학생들이 스스로 할 수 있거나 다른 학생들과 같이 할 수 있는 것이어야 한다. 학생들은 그러한 전략들을 무시하거나 잘못 사용할 가능성이 있기 때문에 전략을 학습하고 나서 학생들 스스로 전략을 잘 적용하고 있는지 점검해 볼 필요가 있다. 궁극적으로 학생들은 글쓰기에 대한 어려움을 해결하면서 글쓰기를 배워 나갈 수 있다. 내가 가렛에게 운동을 해서 건강해졌다고 말을 했을 때, 가렛은 자신의 글쓰기 실력이 향상되었다고 말하며 기뻐했다.

글쓰기에 대한 다음과 같은 자기 조절 전략은 모든 쓰기 부진 학생에게 적합하다.

- 글쓰기를 시작하기
- 한 쪽 분량의 글을 써 보기
- 한 글감에 계속 집중하기
- 글쓰기를 방해하거나 지연시키는 것을 해결하기
- 싫어하는 것을 수용해 보기

나는 가렛과 일주일에 한 번씩 만나서 협의를 했다. 가렛은 실제로 글쓰기를 싫어하는 것이 아니라 글을 쓸 때마다 느끼는 부정적인 감정을 싫어했을 뿐이다. 나는 가렛과 함께 가렛이 글쓰기에 관심을 가질 수 있는 방법들에 대한 목록을 만들었다. 가렛은 내가 운동을 위해 이 목록을 이용할 수 있을 것이라고 했다. 나와 가렛의 작은 글쓰기 공동체는 가렛이 이런 방법들을 받아들이도록 만들어 주었다. 다음은 글쓰기를 배우기 위해 가렛이 만든 계획이다.

- 오직 내 기준에 따라 내가 쓴 글을 평가한다.
- 스스로에 대한 기대와 확신을 가진다.
- 내가 개인적인 목표를 달성하지 못하더라도, 인정하고 다시 시작한다.
- 글을 쓸 때 다른 것에 신경을 쓰지 않고 항상 글쓰기에 집중한다.
- 다른 사람의 평가에 관계없이 자신감을 가진다.
- 목표를 달성했을 때 스스로에게 보상을 해 준다.
- 작은 성공을 주위 사람들과 나눈다.
- 글쓰기가 잘 안되더라도 화를 내지 않는다.

가렛은 자신의 계획을 담임 교사와 공유했다. 담임 교사는 가렛을 돕기 위한 계획을 세우기 시작했다.

아래는 담임 교사의 글쓰기 지도 계획 목록이다. 이 목록에는 교사가 글쓰기를 싫어하는 학생들을 도울 수 있는 일반적인 방법들이 포함되어 있다.

- 교사는 학생의 말에 전문적으로 반응한다. 부정적인 감정은 학생들에게 어려움을 가져다 줄 뿐이므로 항상 학생들에게 친절하게 반응한다.
- 교사는 학생들의 입장에서 생각해 본다.
- 어려움에 직면하는 용기와 그것을 극복하는 인내심을 보여 준다.
- 쓰기 결과보다는 과정에 초점을 둔다.
- 교사가 평가에 대해 가지는 부담감이 쓰기 부진학생들에게 전해지기 때문에 평가를 너무 신경 쓰지 않는다.
- 교사는 학생들을 멀리서 보고만 있거나 학생들에게 소리치지 않도록 학생들을 대하는 태도에 신경 쓴다.
- 교사는 학생들이 친절과 사랑에 기초해서 서로 신뢰의 관계를 쌓을 수 있도록 분위기를 조성한다.
- 교사는 온화함과 참을성을 가지고 원칙을 확고히 지킨다. 예를 들면, 물을 먹거나 교실을 돌아다니고 나서 글을 써도 된다는 것에 대해서 학생들과 동의했다 할지라도 교실이 산만해지지 않도록 한다.
- 교사는 학부모와 이메일이나 안내장을 주고받으면서 대화를 계속 유지한다([표 Ⅰ-1] 참고).
- 교사는 글쓰기를 싫어하는 학생도 있다는 것을 이해한다.

위와 같은 목록들은 실천하기 어려울 수도 있다. 하지만 다음에 나와 있는 미국 대통령이 취임사에서 했던 말을 참고해 본다면 교사들이 실천하는 데 도움을 줄 수 있을 것이다.

"…어려운 문제 해결에 전력을 쏟으면 만족스럽고 성품이 고양된다. 우리는 이를 알고 의무로 받아들여야 한다."(Obama, 2009)

나는 '어려운 일'을 제시하고, 학생들에게 사람들이 어떻게 어려움을 극복하고 성공했는지를 고민하도록 했다. 우리가 노력을 하든 그렇지 않든 간에 모든 사람은 어떤 일을 할 때 어려움을 겪을 수 있다. 그렇지만 우리는 어떤 방식으로든 결국 그 일을 성공할 수 있을 것이다.

몇 주 후에, 가렛의 쓰기 태도와 쓰기 결과물이 매우 향상되었다. 가렛에게는 여전히 부족한 부분이 있지만, 한 쪽 분량의 글쓰기를 할 수 있는 자신감을 갖게 되었다. 가렛에 대한 글쓰기 지도가 거의 끝나갈 무렵에 가렛이 나에게 말했다.

"지금은 예전보다 글쓰기가 좋아졌어요."

변화는 천천히 일어난다. 가렛은 가장 좋아하는 놀이 시간에는 결코 글을 쓰지 않을 수도 있다. 하지만 가렛이 글쓰기를 해야 한다면 언제든지 쓸 수 있게 되었다.

[표 I-1] 안내장

안 내 장

학생:	글쓰기의 형태:		교사:	날짜:

학생의 성취 정도		확인	교사 의견란:
척도	**내용**		
4	학생 스스로 글쓰기를 잘 했습니다.		
3	학생 스스로 대부분 글쓰기를 했습니다.		
2	학생 스스로 글쓰기를 하려고 노력했지만, 잘하지 못했습니다.		
1	학생 스스로 글쓰기를 하려는 노력을 거의 하지 않았습니다.		

2. 학습자 중심의 글쓰기 필요성

교사는 쓰기 워크숍의 환경이 갖추어지지 않은 곳에서는 학생 스스로 글감을 선택하는 기회를 주지 않는다. 글쓰기 글감의 선택은 학교의 결정이거나 교사의 개인적인 결정일 수도 있지만, 글감의 선택은 학생들이 글쓰기를 바라보는 관점을 변화시킬 수 있다. 쓰기 워크숍의 가장 큰 장점은 학생들이 스스로 생각하고 쓸 수 있다는 믿음을 배운다는 점이다. 자신의 생활 속에서 이야기를 찾고 이야기를 나누는 즐거움은 학생들에게 글쓰기를 잘할 수 있다는 용기를 준다. 그러나 쓰기 워크숍을 하지 않는 교실에서는 글쓰기의 글감 선정과 쓰기 과정에 대한 주도권이 교사에게 있다. 쓰기 워크숍을 하지 않는 수업에서도 교사는 글쓰기에 대해 훌륭하게 지도하지만, 그런 수업에서 학생들은 글쓰기의 목적을 오해한다. 대부분의 학생들은 자신이 글쓰기를 배운다는 생각보다는 교사를 위해서 글을 쓴다고 생각한다. 이러한 생각은 글쓰기를 싫어하는 감정을 만들 수 있다.

학생들은 주어진 쓰기 과제(prompts)에 맞게 글을 쓰는 방법을 배워야 한다 (Angelillo, 2005b). 글감과 상황이 정해진 쓰기 과제는 학문적인 쓰기이면서 고부담 평가이고 실제 상황을 반영하고 있는 글쓰기이다. 그러나 학생들은 글감과 상황이 정해진 쓰기 과제만을 경험해서는 안 된다. 만약 그렇게 된다면 학생들은 글쓰기에 쉽게 지루해지고 집중력을 잃어버릴 것이다. 학생들은 지속적으로 정해진 글감을 가지고 정해진 상황에 맞게 글을 쓰면서 글 쓰는 방법을 배울 수도 있지만, 그것만으로는 좋은 글을 쓰는 방법을 배울 수가 없다. 주어진 쓰기 과제대로 글을 쓰는 방법과 학생들이 스스로 선택한 글감으로 글을 쓰는 방법을 균형 있게 지도하는 것이 중요하다.

학생이 선택한 글감으로 글을 쓰도록 지도하는 것은 어려운 일일 수 있다. 교사는 학생 스스로 글감을 선택하는 것이 수업 지도에 혼란을 주지 않는다는 유연하고 관대한 생각을 가져야 한다. 교사들은 학생들에게 글감을 선택하고 발전시키고 초점화하는 방법들을 먼저 지도해야 하고, 이후에 그 글감에 대해 열정을 가지고 잘 쓰도록 지도해야 한다.

또한, 교사는 학생들에게 글감으로 적절하지 않은 것에 대해서는 명확하게 말을 해야 한다. 예를 들면, '대통령에게 보내는 편지'나 '과학 보고서'를 쓰는 수업에서 학생이 '야구 선수'를 글감으로 글을 쓰려고 하면 이 글감은 부적절한 글감이다.

좋은 글쓰기 지도에서는 글감과 장르를 선택하는 방법을 알려 주어야 하고, 적절하지 않은 글감은 다른 글쓰기 시간에 활용할 수 있다는 것을 알려 주어야 한다. '야구 선수'가 역사 보고서에는 부적절한 글감이지만 전기문을 쓸 때에는 좋은 글감이 될 것이다.

학생들이 스스로 글감을 선택해야 하는 이유는 다음과 같다.

학생들이 스스로 글감을 선택하도록 해야 하는 이유
- 글쓰기의 초점이 교사에서 학생으로 옮겨갈 수 있다.
- 학생들은 자신이 선택한 글감에 대해서 더 많이 알고 있다.
- 학생들은 자신에게 의미 있는 글감에 대해서 글을 쓸 때 더 관심을 기울인다.
- 학생들이 집중을 잘할 때에 글쓰기에 대해서 많을 것을 가르쳐 줄 수 있다.
- 학생들 스스로 다양한 사물과 사람에 대해서 깊이 생각함으로써, 궁극적으로 좀 더 나은 필자가 될 수 있다.

나는 작문을 가르치는 다른 교실을 방문했다. 다른 학생은 이미 글감을 선택했지만, 사라(Sarah)는 무엇에 대해서 쓸지 결정을 하지 못했다. 나는 사라와 대화를 시작했다. 사라는 딴청을 부리며 "나는 선생님이 원하는 것이 무엇인지 모르겠어요."라고 하였다.

다음은 사라와 나눈 대화의 일부이다.

교사: 잘 되어 가니?

학생: 좋아요. (그녀는 공책에 아무것도 쓰지 않고 심지어 연필조차 갖고 있지 않았다.)

교사: 아직도 글감을 찾고 있니?

학생: 네.

교사: 무엇에 대해서 쓰고 싶은 건데?

학생: (어깨를 으쓱거림.)

교사: 좋아, 네 머릿속에 있는 것을 한번 말해 보렴.

학생: (책상을 두드리기 시작한다.)... 음...

나는 사라에게 쓰고 싶은 것을 스케치하게 했다. 사라는 여동생을 그렸다. 나는 여동생에 대해서 하고 싶은 말을 물어보았다. 사라는 한동안 나를 바라보며 조용히 말하였다.

"나는 잘 모르겠어요. 선생님이 제게 원하는 글이 무엇인지 직접 말을 해 주세요."

사라가 쓰기에 대해 다른 문제를 가지고 있을 수도 있지만, 가장 큰 문제는 쓰기 자체를 자신이 해야 할 일이라고 생각하지 않는 것이다. 사라는 담임 교사와 내가 무엇을 어떻게 써야 할지에 대해 말해 주기를 바라고 있다. 어떻게 하면 사라가 무엇을 써야 할지 스스로 생각할 수 있을까? 사라는 점점 반응이 없고 조용해졌다. 자신의 의견을 잃어버렸거나 아마도 처음부터 자신의 의견을 갖고 있지 않았을지도 모른다. 어떻게 하면 사라를 도울 수 있을까? 교사들은 때때로 학급에서 이런 학생들을 만나면 실망하거나 외면하곤 한다.

지난 10년 동안 작문 지도에 대한 여러 가지 중요한 연구들이 이루어졌지만, 몇몇 교실에서는 아직도 과거에 했던 글쓰기의 관습들에 지나치게 의존하고 있다. 예를 들면, 월요일에 글쓰기 주제를 주고 금요일에 쓴 글을 제출하도록 한다. 물론 몇몇 교사들은 이러한 글쓰기 방식이 바뀌기를 바란다. 하지만, "평가"에 대한 부담감이 있기 때문에 효과성이 검증되지 않은 익숙한 방법들을 여전히 사용한다. 예를 들면, 몇몇 교사들은 매 학기 첫날 쓰기 평가를 준비하기 시작한다. 또한 그들은 기존 글쓰기 시험의 주제들을 학생들에게 과제로 내준다. 또는 활동지를 나누어 주고 계속 연습을 시킨다. 교사들은 글쓰기에 관련된 분량, 형식, 시간 등을 엄격하게 강조한다. 하지만 이런 방법들을 썼을 때 학생들의 작문 점수가 향상되는 경우는 드물다. 사라와 같은 학습자는 더욱 수동적이 되고 자신감이 없어지며, 결국 글쓰기를 싫어하게 된다. 우리는 이런 학생들이 글쓰기를 좋아하고 잘할 수 있도록 하기 위해서 이런 상황에 관심을 기울여야만 한다.

물론 평가는 중요하다. 그러나 앞서 말했듯이, 학생들에게 다양한 장르와 상황을 고려해 스스로 글감을 선택해서 써 보게 하는 글쓰기는 학생들이 어떤 상황에서도 좋은 필자가 될 수 있다는 것을 가르쳐 줄 것이다. 평가만을 위한 글쓰기는 학생들이 틀에 박힌 글을 쓰고, 편협한 사고를 하게 한다. 쓰기 부진 학생들은 열정을 가지고 글을 쓰는 방법을 배우지 못했기 때문에 글을 통해서 하고 싶은 말이 거의 없을 것이다. 또한 글을 쓸 때 사용할 수 있는 좋은 전략들이 없을 수도 있다. 이런 학생들은 무엇을 생각하고 써야 하는지에 대해서 다른 사람들이 이야기해 준 것만을 배우게 된다. 21세기 교육에서 이런 수동성은 적합하지 않다.

나는 여기에서 문제 제기만을 하려는 것은 아니다. 나는 교사의 지도만을 바라며 "글을 쓰지 못하고" 있는 쓰기 부진 학생들을 보고 좌절하는 교사들에게 용기를 북돋아 주고 싶다. 그러한 방법 중의 하나로 다음과 같은 것을 제안하고자 한다.

전체 학생 지도와 개인 지도 간의 균형을 맞추고, 학생들이 스스로 생각한 글감과 과제로 주어지는 글감 간의 균형을 맞추어야 한다. 몇몇 학생은 쓰고 싶은 글감이 없을 때 글을 쓰는 것을 힘들어 하지만 그것은 큰 문제가 아니다. 학생들은 생각해 낼 것이고 생각하는 능력이 점점 향상될 수 있을 것이다. 학생들이 자신의 삶 속에서 글감을 찾아 문제를 해결하게 해야 한다. 이 방법은 쉽지도, 빨리 안 이루어질 수도 있지만, 충분한 가치가 있다.

다음은 쓰기 부진 학생을 지도할 때 활용할 수 있는 방법이다.

쓰기 부진 학생 지도 방법
- 교사는 학생들에게 "삶의 이야기(2장 참고)"라는 개념을 소개해 주고 "삶의 이야기"에 대해 생각하고 쓸 수 있도록 도와준다.
- 학생 스스로 자신감을 갖고 이야기의 세부 내용을 생각할 수 있도록, 이야기에 대해 그림을 그려 보고 말로 이야기해 보도록 한다.
- 수시로 협의하기를 하며 학생들을 지도한다.
- 글쓰기를 하는 동안 격려해 줄 동료 학생을 짝지어 준다.
- 글쓰기 과제를 작은 부분으로 나누어서 연습하게 한다.
- 학생들이 그들의 삶 속에서 자신의 이야기를 볼 수 있도록 도와준다. 학생들이 다른 친구들과 놀았던 일, 친구와 이야기한 일, 가족과 함께 있었던 일 중에도 글감이 있다는 것을 가르쳐 준다.
- 학생들이 이야기를 표현하기 위해서 그림, 음악, 춤 등을 이용하도록 격려한다.

3. 글쓰기를 위해 꼭 필요한 기초 기능

모든 학생이 펜과 연필과 같은 필기도구를 가지고 있다. 하지만, 내가 여기에서 말하려는 도구들은 단지 이러한 물질적인 종류의 것이 아니다. 내가 설명하고자 하는 도구들은 의미 구성 방법, 글 내용을 쉽게 만드는 방법, 새로운 언어의 이해 전략, 단어나 철자 이해 전략 같은 것이다. 이러한 '도구'들은 학생들이 글쓰기를 할 때 필수적인 전략이다. 하지만 대다수의 학생이 이러한 전략 없이 글을 쓰려고 한다. 그것은 마치 우리가 살을 빼기 위해 운동을 할 때, 맛있는 것을 다 먹으면서 몸매가 좋아지기를 바라는 것과 같다.

나는 발생적 단계의 필자(emergent writers)를 말하는 것이 아니다. 보통 발생적 단계의 필자들은 글자를 익히기 시작하는 단계의 필자로, 글자를 미숙하게 쓰고, 창안적인 글자를 사용하고, 자신이 쓸 수 없는 글자를 생략하기도 한다. 글쓰기가 일정 단계에 도달한 학생들은 이러한 과정들을 이미 넘어서야 하는 것이다. 5학년 학생이 여전히 '간다' 라는 단어를 쓸 수 없거나, 글을 쓸 때 문장 부호 등 맞춤법을 모르는 것은 많은 문제가 있다.

초등학교 3~6학년, 중·고등학생들을 변화시키기 위한 방법을 아래와 같이 제안한다.

- 교사는 학생들에게 맞춤법이 중요하지 않다고 말하면 안 된다.
- 교사는 학생들에게 글쓰기를 마친 후에 문장 부호를 사용하라고 말하면 안 된다. 문장 부호는 글쓰기 후에 하는 것이 아니라, 작문의 기본 단위이다.
- 교사는 하루 일과 중에 학생들에게 어휘 학습, 맞춤법, 문장 호응, 글씨 쓰기, 글자의 짜임 등을 가르칠 수 있는 시간을 만든다. 수업 시간에 해야 할 일들이 있기 때문에 이 모든 것을 하루에 전부 가르칠 수는 없다. 그러나 대부분의 학생들이 이것을 익히지 못할 수 있기 때문에 무시하면 안 된다.
- 학생들을 가르치는 데 적합한 교재를 찾고 즐겁게 매일 그 책을 사용한다. 학생들의 단점에 초점을 두지 말고, 학생들이 할 수 있는 것에 주목하는 것이 중요하다.

나는 맞춤법뿐만 아니라, 글씨 쓰기 연습이 필요하다고 생각한다. 하지만 학생들의 손에 쥐가 날 정도로 몇 시간 동안 글씨 쓰기 연습을 해야 된다는 것은 아니다. 다만, 학생들이 자기가 쓰고 싶은 것을 정해진 시간 안에 쓰도록 기본적인 글씨 쓰기 연습을 하자는 것이다.

알(Al) 교사는 4학년과 5학년을 가르친다. 알 교사는 학생들이 글씨 쓰기에 시간이 너무 많이 걸려서 쓰기 실력을 향상시키는 데 방해가 될까 봐 걱정했다. 그 반에는 글씨 쓰기 자체가 너무 느리기 때문에 글을 제 시간에 완성하지 못하는 학생들이 많았다.

알 교사는 학생들이 추가적인 도움이 필요할 때 언제든지 가서 쓰기 연습을 할 수 있도록 쓰기 코너를 만들었다. 알 교사는 '맞춤법, 쓰기 관습, 글씨 쓰기'를 학습하는 세 개의 단원(module)을 구성했다. 그리고 나서 학생들과 협의를 통해 한 개의 단원을 3주 동안 학습하는 것에 대해 동의를 구했다. 한 학생이 친구와 함께 글씨 쓰기 연습을 하는 동안 다른 친구들은 맞춤법 공부를 할 수 있었다. 알 교사는 글쓰기와 관련된 코너 활동 전과 후에 학생들이 쓴 글을 수집했다([표 Ⅰ-2], [표 Ⅰ-3] 참고). 이후에 그는 이러한 활동들이 학생들의 쓰기 능력과 자신감 모두를 향상시킬 수 있음을 밝혀냈다. 학생들이 글쓰기를 보다 쉽게 할 수 있도록 기초 기능 습득에 집중하는 시간을 주는 것은 매우 가치 있는 일이었다.

표 I-2 **4학년 학생이 코너 활동 전과 후에 쓴 글**

맞춤법

학생들은 스스로 한두 문장의 맞춤법을 수정했다. 여기에서는 맞춤법의 정확성에 초점을 맞추었다.

프란시스	10월 3일 저는 형과 함께 공원에 놀려 갔습니다.	10월 9일 저는 형과 함께 공원에 놀려 갔습니다.
제니시아	11월 1일 나는 수영장으러 놀러 갔습니다. 수영장에는 사람들이 무척 만았습니다.	11월 4일 나는 수영장으로 놀러 갔습니다. 수영장에는 사람들이 무척 많았습니다.
폴레트	1월 19일 내가 기르고 있는 강아지는 매우 귀엽습니다.나는 강아지를 계속 끼우고 싶은데, 엄마는 안됐다고 합니다.	1월 21일 제가 기르고 있는 강아지는 매우 귀엽습니다. 저는 강아지를 계속 키우고 싶은데, 엄마는 안 된다고 합니다.

쓰기 관습

학생들은 간단한 모범 글을 스스로 공부하고, 멘토 작가가 했던 대로 쓰기 관습을 자신의 글에 시도해 보았다.

| 조슈아 | 9월 18일
내 동생은 내가 두 살 때 태어났는데 지금은 나보다 더 키가 커서 동생처럼 키가 컸으면 좋겠습니다. | 9월 20일
내 동생은 내가 두 살 때 태어났습니다. 그런데 동생은 지금의 나보다 키가 더 큽니다. 그래서 나는 동생처럼 키가 컸으면 좋겠습니다. |
| 에미 | 11월 22일
오늘은 제 생일입니다. 그래서 저는 토요일에 제 친구들과 생일파티를 할 예정인데, 제 친구들은 제 생일 파티에 왔지만 제 사촌들은 너무 어려서 올 수 없습니다. | 11월 23일
오늘은 제 생일입니다. 그래서 저는 토요일에 제 친구들과 생일파티를 할 예정입니다. 그런데 제 친구들은 제 생일파티에 올 수 있지만, 제 사촌들은 너무 어려서 생일파티에 올 수 없습니다. |

[표 Ⅰ-3] 글씨 쓰기를 촉진하는 활동과 글씨 쓰기 코너 환경 조성 방법

글씨 쓰기를 촉진하는 활동

- 글자가 쓰인 종이를 손가락으로 따라 써 보고, 그다음에 필기구로 쓴다.
- 자신이 잘 쓰는 글자와 잘 쓰지 못하는 글자를 선택하고 모든 것을 종이의 1/4에 하나씩 적어 본다.
- 젤펜, 필기구, 형광펜, 두껍거나 얇은 연필 같은 다양한 도구를 가지고 글자 연습을 한다.
- 손에 잡기 편한 필기 도구를 선택해서 글을 쓸 때마다 활용한다.
- 친구가 쓴 글에서 알아보기 힘든 글자를 찾아 바르게 쓰는 방법을 서로 가르쳐 준다.
- 음악가들이 어려운 악보를 연습하듯이 글씨를 크게 써 보고, 작게 써 보고, 빠르게 써 보고, 느리게 써 보는 연습을 한다.
- 다음 시간에 어떤 부분에 중점을 두어서 글씨를 쓸 것인지 결정하기 위해 자기 평가를 해야 한다.

글씨 쓰기 코너 환경 조성 방법

- 학생들이 글씨 쓰기를 연습할 수 있는 공간을 따로 만든다. 작은 원탁의 책상을 배치해서 학생들이 편안함을 느끼게 해 준다. 영양가 높은 과자나 과일 혹은 부드러운 음악을 통해 편안한 공간을 만들어 주면 좋다.
- 학생들에게 코너를 순환하면서 일정한 연습을 한다는 것을 알려 준다.
- 글씨 쓰기 연습을 직접적으로 할 수 있는 활동을 구성한다.
- 매주 코너 활동에 학생들의 이름을 부착한다. 학생들은 자신의 이름이 쓰인 코너에서 10분에서 15분 정도 활동을 한다.
- 글씨를 따라 쓸 수 있는 활동들을 제공한다. 사포에 손가락으로 글씨 쓰기, 젖은 손으로 물기가 있는 종이에 글씨 쓰기, 빅북의 한 쪽에 있는 글자 따라 쓰기, 반 쪽 분량의 글자 연습하기, 스스로 읽은 책에서 한 문장 따라 써 보기, 글씨 쓰기를 향상시킬 수 있는 방법과 학생들이 필요로 하는 다른 것들을 반영해서 말하거나 쓰기, 글씨 쓰기가 향상된 글쓰기 공책을 게시하기, 글씨 쓰는 과정에 대해서 짝끼리 토론하기

글쓰기 환경은 늘 변화한다. 학생들은 변화된 환경에서 개인용 컴퓨터를 가지고 글쓰기를 하기도 한다. 학생들은 워드프로세서나 메시지, 이메일을 통해서도 글을 쓰고 읽을 수 있어야 한다. 따라서 교사는 컴퓨터를 이용해 글을 쓸 때 글쓰기의 속도와 정확성을 높일

수 있는 방법도 가르쳐야 한다.

교사들은 학생들이 글쓰기에 대한 즐거움과 무엇인가를 쓰고자 하는 욕구를 갖고 있기를 기대한다. 그러나 글쓰기를 즐거워하지 않는 학생들이 많다. 이런 학생들에게 글쓰기를 위한 자기 조절 계획을 가르치고 쓰기 목표를 정하게 하는 것은 중요하다. 우리가 개인적인 삶 속에서 겪은 어려움을 극복하기 위해 했던 노력들을 생각해 본다면, 글쓰기를 싫어하는 학생들에 대한 열정뿐만 아니라 어려움을 극복할 수 있는 전략도 발달시킬 수 있을 것이다.

글쓰기를 싫어하는 학생을 위한 지도 원리

• 학생들이 스스로 글감을 선택하는 것에 대해서 교사 스스로 어떻게 느끼는지 생각해 보고, 가능하다면 학생들이 스스로 글감을 선택하도록 한다.

• 친절한 반응과 정중한 요구, 완벽하지 않는 학습도 수용하는 모습을 보여 주면서 허용적인 분위기의 공동체를 만들어 나간다.

• 글쓰기를 매우 싫어하는 학습자들을 소집단으로 모아서 글쓰기에 대해서 느끼는 어려움을 말해 보도록 한다. 학생들의 대화를 녹음해 두었다가 차후 지도 계획을 세울 때 반영한다.

• 학생들에게 한 번에 한 가지만 하도록 한다.

2장. 글감 찾기를 어려워하는 학생
"쓸거리가 없어요."

　나는 초등학교 2학년 딸의 담임 교사와 면담을 한 적이 있다. 담임 교사는 "셰럴 (Cheryl)이 수업을 열심히 듣지 않아 걱정이에요. 손을 들지도 않고, 이름을 불러 시켜도 아무 말도 하지 않아요."라고 말했다. 담임 교사의 말은 평소 내가 아는 셰럴의 모습과 전혀 달랐다. 내가 생각하는 셰럴은 모든 대화를 잘 듣고 말하기를 좋아하는 아이이기 때문에 담임 교사의 말은 믿기 힘들었고 혼란스러웠다.

　그날 저녁을 먹고 셰럴과 대화를 나누었다.

　"담임 선생님이 너는 손을 들지도 않고 수업 시간에 아무 말도 하지 않는다고 하시더라."
　"사실 저는 많은 생각을 하지만, 선생님에게는 할 말이 없어요."

　나는 셰럴이 생각한 것이 말하는 것이 되고, 말한 것이 쓰는 것이 된다는 것을 배운 적이 없다는 생각이 들었다. 셰럴은 생각하기-말하기-쓰기 연계를 이해하지 못하고 있었다.

　생각하지 않는 아이들은 거의 없다. 아이들은 '왜 먼지는 태양 아래서 빛나는가?, 왜 개는 교실 창문에서 쿵쿵거리는가?, 누가 매직펜을 발명했는가?, 왜 배는 꾸르륵거리는가?, 만약 내가 공주라면…….' 등의 흥미로운 생각을 하고 있다.

　학생들은 많은 것을 생각하지만 교사의 요구에 딱 들어맞는 생각을 하지 못할 뿐이다.

교사의 질문에 대한 정답을 찾는 것이 아니라 아이들의 다양한 생각을 고려하고 의미를 협상하는 것이 필요하다. 이를 통해 학생들의 생각이 말하기와 쓰기로 표현될 수 있다는 사실에 주목해야 한다.

이 장에서는 학생 스스로 글감 찾기(self-selected topics)에 대해 살펴보고자 한다. 교사가 글감을 학생에게 주어 글을 쓰게 하는 것은 바람직하지 않다. 학생들은 다양한 생각을 글감으로 삼아 글을 쓸 수 있어야 한다. 쓰기 교육의 장기적인 목표는 전 생애에 걸쳐 생각하고 쓰게 하는 것이기 때문이다.

1. 아이디어 풍부하게 생성하기

쓰기 워크숍에서 고려해야 할 사항은 학생들이 스스로 글감을 찾게 가르치는 것이다. 학생들이 자신의 글감에 관심을 가진다면 글을 더 잘 쓰려고 노력하게 되고 이를 통해 교사는 더 나은 필자가 되는 전략을 가르칠 수 있다. 하지만, 학생들이 글감에 관심이 없다면 글을 잘 쓰려고 노력하지 않을 것이다. 따라서 글감의 선택은 중요하다.

내가 3학년 때 담임 교사가 개통된 '다리'에 대해 글을 쓰라는 과제를 주었다. 나는 과제에 대해 관심이 없어서 글을 아주 적게 썼고 낮은 점수를 받았다. 만약 담임 교사가 내가 생각하고 있는 것에 대해 쓰라고 했다면, 할머니의 죽음, 가장 친한 친구의 전학, 사촌과의 말다툼, 크리스마스에 받지 못한 선물, 시금치를 먹고 배탈난 일 등의 여러 이야기로 글을 쓸 수 있었을 것이다.

쓰기 워크숍의 첫 번째 단계는 학생들에게 아이디어가 풍부하다는 것을 가르치는 것이다. 나는 일부러 학생들에게 30초 동안 아무 생각도 하지 말라고 했다. 학생들은 생각을 하지 않는 것이 불가능하다는 것을 깨닫는다. 이를 통해 머릿속에 떠올린 생각들이 글을 쓸 가치가 있는 아이디어가 된다는 것을 학생들이 인식하게 했다.

가. 마음 열기

수년 간 교사들은 학생들에게 글쓰기 공책을 쓰도록 했다. 글쓰기 공책을 쓰는 것은 좋은 방법이지만 교사들은 때로 바람직하지 않은 방식으로 글쓰기 공책을 사용한다. 나는 글을 쓰는 사람이지만 형식적으로 매일 글을 쓰지는 않는다. 쓰기 생활의 실제적인 목적을 충족하고자 할 때 글쓰기 공책을 사용한다. 예를 들면, 연설문을 쓰기 위해 아이디어를 생성하려고 노력하는 경우, 글쓰기 공책에 메모와 인용문, 생각 나는 것을 끄적이거나 작은 이야기를 써 둔다. 가족의 생일을 맞아 시를 쓸 때는 몇 주 동안 단어의 소리를 생각하고 시어를 모으기도 한다. 이 모든 것이 학생들에게는 매우 복잡해 보일 수 있지만 사실은 그렇지 않다. 이것은 글을 쓰는 목적과 관련 있다. 글쓰기 공책이 실제적인 목적에 따라 사용되지 않는다면 학생들의 흥미는 줄어들 것이다.

글쓰기 공책이 실제적인 목적을 가지고 사용될 때, '단순히 글쓰기 공책에 글을 채워 넣는' 방식에서 자유로워질 수 있다. 쓰기 부진 학생들은 글쓰기 공책을 한 장 쓰는 것도 힘들다. 그런 경우에는 학생들에게 작은 메모장을 이용하도록 하거나 부담이 되지 않는 종류의 글쓰기 공책을 스스로 선택하도록 해야 한다. 이것은 단지 쓰기 부진 학생들에게만 해당하는 것이 아니며 누구든 메모장이나 스케치북 등을 사용할 수 있다. 이것은 선택의 문제이다. 교사는 학생의 선택을 허용하고 존중해야 한다.

학생들이 쓰기에 대한 부담을 느끼지 않고 사용할 수 있는 글쓰기 공책의 목록은 다음과 같다.

쓰기에 대한 부담을 덜어 줄 수 있는 글쓰기 공책 목록
- 작은 일기장
- 작은 메모장
- 색인 카드 모음
- 컴퓨터나 노트북
- 줄이 없는 스케치북이나 책
- 말을 전사하는 컴퓨터 프로그램

이런 글쓰기 공책은 학생들이 다양한 생각을 하는 데 영향을 줄 것이다. 그러나 종종 학생들은 그 생각이 글을 쓸 아이디어가 된다고 생각하지 않는다. 왜냐하면 학생들은 자신이 가지고 있는 아이디어가 교사에게 허용될 수 있을지를 걱정하기 때문이다.

1장에서 언급한 사라(Sarah)의 경우, 내가 질문을 하면 천장만 바라보는 학생이었다.

나는 사라가 생각을 하지 않는 것이 아니라 담임 교사의 마음에 드는 말이 무엇일까를 고민한다고 확신했다. 학생들은 종종 답을 하지 않고 충분히 오랜 시간 동안 기다리면 교사가 답을 줄 것이라는 것을 배운다. 교사는 침묵에 편안하지 않기 때문이다. 하지만 아무 말도 하지 않으면서 교사가 원하는 답을 알려주기를 기다리는 것보다는 틀린 답을 말해 보는 것이 훨씬 낫다.

칼 앤더슨(Carl Anderson)은 교사들에게 기다리도록 가르쳤는데 이것은 가장 하기 어려운 것이다. 하지만 학생들이 즉각 답변하지 않으면 기다리려고 노력해야 한다. 교사가 기다려주면 학생들은 결국은 무언가를 말하게 되고, 교사는 그때 가르치면 된다.

학생들이 자신의 생각을 잘 말하지 않는 이유는 다음과 같다.

학생들이 자신의 생각을 말하지 않는 이유
- 교사가 말하는 "생각"이 무슨 뜻인지 정확하게 모른다.
- 자신의 생각을 중요하게 여기지 않는다.
- 생각을 표현하는 것을 쑥스러워하거나 개인적인 것이라고 생각한다.
- 자신의 생각이 수업 상황에 적합하다고 여기지 않는다.
- 쓰기 워크숍과 관계없는 생각을 할 때 불안해하거나 초조해 한다.
- 자신의 생각을 교사에게 알리고 싶어 하지 않는다.
- 생각이 뒤엉켜 정리되지 않는다.
- 교사가 "틀리다"고 할까 봐 두려워한다.
- 교사가 원하는 답이 정해져 있다고 생각한다.

나. 쓸 내용 생성하기

많은 아이디어 생성 전략이 있다. 그러나 대부분의 쓰기 부진 학생들은 그런 전략들을 잘 적용하지 못하는 것 같다. 학생들이 아이디어를 생성하지 못하는 이유는 무엇일까?

일부 학생들은 아이디어를 떠올리지만 그런 아이디어를 분류하거나 구체적이고 특별한 방법으로 말하는 것에 어려움을 겪는다. 그래서 학생들이 '여동생'에 대한 생각을 떠올렸을 때, '여동생'을 별개의 사건이나 특성과 관련짓는 방법을 모르기 때문에 생각을 발전시키지 못한다. 학생들이 가장 많이 하는 말은 '나는 여동생을 사랑한다.' 또는 '여동생은

귀엽다.'이다. 이것 외에 여동
생과 관련된 많은 일들을 떠올
리지 못한다.

학생들이 떠올린 아이디어를 글쓰기에 적용할 수 있는 방법이 있나요?

생각을 확장하는 자기 점검 전략을 활용하면 효과가 있을 거예요.

　여기에서 자기 점검의 전략
이 적용될 수 있다. 일반적으로
자기 점검은 글쓰기를 시작하
고 유지하는 방법, 목표 설정,
쓰기 상황을 점검하는 것으로,
학생들의 요구를 충족하는 학습을 위한 것이다. 이외에도 자기 점검은 '생각을 확장하는
방식'을 포함한다. 생각을 확장하기 위해서는 특별한 전략이 필요하다. 학생들에게 자신의
생각에 접근하는 방식을 가르치고 이런 전략들을 스스로 사용하도록 해야 한다.

　사라는 자신의 생각을 다양하게 확장하지 못하는 학생이다. 이런 경우 아이디어의 목록
을 주고 그것을 공부하게 하는 것보다는 직접 활용할 수 있는 몇 가지 전략을 구체적으로
가르치는 것이 나을 것이다. 그래서 10개의 전략보다 2~3개의 전략을 잘 이용하는 방법
을 알려 주었다. 그래서 사라는 자신의 생각을 확장할 수 있다는 믿음을 가지게 되었다.

　다음은 생각을 다양하게 확장하는 방법이다.

단순한 아이디어에서 생각을 다양하게 확장하는 방법
- 대상에 대해 그린다.
- 생각하거나 느낀 것을 추가한다.
- 노래로 만들거나 친숙한 곡에 끼워 넣는다.
- 대상에 대해 어떻게 느끼는지 말을 덧붙인다.
- 반복되는 구절을 이용하여 이야기한다.
- 아이디어와 자신의 삶의 관련성을 말한다.

　나는 사라에게 여동생에 대해 스스로 말하고 쓰는 두 가지 전략을 가르쳐 주었다. 각 전
략은 '여동생'이라는 주제에 사용할 수 있는 특별한 전략이었지만 다른 글을 쓸 때에도
그 전략을 이용하게 하고 싶었다.

첫 번째 전략은 주제와 어울리는 '색깔'을 생각하는 것이다. 사라는 웃으며 말했다.

"분홍색이요!"

"왜 분홍색이라고 생각했니?"

"음, 동생의 방이 분홍색이고, 분홍색 옷도 있어요."

"잠깐! 그것을 적어 보자."

사라는 종이의 1/4 지점에 분홍색이라는 낱말을 쓰고 아래에 방과 옷을 적는다. 내가 다른 학생들과 협의하기를 하는 동안 사라는 '여동생' 목록에 추가할 다른 분홍색 항목들을 생각하였다. 사라는 담요와 모자를 추가하였고 박제된 토끼와 장난감 2가지를 더 생각할 수 있다고 말했다. 나는 사라가 아이디어를 얻었다고 결론을 내렸고 색깔을 생각해 보면 글감에 대해 더 많이 말할 수 있게 된다고 알려 주었다.

우리는 잠깐 동안 큰소리로 나의 글감인 '우리집 개'로 연습했다. 사라가 검은색이라고 말했고 우리는 털, 목걸이, 가죽끈 등을 목록에 추가했다. 그리고 사라는 자신의 글감으로 되돌아가 여동생과 분홍색에 대해 글을 썼다.

다음 수업 시간에 글감에 대해 더 많이 말하는 두 번째 전략은 '처음'에 대해 생각하는 것이라고 알려 주었다. 나는 '처음'은 무슨 일이 최초로 일어났을 때 또는 무언가에 주목하기 시작했을 때를 의미한다고 설명했다.

사라는 지난 시간에 작성한 종이의 다른 1/4 지점에 '처음'이라고 썼다.

사라는 "내가 동생을 처음 봤을 때 같은 걸 말하는 거예요?"라고 물었고 나는 고개를 끄덕였다. 그러자 사라는 그것을 목록에 적었고 5분 동안 '동생에게 처음 이가 났을 때, 처음 감기에 걸렸을 때, 첫 크리스마스'를 추가했다. 나는 목록에 있는 이런 개별 항목이 이야깃거리가 될 수 있다고 설명해 주었다. 사라는 '처음'과 관련된 개별 항목을 마음속에 그려 봄으로써 이야기를 만들 수 있었다.

사라는 자신이 글을 쓸 목록을 가졌다는 것에 안도했고, 아이디어를 글로 쓰는 두 가지 전략을 알게 되었다([표 Ⅰ-4] 참고).

[표 I-4] 글감을 글로 확장하기

- 색깔, 모양, 냄새, 감촉
- 처음, 마지막, 매일, 한 번
- 대상에 대해(또는 이것이 일어난 때에) 무엇이 좋고, 나쁘고, 화나고, 짓궂고, 친절하고, 온순한가?
- 대상에 대해 행복했던 것은? 슬픈 것은? 무엇이 당신을 웃게 했는가? 울게 했는가?
- 대상에 숨겨진 비밀이 있는가? 웃긴 이야기는?
- 대상에 대한 자신만의 독특한 생각은 무엇인가?

글감: 우리집 개	생각 확장하기
색깔	개는 검은색이다.
모양	개 모양! 매우 큼!
냄새	더러운 냄새, 좋은 향기….
감촉	울퉁불퉁한, 거친, 또는 부드러운 털
처음	처음에 나는 개를 오랫동안 가지고 있었다.
마지막	내가 마지막으로 아빠를 방문했을 때 강아지는 나와 함께 있었다.
매일	우리는 산책을 한다.
한 번	개가 도망갔다.
좋음	개는 항상 나를 보면 행복해 한다.
나쁨	개가 벽에 자국을 남긴다.
짓궂음	개가 다람쥐를 쫓는다.
친절함	개가 내 발을 따뜻하게 해 준다.
온순함	개는 고양이가 몸을 웅크려 자신과 함께 자게 해 준다.
행복	개는 나를 사랑한다.
슬픔	개는 나이를 먹고 있다.
비밀	나는 개에게 너무 많은 돈을 썼다.
웃긴 이야기	개가 이웃집에 들어가 소파에 앉아서 사탕을 먹었을 때
울게 만든 일	개가 눈이 멀어서 나무들 사이로 걸어갔을 때
독특한 것	개는 내가 집에 도착하기 전에 집으로 오고 있다는 것을 안다.

교사는 학생들에게 무언가를 하는 방법을 알려 주기만 하면 그대로 할 것이라고 생각한다. 하지만 학습은 과정이다. 특히 사라와 같은 학생에게는 사용하지도 못하는 많은 전략을 알려 주는 것보다 2~3가지 전략을 알려 주어 직접 해 보게 연습시키는 것이 훨씬 나았다. 전략을 가르칠 때는 한 번에 한 가지 전략만을 철저하게 가르치고 연습할 시간을 주어야 한다. 그리고 전략을 알려 주는 것만으로 끝내지 말고 세심한 시범과 실제 사례를 보여 주도록 해야 한다([표 Ⅰ-5], [표 Ⅰ-6], [표 Ⅰ-7] 참고).

[표 Ⅰ-5] 아이디어 생성을 위한 교사의 지도 방법

- 교사는 아이디어를 얻는 과정을 생각나는 대로 소리 내어 말한다.
- 학생들에게 생각의 과정과 아이디어에 대해 크게 말하도록 가르치고, 그것들을 유지할 것인지 버릴 것인지 결정하는 방법을 가르친다.
- 학생들이 아이디어 수집을 위해 쓰기 공책, 메모장, 컴퓨터 파일 등을 쓰도록 가르친다.
- 학생들이 자신의 사고 과정을 점검하도록 초인지를 가르친다.
- 아이디어를 생성하도록 하기 위해 특별한 전략을 가르친다.
- 학생들이 자신의 아이디어에 대한 자신감과 믿음을 갖게 한다.
- 학생의 아이디어를 비판하는 것을 피한다.
- 학년 내내 아이디어 목록에 신경을 쓴다.
- '삶의 이야기'라는 개념에 비계를 설정한다.

[표 I-6] 아이디어 생성 전략과 교사의 시범

아이디어 생성 전략	교사의 시범
• 마음에 떠오르는 생각에 주목하고 말한다.	• 달, 다음에 하고 싶은 것, 다친 손, 여동생, 방 청소, 잊을 수 없는 노래, 양파 냄새.
• 본 것, 들은 것, 냄새 맡은 것을 말한다.	• 엄마가 요리하는 것을 보았다, 프라이팬에서 생선이 치직 하는 소리를 들었다, 생선 냄새가 났다.
• 대상에 대한 느낌, 감정에 주목한다.	• 나는 피곤해서 몸이 의자로 녹아들어간 것 같은 느낌이 들었다.
• 걱정하는 것이나 행복하게 만드는 것에 대해 생각한다.	• 나는 따돌림을 당할까봐 걱정한다, 나는 사촌들과 놀 때 행복하다.
• 사랑하는 것, 좋아하는 것, 싫어하는 것에 대해 생각한다.	• 나는 개를 사랑한다, 나는 개와 함께 산책하는 것이 좋다, 개를 씻기는 것은 싫다.
• 하고 싶은 것과 하고 싶지 않은 것에 대해 생각한다.	• 나는 밖에 나가 놀고 싶다, 나는 아침에 이불을 정리하는 것이 싫다.
• 자신을 놀라게 하는 것에 주목한다.	• 내가 휘파람을 불 때 남동생이 몹시 화가 난다는 것을 몰랐다.
• 일상의 변화에 주목한다.	• 오늘 길에 죽은 쥐가 있었다.
• 변화 없는 일상에 주목한다.	• 매일 밤 아빠는 야구를 본다.
• 속상한 일을 말한다.	• 남동생이 내 야구 글러브를 부탁 없이 가져간 것.
• 활기차게 만드는 것을 생각한다.	• 야구 시청.
• 피곤하게 만드는 것을 찾는다.	• 너무 많은 과제, 엄마랑 쇼핑가는 것.
• 가끔 하는 것을 생각한다.	• 사촌에게 장난치기.
• 그리워하는 대상에 대해 생각한다.	• 할머니가 그립다.

[표 I-7] 필자들이 아이디어를 얻는 원천

- 삶에서 겪은 일
- 책
- 일상의 생활(운동장, 버스 탑승, 집에서의 일상)
- 인간관계(우정, 매일 보지만 모르는 사람, 자신의 삶에 관련된 성인)
- 가족(관계, 일상, 혼란, 갈등)
- 환경(집, 방, 이웃, 학교 가는 길, 교회, 축구 연습장)
- 교과목의 내용(과학, 사회, 수학 등 교과목에서 흥미 있는 것)
- 개인적 흥미
- 여가생활(게임, 운동, 비디오 게임, TV, 영화 등)
- 기억(과거에 일어났던 모든 것)
- 특별한 날과 그날이 특별했던 이유(아무도 오지 않은 내 생일 파티, 야외 파티를 하기에는 너무 더웠던 7월 4일)
- 놀랐던 일(욕조에 있던 벌레! 침대 밑에서 갑자기 기어나온 남동생!)
- 매일 맡는 냄새(아기 냄새, 꽃 향기)
- 매일 듣는 소리(아기 울음, 차 경적 소리, 오토바이 소리, 비행기 소리, 학교 종소리, 이웃의 웃음 소리)
- 특별한 장소에서 나는 냄새(할머니 집, 보건실, 식당, 정육점, 병원, 도서관)
- 기분 나쁜 것(머리를 이상하게 자른 것, 길에 쓰레기가 있는 것, 엘리베이터가 고장난 것, 땅콩버터가 끈적거리는 것)

다. 학생의 글감 존중하기

나는 일부 교사들이 쓰기 부진 학생들이 선택한 글감을 존중하지 않는 모습을 보고 놀랐다. 특히 교사가 지치거나 스트레스를 받을 때는 쓰기 부진학생들에게 일상적으로 가지고 있는 연민의 마음을 잃기 쉽다. 학생들이 글쓰기에 들인 노력을 무시할 때가 많다.

> "더 좋은 글감으로 쓸 수 없어?"

교사들은 자신이 학생들에게 이런 말을 얼마나 자주 하는지 알고 있는가? 교사가 정해 준 글감을 학생들에게 쓰게 하는 것이 얼마나 지루할 수 있는지 생각해 본 적이 있는가?

쓰기 부진 학생들은 자신들을 이해해 줄 수 있는 교사의 전문적이고 너그럽고 의도적인 노력과 도움을 필요로 한다.

최근에 한 교사가 한 남학생이 레슬링에 대해서만 글을 써서 자신의 쓰기 잠재력을 충분히 발휘하지 못한다고 걱정했다. 그 학생은 레슬링에 대해 방대한 지식을 가지고 글을 쓰고 있었다. 보통 교사들은 레슬링을 지루하거나 학문적이지 않은 글감으로 생각할 수 있다. 그러나 레슬링, 또는 산악 자전거, 스케이트보드 타기, 괴물과 외계인에 대해 글을 쓰려고 하는 학생이 있다면 그렇게 하도록 두는 것이 좋다. 대신 학생들이 원하는 글감으로 글을 쓰는 동안 글을 잘 쓸 수 있는 방법을 가르쳐 주면 된다.

'학생들은 다른 글감에 대해 쓰도록 배워야 한다. 학생들이 매번 외계인에 대한 글만 쓸 수는 없다. 평가는 어떻게 할 것인가?' 등 반대 의견이 있을 수 있다. 하지만 학생들이 글쓰기에 대해 배우고 다른 글감을 쓸 수 있다는 믿음을 갖게 하는 것이 먼저 이루어져야 한다. 학생들은 시간이 지나면 자신이 고집했던 글감을 버리고 다른 글감에 관심을 돌리게 될 것이다. 학생들이 수업 시간 동안 그런 글감을 버리지 않을 수도 있지만, 교사는 좋은 쓰기를 위한 씨앗을 뿌린다는 자부심을 가져야 한다.

2. 내용 생성으로서 말하기와 그림 그리기

교사들은 초등학교 학생들에게 글을 쓰는 방법으로 그리기를 가르치지만 이 방법을 충분히 활용하지 않는다. 보통 쓰기 평가의 준비 과정에서는 학생들이 글을 조금 더 쓰게 하고자 사고의 과정 중 이 단계를 생략한다. 그러나 그림 그리기는 아이디어를 얻고 발전시키는 데 유용한 방법이다. 학생들에 따라 그림을 그리거나, 시각적으로 표현하는 다른 방법을 사용하면서 아이디어에 접근할 수 있다. 교사들은 학생에게 '도해 조직자(graphic organizers)'[2]를 강조하는 경향이 있지만, 학생들은 종종 나름의 방식으로 사고의 흐름을 표현하는 것만으로도 충분하다.

나는 4학년 교실에서 쓰기 부진 학생인 캐시(Kathy)를 지도할 때, 쓰고 싶은 것을 기억

---

2) 도해 조직자는 글의 내용을 선, 화살표, 공간 배열, 순서도 등을 사용하여 학습자에게 글의 내용과 구조를 명확하게 이해하기 위한 기제이다. 그리고 글 속에 있는 정보를 인간의 인지 구조에 맞게 재현한 시각적 표현이라고 할 수 있다.(역자 주)

하기 위해 그림 그리는 방법을 가르쳐 주었다. 실제로 이 방법을 보여 주기 위해 아침에 있었던 일을 크게 소리 내어 말해 주었다.

"아침에 일어났는데, 늦었어!"(나는 침대 옆에 헝클어진 머리를 한 사람을 그렸다.)

"그래서 빨리 옷을 입었는데, 양말을 찾을 수가 없었어."(양말 두 짝을 그렸다.)

"빨래 바구니를 찾아봤어."(바구니를 그렸다.)

"운동화에 있는지 찾아봤어."(운동화를 그렸다.)

"결국, 침대 아래에서 찾았어. 양말이 거기 있었어! 내 고양이가 양말을 가지고 가서 그 위에서 잠들어 있었어."(고양이가 잠든 모습을 그렸다.)

나는 그림이 있으면 그 이야기를 기억해서 글로 쓸 수 있다고 캐시에게 말했다. 실제로 캐시는 내가 그림을 가리킬 때 이야기를 나에게 다시 '읽어' 주었다. 그리고 자신이 이모와 공원에 갔던 이야기를 들려주었다. 나는 이야기의 각 부분을 포착하여 그림을 그리면서 이야기를 들었다.

"나는 짧은 머리가 아니라 많은 머리였어요."

캐시는 그림을 훑어보고 정정하기도 했다. 그래서 이야기와 쓰기 과제 모두를 기억하려고 노력하지 않아도 그림을 통해 자신의 이야기를 회상하고 세부 내용을 수정할 수 있었다.

교사들은 쓰기 부진 학생들을 위해 적어도 학생들이 글을 능숙하게 쓰기 전까지는 그림을 '쓰기'로 여길 수 있게 해야 한다. 넓은 의미에서 쓰기는 문어 의사소통의 모든 방식을 포함한다. 교사는 학생들이 글을 구성하는 방법으로 그림 그리기를 사용할 수 있도록 더 많은 기회를 주어야 한다. 학교에서는 학생들이 반드시 글을 써야 하고 글 쓰는 방법을 연습해야 한다고 생각한다. 그러나 학생들이 글을 쓰려고 하지 않거나 글을 쓰지 못한다면, 글쓰기를 전혀 하지 않는 것보다는 그림을 활용하여 표현해 보는 것이 훨씬 나을 것이다.

3. "삶의 이야기" 발견하고 글쓰기

모든 사람은 각자 간직한 이야기를 쓰고 싶어 한다. 그 이야기는 삶의 슬픔과 기쁨 또는 우정이나 이별에 대한 것일 수도 있다. 보통 성인들은 아이의 탄생, 결혼, 이혼, 전쟁 경험, 애완동물 등 그들의 삶에서 두세 가지의 이야기를 가지고 있다. 도널드 머레이(Donald Murray)는 "사람은 자신의 전체 삶에서 오직 한두 가지 이야기만을 실제로 쓸 수 있다."라고 말했다. 물론 성인들은 외로움, 배신, 믿음, 희망, 용기 등에 대해 주제를 탐구하여 쓸 수도 있다. 학생들은 보통 실제 삶의 이야기, 자신의 마음에 크게 다가오는 것에 대해 글을 쓴다. 그러나 학생들에게는 이런 이야기들이 의미 있는 것이다.

삶의 이야기를 발견하여 쓰도록 허용하면 학생들은 좋은 글을 쓸 수 있다. 그런 의미에서 보자면, 많은 교사가 "너희 집 개에 대한 글을 나에게 다시 이야기하지 마!", "오늘 있었던 일 중에서 쓸 만한 다른 글감을 찾아봐!"라고 말하는 것은 슬픈 일이다. 교사가 학생들에게 일어난 일에 대해 거짓으로 쓰도록 강요하면 어떻게 학생들이 마음에서부터 글을 쓸 수 있겠는가?

내가 6학년이었을 때 케네디(Kennedy) 대통령이 암살당했다. 나는 그 일이 일어났을 때 내가 어디에 있었고 무엇을 하고 있었는지 정확하게 기억한다. 며칠 동안 텔레비전을 보면서 댈러스 자동차 퍼레이드, 애절한 장례식, 사건 수사, 암살범, 사건의 결과에 흠뻑 젖어 있었다. 수년이 흐른 뒤 고등학교 선생님은 내가 어떤 상황에서도 케네디의 암살과 연관 지어 글을 쓸 수 있다는 것을 알려 주었다. 그것은 사실이었다. 대학 지원서, 에세이 평가, 자기소개서에서도 그 사건이 내 삶에 끼친 영향에 대해 다양한 방식으로 글을 쓸 수 있었다. 나는 그 한 가지 비극적인 사건의 렌즈를 통해 어떠한 질문에도 답할 수 있음을 알게 되었다.

학생들이 적어도 한 가지 삶의 이야기를 가지고 있다는 것을 가르치면 학생들에게 이 아이디어를 적용할 수 있다. 이것이 케네디의 암살과 같이 세계적으로 비극적인 사건일 필요는 없다. 학생들에게 삶의 이야기는 그들의 애완동물처럼 단순한 무언가일 수도 있다. 자신의 삶의 이야기로 글을 쓸 때는 삶의 이야기에 대해 깊이 생각하게 하고, 다양한 렌즈들을 통해 살펴보고, 삶의 이야기에 대해 전반적으로 생각하도록 가르쳐야 한다. 요약하면, 학생들이 그들의 글감에 대해 전문가가 되도록 해야 한다.

내가 알던 한 학생은 낚시에만 관심이 있고 마지못해 글을 썼었다. 그 학생은 낚싯줄, 미끼, 유인 등 낚시에 대해서는 열정적으로 말했다. 나는 낚시에 대한 학생의 관심을 쓰기에 대한 관심으로 돌리게 했다. 낚시에 대해 글을 쓰도록 하자 그 학생은 일 년 내내 자신의 '낚시 시리즈'를 썼다. 그리고 할아버지와의 낚시에 대한 회고록, 낚시 유형에 대한 설명문, 물고기를 죽이는 오염을 중단하자는 주장하는 글 등을 썼다. 그 학생의 글이 하루아침에 향상되지는 않았지만, 자신에게 일어난 일을 글로 쓸 수 있었다.

'그 학생은 다른 글감에 대해 쓰도록 배워야 해요. 만약 시험에 낚시에 대한 것이 없으면 어떡하죠?' 등 반대 의견이 있을 수 있다. 모두 맞는 말이지만 이것은 강조할 것이 못된다. 만약 학생들이 쓰기를 전혀 할 수 없다면? 그것이 좋은 필자가 되도록 돕는 방법이 아닌데도 계속 할 것인가? 학생들은 삶의 이야기를 통해 다른 관점, 다양한 장르에서 글감을 찾는 것이 가능했고 글감에 대한 열정 때문에 질 높은 글쓰기를 할 수 있었다(Culham, 2003). 교사는 매번 쓰기 부진 학생들에게 새로운 글감에 대해 쓰도록 강요한다. 학생들은 낚시, 개, 개구리, 야구, 여동생, 할아버지에 편안함을 느끼지만 그 편안함을 빼앗긴 채 글을 쓰도록 요구받는다.

교사는 쓰기 부진 학생들과 협의하기를 통해 자신의 삶에 대해 말해 보도록 해야 한다. 학생들이 깊이 있게 관심을 가지는 것을 찾아내고, 필요하다면 부모에게 도움을 청할 수도 있다. 학생들이 자신감을 쌓는 데는 삶의 이야기와 관련된 정보가 필요하다. 그리고 그것은 학생들이 잘 알고 많이 이야기할 수 있는 것이어야 한다. 지난 몇 년 동안 학생들이 나와 공유했던 삶의 이야기 몇 가지를 다음과 같이 제시한다.

> ▶ 할아버지나 할머니와의 관계
> ▶ 삼촌이나 이모
> ▶ 특이한 애완동물
> ▶ 여동생, 남동생, 사촌, 부모
> ▶ 가장 친한 친구
> ▶ 야구, 축구, 스케이트, 농구, 하키
> ▶ 마술 묘기
> ▶ 낚시, 스키, 얼음낚시, 스노보드, 사냥, 하이킹, 캠핑, 수영
> ▶ 배와 비행기 모형 쌓기
> ▶ 장난감 기차 세트
> ▶ 레슬링
> ▶ 영화
> ▶ 프로 스포츠
> ▶ 공원에서 놀기
> ▶ 놀이 공원
> ▶ 비디오 게임, 휴대 전화, 휴대용 게임기
> ▶ 요리, 제빵

교사는 학생이 비디오 게임에 대해 쓴 글을 읽을 때 좌절할 수 있다. 보통 학생들은 '그리고 나는 다음 레벨로 갔고, 두 명의 외계인을 죽였고, 나는 다음 레벨로 갔고, 그리

고...'와 같이 글을 쓸 것이다. 학생들은 게임을 어떻게 했는가에 대해 글을 쓰는 경향이 있기 때문에 비디오 게임에 대해 좋은 글을 쓰기는 어려울 것이다. 그러나 학생들이 비디오 게임에 관심을 가진다면 학생들이 그것에 대해 좋은 글을 쓰도록 가르치는 것이 교사들의 일이다.

그림을 그리고 목록을 쓰는 것은 학생들이 좋은 글을 쓰도록 돕는 두 가지 방법이다. 비디오 게임에 대해 글을 쓸 때에는 생각을 확장하도록 돕기 위해 그림 그리기를 이용하거나, 앞에 언급한 [표 I-4]에 나오는 아이디어 목록 중 하나를 이용할 수 있다. 예를 들면, 한 학생이 '색깔'을 이용하여 게임에 대해 쓰려고 한다면, 주황색은 항상 적이 코너 주변으로 살금살금 걸어가는 것을 의미하고, '착한 사람'이 항상 노란 옷을 입는 것으로 글을 이끌어 나갈지도 모른다. 그래도 그저 어제의 게임이 어땠는지에 대해 말하는 것보다는 이것이 훨씬 나을 것이다.

삶의 이야기에 대해 쓰는 것의 장점 중 하나는 학생들의 삶과 관련된 모든 것이 글감이 될 수 있다는 것이다. 나는 내 삶의 이야기를 공유하여 삶의 이야기가 글감이 된다는 것을 보여 주었다. 내가 공유한 삶의 이야기는 '우리 집 개의 끝나지 않은 장난'이다. 우리 집 개는 무언가를 매일 하고 있고, 나는 그로부터 글을 쓰기 위한 아이디어를 지속적으로 수집한다. 매일 개와 시간을 보내기 때문에 이런 일들은 자연스럽게 일어날 뿐이고 나는 글을 쓰기 위해 일부러 무언가를 할 필요가 없다. 매 순간이 곧 쓰기를 위한 준비가 된다.

"자바(Java)와 루비(Ruby)는 어때요?"

"이번 주에는 자바와 루비가 무엇을 했어요?"

매번 교실에 들어갈 때마다 학생들은 질문을 던진다. 우리 집 개에 대한 이야기가 학생들을 끌어들였기 때문에 학생들은 흥미로워 했다.

개의 익살스러운 행동을 이용하는 것만으로도 나는 수많은 아이디어의 목록을 써 왔고, 사용하고 싶은 단어를 수집했다. 그리고 생활문, 보고서, 편지, 동화, 자서전, 시, 노래 등을 작성했다. 이것은 학생들에게 어떻게 아이디어를 생성하고 활용하는지를 보여 주는 모델이 된다. [표 I-8]의 목록은 삶의 이야기를 쓰기로 발전시키는 방법이다. 학생들이 한 가지의 좋은 아이디어를 유지하고 글을 풍부하게 쓸 수 있도록 돕기 위해 이와 유사한 목록을 이용할 수 있다.

[표 I-8]   삶의 이야기를 쓰기로 발전시키는 방법

삶의 이야기 생각하기	쓰기로 바꾸는 방법
삶의 이야기와 관련 있는 과거의 사건이나 기억에 대해 쓴다.	나는 루비(Ruby)를 집에 데려오던 날을 기억한다. 나는 자바(Java)가 루비의 음식을 처음으로 빼앗아 먹던 일이 기억난다. 나는 루비와 자바가 이웃집에 숨어 있던 때가 기억난다. 나는 루비와 자바가 나에게 선물로 주었던 토끼 장난감이 기억난다.
삶의 이야기에 대해 지금 생각하고 있는 것을 쓴다.	학교에 있을 때, 나는 루비와 자바가 정말 보고 싶다. 루비가 아파서 나는 걱정이 된다. 나는 자바가 크리스마스트리를 다시 쓰러트리지 않으면 좋겠다. 나는 집에 도착하면 개에게 운동을 시킨다. 나는 자바와 루비에게 무엇이 필요한지 확인한다.
삶의 이야기를 설명할 수 있는 단어를 쓴다.	흥분한, 바쁜, 기진맥진한, 웃긴, 바보 같은, 냄새나는
일어난 일 중에서 나쁜 것을 쓴다.	자바가 다람쥐를 쫓으려고 나를 끌어당겼고 나는 팔이 부러졌다. 자바가 강아지를 물었다. 루비와 자바가 먹이를 두고 싸웠다. 자바가 도망갔다. 루비가 요금 청구서를 먹었다.
대상에 대해 가장 좋아하는 것을 쓴다.	루비와 자바 사이에서 자는 것을 좋아한다. 루비와 자바의 냄새가 좋다. 루비와 자바가 나와 함께 노는 것을 좋아해서 좋다. 루비와 자바가 항상 나를 보며 행복해해서 좋다. 루비와 자바가 힘이 세고 커서 좋다.

　　쓸거리가 없다고 느끼는 대부분의 학생들은 보통 많은 생각을 가지고 있지만 그것을 쓰기로 바꾸는 방법을 모른다. 말하기, 그림 그리기, 자신의 글감 유지하기 등의 기법을 이

용하면 이런 학생들에게 자신감을 길러줄 수 있다. 일단, 학생들이 자신의 아이디어가 가치 있고 확장 가능하다는 것을 알게 되면 자신의 아이디어를 글로 표현하는 전략을 배울 수 있다.

글감 찾기를 어려워하는 학생을 위한 지도 원리

- 교사는 자신이 듣고 싶어 하는 답을 학생들에게 주지 말고 학생들이 말을 할 때까지 기다리도록 노력한다.
- 교사는 학생들의 글감 선택에 대해 열린 마음을 가진다.
- 글감이 무엇이든 좋은 글을 쓰도록 가르치는 방법을 고민한다.
- 수업에서 "삶의 이야기" 개념을 발전시킨다.
- 교사 자신의 삶의 이야기를 발견하고 이용하여, 생각하기와 글쓰기의 시범을 위한 도구로 활용한다.

3장. 쓰기 지구력이 부족한 학생
"난 다 했어요!"

우리 어머니는 아주 깔끔한 가정주부였다. 창문도 매우 깨끗하고, 욕실에는 티끌 하나 없으며, 마루가 깨끗해서 식사도 할 수 있을 정도였다. 어머니가 딸들에게 모든 것을 깨끗하게 정리하도록 하는 것은 당연한 것이다. 나는 어렸을 때 있었던 일을 지금도 기억하고 있다. 어머니는 빨래를 걷으라고 하셨다. 그런데 우리는 수건을 접고, 서로 수건을 던지고, 집에서 서로 추격하면서 놀았다. 엄마가 세탁물은 어떻게 되었는지 물어보셨는데, "저희는 다 했어요."라고 외쳤다. 그러곤 우리는 잡기놀이와 줄넘기를 하러 밖으로 나갔다. 물론 침대에는 아직 다 개지 않은 세탁물이 여전히 쌓여 있었다. 하지만 우리의 관심은 다른 곳에 있었다. 그리고 유쾌하게 떠들면서 다른 운동에 관심을 기울였다. 우리는 진심으로 세탁물을 정리했었다. 하지만 엄마는 기쁘지 않았다.

내가 이 상황을 생각해 보면, 이런 상황이 쓰기와 유사하다고 생각한다. 예를 들어, 나와 여동생은 세탁물이 우리와 직접적으로 관련이 있다고 생각하지 않았다. 그것은 엄마의 중요한 일이었다. 정말 관심이 없었다. 그 이유는 우리가 나쁜 아이여서가 아니라 아직 어린 아이였기 때문이다. 엄마가 옷은 단정히 개고 집어넣는 것이라고 강조하였지만, 그 일은 엄마의 관심사이지 우리의 관심사는 아니었다. 우리에게는 세탁물 바구니에 있는 주름진 옷을 입는 것도 문제되지 않았다.

일부 학생들은 쓰기에 대해서도 같은 방식으로 느낀다. 학생들은 쓰기가 어떤 방식으로 자신의 삶에 관련이 있거나 연결되어 있다는 것을 알지 못한다. 쓰기는 교사에게 중요한 일이다. 학생들은 아직 성장하고 있는 어린 학생이다. 학생들은 누군가 시키거나 스스로 관심을 갖기 전에는 노력을 다하지 않는다. 사실 학생들이 생각하기에 쓰기는 재미있게 놀고 싶은 것을 가로막고 있는 것이라 생각할지 모른다. 마치 쌓인 세탁물이 나와 여동생이 밖으로 나가고 싶은 것을 방해하는 것처럼. 그래서 학생들은 가능한 한 적게 쓰는 방법을 생각해낸다. 방을 배회하거나 물을 마시거나 화장실에 가거나 책상에서 견디는 것과 같은 다른 것을 추구할 시간을 만든다.

　　우리는 더 많이 쓰고, 쓰기에 인내심을 가지게 하기 위해 학생들에게 지속적으로 쓰는 것을 가르쳐야 한다. 최선의 학습이 일어나는 것은 과제를 완수하는 것이 아니라 "하는 과정"에 있다. 가능한 한 적게 하려는 학생들은 자신의 삶에서 도움을 주는 습관의 발달, 경험, 학습에 대해 자신을 속인다. 카니(Ruth Sidney Charney, 2002)는 "사람들은 학습의 용이성을 학습 기능성으로 오인한다. 그리고 빠르게 배우는 것이 능력이라고 착각을 한다. 우리는 결과보단 과정에 대해 존중을 보여 줄 필요가 있다. 그리고 천천히 습득을 하도록 속도에 대한 고려도 필요하다. 지속하기 위한 용기와 노력을 유지하는 마음은 어떤 교수 방법보다 성취를 위해 더 중요할지 모른다."(p.378)

1. 쓰기 주체 의식과 쓰기 자부심 높이기

　　학생들이 주체 의식과 자부심이 부족한데도 교사들이 쓰기에 대해 가르치려고 하기 때문에 쓰기에 대해 어려움을 겪는다. 따라서 교사들이 다음과 같은 상황에서 쓰기에 대한 관심이 줄어든 학생에게 쓰기에 대한 관심과 긍정적인 태도를 가질 수 있도록 노력해야 한다.

- 선생님만 쓰기에 관심이 있고 나는 쓰기에 관심이 없을 때
- 선생님이 나에게 쓰기에 대한 관심을 강요할 때
- 선생님이 내가 쓴 글을 다시 읽어 보라고 할 때

- 내가 쓴 글이 맞춤법에 맞지 않아 글을 읽기 힘들 때
- 내가 손으로 쓴 글이 읽기 쉽지 않을 때

매우 많은 학생들은 위와 같은 상황에서 쓰기를 시작하기 전에 좌절한다.

우리는 쓰기 교육을 옹호할 필요는 없지만 학생들과 의사소통을 잘할 필요가 있다. 쓰기가 어떻게 좋은 직업을 갖게 해 주는지에 대한 수업을 의미하는 것이 아니다. 대부분의 어린 학생들은 자신의 삶에 대해 되돌아보지 않는다. 하지만 학생들의 삶에 관련된 쓰기는 자신의 삶을 치료하고 흥미로운 것으로 보고 삶에 대한 정보를 얻는 가치가 있는 것이다.

애니(Annie)는 4학년이며 글쓰기 수업 시간에 단 몇 분이면 글쓰기를 완성한다. 그리고 대부분의 글쓰기 시간을 다른 학생들과 이야기를 하면서 보내거나 "저는 다 했어요."라고 외친 후 책상에 숨긴 쿠키를 꺼내 먹기도 한다.

"이게 전체 이야기니?"라고 글쓰기 공책 몇 줄을 보면서 물으면, 담임 교사가 물어보는 것이 의아하다는 듯이 바라보면서 "네. 그게 전부에요."라고 말한다.

담임 교사는 이야기에 대해 더 많이 말하도록 요구한다. 하지만 애니는 "제가 말했잖아요. 그게 전부에요."라고 말한다.

애니에게 가르칠 수 있는 쓰기 전략은 많이 있다. 하지만 그것보다 쓰기에 대한 관심을 가지도록 가르치는 것이 더 중요하다. 애니는 쓰기에 관심이 없다. 단지 애니 생각으로는 쓰기는 선생님의 관심사인 것이다. 또한 쓰기 과제는 선생님의 과제이다. 애니는 선생님이 시켰기 때문에 쓰기를 하는 것이지 자신의 마음에는 쓰기에 대한 관심이 전혀 없다.

관심을 가지는 것은 대부분 우리가 살아가면서 성공을 위한 중요한 요소이다. 사람들은 효율적으로 일하고 성공을 위해서는 관심을 기울여야 한다. 애니가 삶에 관심을 두게 하는 것처럼 쓰기에서도 관심을 두게 하는 것은 중요하다. 애니는 삶 속에서 요리, 친구, 밖에서 노는 것들에 대해 관심이 많지만 쓰기에는 관심이 없다. 담임 교사는 애니가 쓰기에 관심을 갖기를 원한다.

조지타운대학교(Georgetown University)의 언어학 교수이고 유명한 작가인 드보라 태넌(Deborah Tannen)은 "관심 없이는 이해가 없다."(1988, p.111)라고 말했다. 그래서 나는 몇 주 동안 애니를 지도하였고 일반적으로 애니가 관심을 기울이는 일에 대해 이야

기를 하였다. 또한 애니는 담임 교사와 함께 동생이나 애완견, 장난감에 대해 관심을 가지는 방법에 대해 이야기를 했다.

우리는 관심을 가지고 있는 물건과 사람을 나타내는 목록을 [표 Ⅰ-9]와 같이 만들었다. 그리고 나서 우리는 우리가 해야 하는 쓰기 과제에 관심을 두는 방법에 대해 대화를 나누기 시작했다.

[표 Ⅰ-9] 애니의 관심사와 애니가 관심을 갖고 있는 내용

나의 관심사	관심을 두는 방법
내 남동생	나는 동생이 무섭거나 피곤할 때 안아 준다. 나는 동생과 논다. 나는 동생을 웃게 한다. 나는 동생에게 사랑한다고 말한다. 나는 동생을 보호한다. 나는 동생과 시간을 보낸다.
생일 때 받은 인형	나는 인형이 더러워지지 않도록 집에 둔다. 나는 매일 인형과 논다. 나는 사촌과 인형을 가지고 논다. 나는 동생에게 인형을 못 만지게 한다.
노래하기	나는 매일 노래를 한다. 나는 뮤직비디오를 본다. 나는 사촌의 mp3를 듣는다. 나는 신곡을 배운다. 나는 노래를 작곡한다.
엄마	나는 아침과 밤에 엄마에게 포옹을 한다. 나는 엄마에게 잘하려고 한다. 나는 동생 돌보기를 돕는다. 나는 엄마를 돕기 위해 설거지를 한다.
해변에 가기	나는 여름까지 날을 센다. 나는 벽장에 있는 모래놀이 장난감을 챙긴다. 나는 지난 여름 해변의 사진을 본다.

애니와 나는 이 목록에 대해 만족한다. 우리는 내용을 다시 읽는다. 그리고 나는 애니가 관심을 가질 때 했던 생각을 떠올리도록 한다. 애니는 "관심을 가지고 있는 것에 대해 생각하며 시간을 보내요."라고 말한다. 이러한 행동은 우리가 관심을 가질 때 하는 행동이다. 그리고 그것은 필자가 쓰기에 대해 관심을 가질 때 하는 것과 일치한다.

다음은 애니에게 쓰기에 대해 관심을 가지게 된다면 무엇을 해야 하는지 생각하도록 한다. 그리고 물론 애니는 쓰기에 대해 진심으로 관심을 가지지 않았다고 말한다. 하지만 쓰기에 대해 관심을 가지려면 어떻게 해야 하는지 이해하는 것을 노력하겠다고 한다. 애니의 관심 목록을 다시 살피고 관심이 있는 사람과 관심을 두는 행동에 대해 생각한다. 그리고 관심을 두는 방법에 대해 [표 I-10]처럼 함께 만들어 보았다.

[표 I-10] 애니의 쓰기에 대한 관심을 키우기 위한 방법

- 내 삶에서 즐거웠던 것에 대해 말을 한다.
- 내 이야기를 누구에게 말해 줄 것인지 생각한다.
- 엄마와 동생에게 읽어 주는 것을 상상한다.
- 내가 쓴 글이 노래가 되는 것을 상상한다.
- 스스로 자랑스러웠던 시간을 생각하고, 쓰기에서 그 느낌을 상상한다.
- 쓰기 기능 중 하나를 선택한다.
- 집에서도 쓰기를 연습한다.
- 동생이 읽기 학습을 할 때 예시 자료로 내가 쓴 글을 사용한다.
- 내가 쓴 글을 이야기할 수 있는 친구를 찾고, 친구와 나의 이야기를 공유한다.
- 엄마에게 줄 선물로 나의 이야기를 생각한다. 예를 들면 엄마를 위해 시를 쓴다.
- 내가 가장 좋아하는 책을 찾고, 그 책처럼 이야기를 쓴다.
- 집에서 쓰기를 위한 특별한 공간을 만들고, 조용히 매일 써 본다.
- 특별한 공책이나 색이 있는 종이에 쓴다.
- 5분 동안 쓰기를 위해 타이머를 사용한다. 그리고 시간을 늘려 나간다.

애니는 결국 관심이 있는 것에 대해 생각하고 있다는 것을 스스로 알게 되었다. 그리고 쓰기에 대한 관심을 스스로 얻는 좋은 방법을 만들어 냈다. 우리는 애니의 사례로부터 모든 학생들이 관심을 기울이는 방법에 대해 알고 있다는 것을 알게 된다. 우리의 주요 과제는 쓰기에 관심을 갖게 하는 것이다. 애니가 몇 주 안에 2쪽의 글을 쓴다는 것이 쉬운 일은 아니지만 스스로 신뢰를 갖도록 도움을 주는 전략을 배운다. 그리고 글을 쓰면서 말하고 싶은 생각에 대해 신뢰하는 방식에 대한 전략을 가질 수 있다. 위와 같은 목록 중 하나를 실천한다면 바로 쓰기에 대한 관심을 갖는 태도를 높일 수 있을 것이다.

  이렇게 쓰기에 관심을 기울이는 것은 교실에서 학생들과 어떻게 관련이 있는가? 우리는 학생들이 쓰기에 관심을 갖도록 하기 위해 시간을 투자해야 한다. 소집단 학습은 협의하기와 학생들이 많은 것에 관심을 기울이도록 도움을 준다(10장 참고). 그때 우리는 학생들이 쓰기에 관심을 기울일 수 있도록 도움을 줄 수 있다. 학생들은 갑자기 쓰기를 좋아하지 않을 것이다. 하지만 이러한 활동과 지도를 통해 결국 쓰기가 학생들에게 중요한 것으로 인식될 것이다.

2. 정교화 전략

  교사들은 학생들에게 "조금 더 추가해라", "더 써라."와 같은 정교화를 위한 전략을 활용해 왔다. 일부 학생들은 이러한 지시 사항을 어렵게 받아들인다. 그리고 학생들은 단지 한두 개의 부사를 추가한다. 다른 학생들은 일부 대화를 추가하기도 한다. 학생 대부분은 끝에 몇 문장을 추가한다. 다시 생각해 보면, 쓰기 정교화에 대해 우리가 충분히 잘 가르치지 않았다.

  글을 조금 더 정교하게 쓰는 방법에 대한 책들은 시중에 많이 나와 있다. 교사들이 적어도 몇 권을 읽는다면 바로 활용할 수 있을 것이다. 이런 책의 대부분은 표현(craft)에 대한 안내가 중심이다. 표현은 언어의 뉘앙스, 쓰기 관습, 필자가 사용하는 표현 방식을 의미한다. 정교화는 기교를 더하는 방식과 유사하다. 그 이유는 정교화가 쓰기에서 내용을 더하는 방식에 집중하기 때문이다. 나는 학생들에게 쓰기에서 정교화를 가르치는 최선의 방식은 실제 작가가 글을 어떻게 쓰고 있는지 알려 주는 것이라고 생각한다.

[표 I-11] 정교화를 위한 방법

첫째 날

나는 비디오 게임을 좋아한다.

첫째 날: 이유를 추가한다.

나는 비디오 게임이 재미있기 때문에 좋다.

둘째 날: 다른 특징을 추가한다.

나는 동생과 비디오 게임을 하는 것을 좋아한다. 그것은 재미있다.

둘째 날: 이름을 추가하고 결과를 추가한다.

나는 조엘(Joel)와 비디오 게임을 하는 것을 좋아한다. 그것은 재미있다. 내가 항상 이겨서 동생은 싫어한다.

셋째 날: 다음에 쓰기에서 추가하고 싶은 다른 계획을 세운다.

1. 나는 게임의 이름을 추가할 수 있다.
2. 나는 내가 하는 게임의 방법을 추가할 수 있다.
3. 나는 조엘이 화가 날 때 하는 말을 추가할 수 있다.

〈모범 텍스트(mentor text)를 사용하는 방법〉

수년간, 교사들은 모범 텍스트를 사용하는 것이 초등학생들의 쓰기 지도에 적합한 것으로 생각해왔다. 모범 텍스트는 교사 혹은 학생이 어떻게 글이 쓰여 있는지 깊게 학습하기 위한 텍스트이다. 이것은 신문이나 잡지와 같은 단편의 글과 장편의 책의 일부분을 읽는 것과 관련된다. 학생들은 텍스트의 내용을 파악하고 책이 어떻게 쓰여 있는지 연구하기 위해 깊이 있게 읽어 본다. 결국, 학생들 스스로 선택한 책을 자신의 것으로 만들어야 한다. 하지만 교육 상황에서는 교사가 선택한 모범 텍스트를 활용한다.

내가 다녔던 대학의 멘토 칼 앤더슨(Carl Anderson)은 성공적인 협의하기를 할 때마다 적절한 2~3개의 모범 텍스트를 선정하는 것을 성공적인 협의하기를 위한 한 가지 방법으로 강조했다. 이와 같은 것은 작가가 텍스트를 쓰면서 사용하는 방식을 학생들에게 모범이 되도록 가르치는 것을 의미한다. 또한 칼 앤더슨은 자신의 책에서 협의를 하면서 모범 텍스트의 힘과 유용함을 강조한다. 나 역시도 모범 텍스트를 선정하고 협의하기를 하는 것은 쓰기 부진 학생을 위한 아주 좋은 교수 방법이라고 생각한다. 그리고 중요한 것은 협의하기를 하면서 사용해야 할 훌륭한 텍스트를 교사가 알고 있어야 한다. 같은 모범 텍스트를 사용하면서 매우 익숙한 표현과 내용도 다른 시각으로 읽으면 새로운 학습이 일어날 수 있다는 것을 학생에게 보여 준다.

정교화를 위한 전략을 향상시키는 일부 모범 텍스트를 살펴보자. 물론, 정교화 전략은 대부분의 쓰기 관련 전공 서적에서도 소개되고 있다. 정교화 전략을 가르칠 때 교사들이 어떤 서적을 선택하여 사용하는 것은 자유이다.

[표 Ⅰ-12]에서 나는 차트의 왼쪽에 텍스트에서 인용된 것을 제시했다. 그리고 정교화 전략은 오른쪽에 제시하였다. 이렇게 제시한 모범 텍스트를 그대로 사용할 수 있고, 다른 책에서 활용한 예시를 사용할 수 있다. 그리고 교사들은 분명히 자신이 활용할 수 있는 모범 텍스트를 찾을 수 있고 그 책에서 스스로 정교화 기술을 찾을 수 있다. 한 가지 주의할 점은 한 번에 하나의 정교화 기술을 가르쳐야 한다는 것이다. 적은 것이 많은 것이라는 것을 기억해야 한다.

[표 Ⅰ-12]와 같이 내가 인용한 텍스트도 있지만, 교사들은 다른 모범 텍스트를 활용할 수 있다. 그리고 내가 발견한 것 이외에도 다양한 정교화 기술도 발견할 수 있다. 중요한 것은 교사가 텍스트를 선택하고 표현에 대해 지속적으로 연구를 계속해야 한다는 것이다. 물론 처음에 발견하지 못한 부분에서 쓰기 전략이나 방법을 발견할 것이다. 혹은 심지어 5번을 넘게 읽은 뒤에 발견할 것이다. 그때 교사가 정교화 전략을 발견한다면, 쓰기 학습자들에게 발견한 비결을 가르쳐야 한다.

교사들은 한 개 이상의 그림책을 잘 알아야 한다. 그리고 케이티 레이(Katie Ray)가 자신의 책에서 말한 것처럼 "마음으로" 읽을 것을 추천한다. 케이티(Katie)는 교사가 표면적으로 드러나지 않은 텍스트 내용을 깊이 있게 이해하는 것이 중요하다고 강조한다. 우리가 읽은 책에 대해 다시 회상할 수 있을 만큼 텍스트를 잘 파악할 때, 우리는 그 안에 있는 기교를 새롭게 발견할 수 있다. 이러한 과정은 교사가 꼭 책을 암기해야 하는 것을 의미하지 않는다. 하지만 책의 내용을 깊이 있게 이해하게 되었을 때, 교사는 작가가 그것을 어떻게 표현했는지 알게 된다. 그리고 쓰기의 기교를 가르치기 위해 작가의 정교화 방법을 사용할 수 있다.

[표 I-12] 모범 텍스트와 정교화 전략

모범 텍스트 대초원 기차[3]	정교화 전략

쉬, 들어 보세요-
여기에 그녀가 온다-woooOOOOOO
암흑 속에서 나는 기지개를 켠다,
나의 귀는 마루를 향한다.
타닥타닥[덜커덩덜커덩] 하는 소리
Great Northerns이 소리를 낸다.
얼어붙은 길.
그녀의 불빛이 들판을 가로질러 쓴다.
부러진 옥수수대가 춤을 춘다.
HellooOOOOO...
밤은 그녀의 뒤를 추격한다.
그리고 기차를 끌어올린다.
So LOOOoong...
	– 시작 부분에서 청중에게 이야기하기
	  (쉿, 들어 보세요.)
	– 실제 소리를(기차 소리) 흉내 냈다.
	  /기술-당신은 무엇이 들리는가?
	– 어떻게 보이는지 세부적으로 진술하면서
	  그녀가 하고 있는 것을 진술한다.
	– 사건의 세부적인 것을 보여 주는 3가지
	  예시에 따라 일어나는 일을 진술한다.
	– 동사를 통해 환경의 의인화를 보여 준다.
	  (쓸다, 춤을 춘다, 추격한다)
	– 기차 소리를 다르게 표현한다.
	– 소리가 진행되고 있는 것을 나타내기 위
	  하여 타원을 사용한다.

모범 텍스트 「로사」[4]	정교화 전략
그리고 사람들은 걸었다. 그들은 비가 내려도 걸었다. 그들은 뜨거운 태양에서도 걸었다. 그들은 아침에도 걸었다. 그들은 늦은 밤에도 걸었다. 그들은 크리스마스에도 걸었다. 그리고 그들은 동쪽에서도 걸었다. 그들은 7월 4일에도 걸었다. 그들은 노동절에도 걸었다. 그들은 추수감사절에도 걸었더니, 또다시 크리스마스가 왔다. 그들은 여전히 걸었다.	– 같은 문장을 처음에 반복한다(그들은 걸었다). – 반대를 대치한다(비/뜨거운 태양). – 계절의 변화 – 시간의 변화 – 계절과 휴일을 사용하면서 시간의 변화를 표시한다. – 문장을 추가하면서 리듬을 만든다(처음에는 우리가 이것을 했다. 그리고 그때 우리는 저것을 했다.).

---

3) 「대초원 기차(Prairie Train)」는 마샤 윌슨 샬(Marsha Wilson chall)의 작품으로 한 소녀가 고향을 떠나 20세기 초에 미국 북서부에 있던 노스던 기차 길의 넓은 기차 중 하나의 기차에서 할머니를 만나기 위해 떠나는 이야기이다.(역자 주)

4) 「로사(Rosa)」는 니키 지오반니(Nikki Giovanni)의 작품으로 미국 흑인 역사에서 유명한 로사 팍(Rosa Parks)에 대한 책이다. 미국 흑인들의 삶을 바꾸고 미국 시민 평등권 운동에 불을 지핀 인물에 관한 이야기이다.(역자 주)

모범 텍스트 「신발 안의 소금: 마이클 조던의 꿈」[5]	정교화 전략
"모든 것" 엄마는 대답했었다. 그녀는 그를 안아 줬다. "지금 씻고, 남동생과 여동생에게 식사할 준비를 하라고 말해." Michael은 주방에서 황급히 나오고, 걸어 오는 아버지를 놀라게 하였다. "지금까지 뭐하셨어요?"라고 물었다. "보통이지" 엄마는 웃었다. "꿈을 좇는 중"	– 대사에 행동을 추가하기 – 이야기에서 일어나는 것과 제목을 연결하기 – 실제 상황에서 사람들을 보여 주는 대화 (엄마가 어떻게 말하는지 보여 준다.)

모든 학생에게 모범 텍스트를 활용하는 것은 도움이 된다. 그리고 나는 이러한 내용이 쓰기 교육 과정에서 중요한 부분으로 포함되어야 한다고 생각한다. 더구나 쓰기 부진 학생에게는 큰 도움을 줄 수 있다. 교사들은 이러한 방법을 통해 작가가 사용하는 정교화 전략을 학생들이 직접 확인할 수 있도록 도움을 줄 수 있다.

3. 학생들의 쓰기 지구력(stamina)을 강화하기

이 책이 구체적인 학습 장애(difficulty)를 겪는 학생들을 가르치기 위해 의미가 있는 것은 아니다. 그리고 이 장에서 쓰기 지구력을 강화하는 것에 대해 다룰 때 쓰기 지구력이 선천적으로 주의 결핍 혼란 혹은 장애에 대한 해결을 말하는 것은 아니다. 그런 부분에 대해 다룬 전공 서적이나 다른 연구들이 많이 있다. 이 책에서는 빨리 지루해하고 힘들어하거나 긴 시간 쓰지 못하는 일반적인 교실 안에 있는 학생들에 대해 이야기하려고 한다. 우리가 이 부분에서 다루게 될 것은 쓰기 지구력의 한 유형이다.

---

5) 「신발 안의 소금 : 마이클 조던의 꿈(Salt in His Shoes: Michael Jordan in Pursuit of a Dream)」은 데로리스 조던(Deloris Jordan)과 로스린 조던(Roslyn M. Jordan)의 작품으로 마이클 조던(Michael Jordon)의 어린 시절 이야기이다. 키가 크고 싶은 소망을 가진 어린 시절의 마이클 조던의 이야기로 가족들이 그의 꿈을 이루어 주게 하기 위해 서로 노력하는 가족애가 돋보이는 이야기이다. (역자 주)

나는 오래전 대규모 평가의 쓰기 시험을 하는 동안 일부 학생들을 보고 쓰기 지구력에 대해 심각하게 생각하기 시작했다. 학생들에게 지속적으로 쓰기를 할 수 있는 힘이 없었기 때문에 시험은 고통스러웠다. 나는 많은 학생이 혼자 짧은 1차시 수업 동안에 쓰기를 지속적으로 유지할 수 없음을 알게 되었다. 칼킨스(Lucy Calkins)와 플레처(Ralph Fletcher)를 포함한 많은 쓰기 교사들은 이러한 문제점을 알고 난 뒤에 끊임없이 이야기를 나누어 왔다. 하지만 쓰기 지구력을 향상시키기 위한 다양한 노력에도 불구하고 일부 어린 학습자들은 1차시 수업의 과정을 지속해서 유지할 수 없었다.

쓰기 지구력을 키워 주는 것은 악기를 연주하기, 운동하기, 그림 그리기, 정원 가꾸기와 같은 다른 기능처럼 시간과 인내가 필요하다. 사실 이러한 지구력을 유지하는 것은 육체적으로 피로를 쌓이게 한다. 지구력을 키우는 것은 쉽지 않다.

앞에서 쓰기를 정교화하기 위해 학습자들이 모범 텍스트를 사용하는 방법을 제시했었다. 일을 마무리하기 위한 많은 방식은 쓰기를 위해 지구력을 만드는 하나의 방법이다. 하지만 계획하기, 시간 다루기와 같이 다른 방식도 있다. 학생들은 왜 쓰기 지구력이 중요한지, 쓰기 지구력이 무엇인지 이해하는 시간이 필요하다. 쓰기 지구력에 대한 이해를 통해 학생들은 쓰기 지구력에 대해 학습할 자세를 갖추게 된다.

이 장에서 언급한 애니처럼, 모이스(Moises)는 가능한 한 적게 쓰는 학생이다. 그리고 집중을 잘 못하는 3학년 학생이다. 담임 교사의 요청으로 내가 그 학생을 관찰하기 위해 교실을 방문했을 때, 쓰기를 하기 전에 교실 주위를 느긋하게 걷는 것을 발견했다. 그리고 쓰기에 대해 생각을 하기 전에 미리 3개의 연필을 깎고 있었다. 모이스는 쓰기 지구력 강화가 필요하다.

담임 선생님과 나는 협의를 위해 함께 앉았다. 모이스는 어깨를 으쓱거리며 잠을 충분히 못 잤는지 하품을 종종 한다. 물론 지루하다는 것을 우리에게 말하는지 모른다. 쓰기는 육체적, 정신적 지구력이 요구된다. 담임 교사도 나에게 모이스의 부모님과 모이스의 먹는 것과 잠을 자는 습관에 대해 이야기를 해 보겠다고 하였다. 우리는 쓰기 과제를 완성하기 위해 쓰기 지구력을 길러 주어야 한다. 이런 쓰기 지구력은 모든 학습에서 필요하다는 것을 잘 안다.

처음에 나는 쓰기 시간 동안 무엇을 하기 원하는지 모이스에게 물었다.

"그리기."

"좋아. 오늘 3분 동안 그림을 그리도록 할 거야. 너에게 그만이라고 말할 때까지 멈추지 말고 계속 그려. 네가 그림을 그리면서 무엇을 느끼는지에 대해 생각하렴."

모이스는 내가 시간을 확인하고 있는 동안 공원에서 그림을 그리기 시작한다. 그리고 조금 뒤에 나를 쳐다본다. 나는 계속하라는 신호로 고개를 끄덕인다. 모이스가 그림을 그리면서 모든 것에 대해 생각하지는 않지만, 나는 그림을 그리면서 스스로 집중해 나가는 것에 대해 인식하길 원한다. 3분 후 멈추라고 하였다.

"좋아, 네가 그림을 그리면서 생각한 것을 선생님에게 말해 줘."

"저는 어제 공원에 간 것과 그림에 대해 생각을 했어요."

"다른 것은?"

"음... 저는 그림 안에 무엇을 넣을지 고민하면서 미끄럼틀에 갔던 것을 생각했어요."

"아주 좋아!"

"모이스, 네가 쓰기를 하는 동안 지구력을 기를 수 있는 방법을 방금 이야기했어. 네가 쓰기를 할 때 써야 할 내용에 대한 생각을 하는 거야."

모이스는 내 말에 동의하지 않는 것 같다. 그림을 그리는 것은 문제가 없지만 쓰기는 재미없다고 말한다. 하지만 쓰기 지구력을 가지고 있다면 쓰기를 하면서 지치지 않을 것이다.

8주 동안, 나는 일주일에 한 번 모이스와 대화를 하기 위해 만났다. 모이스의 어머니는 모이스가 집에서 먹고 자는 것에 특별한 문제가 없다고 말했다. 그래서 우리는 하품하는 것은 쓰기의 문제와 연관된 것이라고 추정했다. 나는 쓰기 지구력을 높이는 것에 집중했다. 물론 쓰기 지구력뿐만 아니라 쓰기에 필요한 많은 기능이 있다. 하지만 쓰기 지구력 없이는 모이스의 쓰기 능력을 향상시킬 수 없다.

우리는 학생들의 쓰기 지구력을 만들기 위한 방법을 [표 Ⅰ-13]과 같이 만들었다.

[표 I-13]　**학생들의 쓰기 지구력을 만들기 위한 방법**

- 학생은 처음에는 3분 동안 쓰기 과제를 하고, 매일 1분씩 추가해 나간다.
- 학생은 과제를 마친 후에는 긴 시간 과제를 하면서 어떤 것을 느꼈는지 다시 생각한다.
- 쓰기 지구력을 키우기 위해 잘할 수 있는 방법을 사용한다.
- 좋아하는 것을 하면서 지나간 시간에 대해 생각한다. 그리고 쓰기를 하면서 스스로 집중했던 것을 상상한다.
- 매일 5분 동안 집에서 쓰기를 연습한다.
- 쓰기를 마쳤을 때 다음에 할 부분을 메모해 둔다.
- 연습이 잘 되지 않더라도 낙담하지 말아야 한다. 다음에 더 잘할 것이다.
- 지속하는 방법을 생각한다.(일련의 목표를 세운다. 알람이 울리기 전까지 쓰기를 지속한다. 시계를 절대 보지 않는다.)
- 자리를 떠나지 않고 물을 마시기 위해 물병을 가지고 다닌다.
- 힘든 쓰기 과제를 쓰고 난 뒤에 보상과 휴식으로 체육 활동을 생각한다.

다른 교실에서, 나는 프리셔스(Precious)와 모이스의 쓰기 지구력을 위한 목록을 공유하였다. 프리셔스는 산만하고, 쓰기 학습지를 몹시 싫어하는 학생이다. 물론 쓰기 지구력을 만들기 위한 방법이 좋다는 것에 동의한다. 하지만 그것은 자신에게 양이 너무 많다고 말한다. 나는 쓰기 지구력을 만들기 위해서는 적은 양을 가르쳐야 한다는 것을 다시 한 번 생각하게 되었다. 그래서 프리셔스에게 모이스의 방법 중 하나를 선택하도록 하였다. 그러자 그는 어떤 전략도 자신이 할 수 없다고 단호하게 말을 하였다. 나는 프리셔스가 하기 싫어하는 경향이 강하다는 것을 깨닫게 되었다.

이런 상황은 내가 지금까지 본 학생 중에서 매우 보기 힘든 예이다. 나는 마지못해 글을 쓰는 학생들과 상담을 할 때, 학생들이 편안한 마음을 가지고 참여한다는 것을 알고 있다. 내가 학생들을 지도하는 방법을 배우면서 학생과 논쟁을 해야 한다고 배우지 않았다. 그 이유는 항상 학생들의 편을 들어줘야 하기 때문이다. 나 역시도 학생들과 논쟁을 하면 힘이 들고 화가 나기도 한다. 하지만 학생과 내가 대립하는 것은 올바른 방법이 아니다. 그래서 이런 학생들은 글을 쓰기 싫어하는 이유에 대해 이야기를 하고 극복하기 위한 방법에 대해 상담을 하는 것이 중요하다.

이것저것을 시도하는 일상적인 패턴은 매우 쉽다. 하지만 나는 이런 학생들이 의견을 바꾸지 않고 글쓰기를 지속하도록 하는 방법에 대해 잘 알고 있다. 때때로 학생들에게 다음에 글쓰기를 하자고 할 수도 있다. 하지만 쓰기에 대한 거부감이 일관적으로 지속된다면 글쓰기는 쉽게 나아지지 않을 것이다.

그래서 이런 시간에 나는 프리셔스에게 말한다.

"난 너를 위해 쓰기 지구력을 만들어 줄 수 있을 것이라고 생각했다. 하지만 이제 어떻게 말해야 할지 모르겠어. 내가 어떻게 해야 할까?"

프리셔스는 수상쩍은 모습으로 나를 바라보았다.

"왜 저에게 과제를 하라고 말하지 않아요?"

프리셔스는 물었다.

"과제를 할 거니?"

나는 웃으면서 물었다.
프리셔스는 눈썹을 움직이며 말했다.

"아니요. 하지만 내가 대회를 나간다면 더 잘 쓸 수 있어요."
"무슨 뜻이지?"
"다른 사람보다 더 잘 쓰려고 하면 쓸 수 있어요. 시간을 정해 놓고 하면 더 잘 쓸 수 있어요."

프리셔스는 경쟁 상대가 필요하다. 그의 쓰기 동기는 경쟁, 인정 요인이라는 점을 알 수 있다. 프리셔스는 경쟁자 없이는 쓰지를 않았다. 그래서 우리는 일주일에 한 번 그녀와 경쟁할 다른 학생들을 찾았다. 프리셔스는 나에게 정해진 쓰기 대회에 참여하는 것을 원한다고 하였다. 평상시에는 매주 대회를 준비하기 위해 쓰기를 더 열심히 연습할 것이다.

프리셔스의 사례에서 우리가 경쟁을 하면서 쓰기 지도를 강조하는 것은 아니다. 하지만 그런 학생들은 종종 어려운 상황을 변화시키기 위해 자신에게 맞는 방법이 필요할 수 있다. 우리는 학생들에게 자신이 가지고 있는 문제를 다른 사람에게 표현하도록 해야 한다. 학생들에게 쓰기에 대해 갖고 있는 문제를 표현하면서 스스로 문제를 해결할 수 있는 방법을 찾는 것이 중요하다. 나도 쓰기에 대한 문제를 가지고 있다면, 쓰기를 잘할 수 있도록 나의 문제를 드러내야 한다. 학생들이 자신의 문제를 발견하고 해결하는 것은 학생들에게 학습이 자기 발견의 여행이라는 것을 보여 준다.

연습은 항상 즐거운 것이 아니라는 것을 기억하자. 오직 연습이 즐겁다고 느끼는 시기는 기능을 배우면서 유창하게 표현할 수 있는 시기이다. 피아노를 연습하는 처음 몇 년을 생각해 보면 연습이 얼마나 지루한지 기억할 수 있다. 몇 분이 얼마나 지루하게 지나갔는가!

하지만 연습 없이 지구력을 키우는 것은 힘들다. 그러므로 읽기와 쓰기 모두 학생들에게 지구력을 키워 주기 위해 초기에 연습 시간을 많이 가져야 한다. 매일 짧은 시간을 투자하면서 쓰기를 해야 한다. 글을 쓰면서 느낀 점을 이야기하고, 지속하면서 어려운 점도 이야기를 해 보게 해야 한다. 그리고 학생들이 서로 독려할 수 있도록 해야 한다. 또한 모든 학습자가 쓰기 지구력, 지식 등을 키우기 위해 교실에서 지원이 필요하다는 것을 모든 교사는 알아야 한다.

교실에서는 쓰기가 아닌 다른 분야에서는 지구력을 가지고 있는 학생들이 쓰기에는 잘 적용하지 못하는 경우가 많이 있다. 학생들이 쓰기 지구력을 갖게 하기 위해서는 다른 사람과 대화하기, 쓸 내용 스케치하기와 같은 전략을 사용하면서 학생들에게 자신감을 심어 줄 수 있다. 그리고 학생들이 자신이 생각한 내용이 가치가 있다는 것을 알게 될 때, 자신의 생각을 표현할 수 있는 준비가 된 것이다.

쓰기 지구력을 강화하기 위한 지도 원리

- 교사는 필자로서 학생들이 쓰기를 하면서 어려운 점이 무엇인지 스스로 생각하고 표현하도록 지도한다.
- 교사는 학생들이 쓰는 동안 어려운 점에 대해 목록을 설정해 보고, 각각을 극복할 수 있는 방법을 표현하도록 지도한다.
- 교사는 학생들이 보는 책 중에서 학생들이 학습할 가치가 있는 정교화 전략에 대해 연구한다.
- 교사는 실제적 경험을 통해 가르침이 나올 수 있도록 교사 자신의 쓰기 정교화 전략을 연습한다.

4장. 쓰기 관습을 어려워하는 학생
"맞춤법이 중요한가요?"

나는 몇 년 전에 한 학생에게 문장 부호를 하나도 표시하지 않은 10쪽 가량의 보고서를 받았다. 내가 실망하며 보고서를 돌려주자, 그 학생은 "선생님, 선생님은 잘하시잖아요? 선생님이 넣고 싶은 위치에 그냥 넣으세요!"라고 말했다.

나는 그 일이 있은 후 지금까지, 학생들에게 쓰기 관습을 잘 가르치기 위한 방법에 대해 연구하고 있다. 지금 내가 많은 교사와 함께 하고 있는 연구는 학생들이 글을 쓸 때 부담 없이 즐겁게 문장 부호를 사용하도록 하는 방법에 대한 것이다. 실제로 많은 쓰기 부진학생들이 문장 부호, 문법, 그리고 맞춤법을 어려워한다. 학생들은 대개 문장 부호를 그다지 중요하게 생각하지 않는다. 반면, 교사들은 문장 부호를 정확히 쓰는 것을 중요하게 생각하며 학생들보다 문장 부호 사용에 능숙하다. 이런 이유로 학생들은 문장 부호를 스스로 사용하지 않고 교사들에게 의존한다.

필자들은 쓰기 관습을 사용하여 의미를 만들고, 문장을 형성하고, 놀람과 리듬을 만든다. 학생들이 이것을 이해하지 못하거나, 관습을 단지 따라야 하는 규칙이라고만 배울 때 학생들의 글과 의미를 만드는 능력은 악화된다. 사실상 그런 글들은 대개 부자연스럽고 생동감이 없으며 쓰는 것만큼 읽는 것도 지루하다.

1장에서 우리는 쓰기 부진 학생들에게 맞춤법을 지도하는 방법을 간략하게 살펴보았다. 이 장에서는 문장 부호와 문법을 지도하는 데 도움이 되는 몇 가지 방법을 검토할 것이다.

1. 문장 부호 탐구와 지속적인 연구

교사들은 시작부터 마침표로 끝날 때까지 하나의 긴 문장으로 이루어진 학생의 글을 나에게 자주 보여 준다. 그것은 시작부터 끝 사이에 어떤 문장 부호도 없다. 교사들은 학생들에게 그것을 반복해서 가르치고 교정해 주지만 학생들의 글은 변화가 없다. 이러한 글을 본 교사들은 몹시 화가 난다. 나는 이 글을 쓴 학생은 적어도 마침표가 "끝"을 의미한다는 것을 알고 있다는 면에서 긍정적으로 생각한다.

학생들은 문장 부호와 문법에 대한 인식을 높일 필요가 있다. 읽기에서 의미 형성을 돕는 문장 부호나 문법을 신경 쓰지 않는 학생들은 쓰기에서도 문장 부호와 문법을 사용하지 않는 경우가 많다. 교사들은 학생들이 문장 부호와 문법을 잘 알고 제대로 사용할 수 있도록 가르친다고 생각한다. 그러나 교사들은 종종 학생들의 수준을 고려하지 않고 가르친다.

다음의 사례들은 쓰기 관습을 어려워하는 학생들을 도울 수 있는 방법을 제시한다.

나는 "쓰기 관습을 어려워하는" 세 명의 3학년 학생, 잭(Jack), 마이키(Mikey), 안드레아(Andrea)를 지도하였다. 학생들은 문장 부호에 신경을 쓰지 않았다. 그러나 담임 교사는 문장 부호가 없는 학생들의 글을 매우 형편없는 것으로 생각했다.

나는 세 명의 학생과 담임 교사를 탁자 주위에 앉도록 요청했다. 나는 한두 번의 수업 후에 학생들이 문장 부호를 정확하게 사용하도록 배울 수 있는 방법에 교사가 주목하기를 바랐다. 나는 담임 교사가 수업 시간에 학생들에게 읽어 준 적이 있는 책의 한 쪽을 복사했다. 우선 학생들의 기억을 상기시키기 위해 글을 읽어 주고 줄거리를 생각할 시간을 가졌다. 그런 후 글을 다시 읽고 문장 부호에 표시를 해 보라고 학생들에게 말했다. 학생들은 내가 문장 부호의 이름을 묻지 않고, 단순히 찾으라고 하는 것에 안심하는 것 같았다. 나는 각각의 문장을 다시 읽었고 학생들에게 내 목소리를 들어 보라고 했다. 또한 학생들에게 내가 읽는 동안 문장 부호에 따라 내 목소리가 어떻게 달라지는지 들어 보라고 했다.

그리고 학생들과 함께 들으면서 찾은 문장 부호의 목록을 표로 만들었다([표 Ⅰ-14] 참고).

[표 Ⅰ-14] **쓰기 부진 학생들과 찾은 문장 부호**

문장 부호		우리가 들은 것과 그것의 의미	책에서 찾은 예	자신이 쓴 글에서의 예	"규칙"
.	마침표	이것은 문장의 끝에서 목소리가 내려가게 한다. 이 문장 부호의 의미는 문장이 끝났다는 것이다.			모든 문장의 끝에 마침표를 넣는다.
"——"	큰따옴표	인물이 말하는 것처럼 읽는다. 이것은 말하는 사람의 입에서 나온 말이라는 것을 나타낸다.			큰따옴표를 인물이 말하는 말의 시작과 끝부분에 넣는다.

잠시 동안, 우리는 두 종류의 문장 부호를 찾고 의미를 발견했다. 이것이 학생들이 알아야 할 모든 것은 아니다. 그러나 학생들에게 모든 종류의 문장 부호를 한 번에 가르치기보다는 소수의 문장 부호를 정확하게 사용하도록 가르치는 것이 중요하다.

나는 학생들에게 어떤 주제로든 약간의 글을 써 보라고 말했다. 그리고 글을 쓰면서 어떤 문장 부호를 사용했고, 왜 그 문장 부호를 선택했는지 이유를 듣고 싶다고 말했다. 나는 문장 부호가 글을 쓸 때 단지 문장 끝에 형식적으로 붙이는 것이 아니라 의미를 만드는 데 사용된다는 것을 학생들에게 납득시키는 것이 중요하다고 생각한다.

이 과정을 통해 학생들은 문장 부호에 대해 천천히 그리고 깊이 생각할 기회를 갖는다. 교사들은 어린 학생들에게 너무 추상적인 방법으로 문장 부호와 문법을 가르치곤 한다. 한 쪽 분량의 교재를 가지고 문장 부호에 초점을 두며 심사숙고하도록 하는 활동은 문장 부호를 새롭게 보도록 하는 기회를 준다. 이 과정은 학생들이 하룻밤 사이에 문장 부호와 문법 전문가가 되도록 만들지는 않는다. 그러나 학생들 스스로 읽고 쓰면서 문장 부호의 힘을 발견하도록 돕는다.

쓰기 관습을 익히기 위한 중요한 요소 중 하나는 그것들에 대해 자주 말하는 것이다. 대부분의 교사들은 맞춤법과 문법을 옳고 그른 문제로만 다루기 때문에 학생들과 쓰기 관습에 대한 대화를 하는 데 많은 시간을 쓰지 않는다. 그러나 자신이 쓴 글에 어떤 문장 부호를 사용하는 것이 보다 효과적일지, 자신이 쓴 문장이 독자들에게 어떻게 들리기를 원하며 어떤 문장 부호가 그것들에 적합할지에 대해 이야기를 나누는 것은 중요하다.

정교한 기술을 익힐 때와 마찬가지로, 문장 부호를 학습하는 것도 과정이 필요하다. 위에 제시된 [표 Ⅰ-14]를 활용하여 쓰기 부진 학생들에게 문장 부호를 가르칠 때 아래와 같은 방법을 활용할 수 있다.

- 학년에 적합한 글을 선정하고, 학생들이 그 글에서 작가들이 사용한 문장 부호가 독자에게 주는 메시지를 탐색하게 한다.
- 학생들이 글에 있는 예를 사용하여 문장 부호 의미를 표로 만들 때, 학생 자신의 말을 사용하도록 한다.
- 학생들이 자신이 쓴 글을 가지고 문장 부호를 연습하기 위한 시간을 준다.
- 학생들에게 자신의 글에서 사용한 문장 부호에 대해 말하도록(쓰도록) 한다. 왜 그 문장 부호를 사용했는지, 그 문장 부호를 사용하여 독자들에게 무엇을 전달하려는지 묻는다.
- 표에 학생 글의 예시를 추가하고 그것들에 대한 대화의 기회를 학생들에게 제공한다.
- 여러 작품에서 문장 부호의 쓰임을 함께 찾아본다. 학생들에게 동일한 문장 부호가 여러 가지 다양한 용도로 쓰인 경우를 찾고, 동일한 용도로 쓰인 다양한 예를 찾아보게 한다.
- 학생들에게 친구들과 함께 받아쓰기를 연습할 수 있는 기회를 준다.
- 학급을 대상으로 몇 개의 문장을 받아 쓰게 하고 학생들이 쓴 문장을 확인하여 별도의 도움이 필요한 학생이 있는지 신속히 평가한다.
- 부진한 학생들을 위한 소집단을 조직한다.
- 텍스트의 의미를 알아내기 위해 읽기 협의회에서 읽은 글에서 사용된 문장 부호에 대해 말하도록 한다.
- 쓰기 협의회에서 자신의 글에서 어떤 문장 부호를 왜 사용했는지 문장 부호를 사용한 방법에 대해 말하도록 한다.
- 학생들에게 더 긴 문장을 쓰는 것을 가르치기 위한 방법으로써 텍스트의 정선된 문장을

선택한다.
- 교과서에서 각각의 문장 부호를 찾고 표에 형식적인 규칙을 추가한다. 그러고나서 규칙에 대해 이야기할 시간을 학생들에게 준다.
- 자신이 선택한 문장 부호 몇 가지를 설명할 기회를 줄 루브릭을 학생들과 함께 만든다.

2. 문장 부호와 문법에 대한 개별 학습

모든 필자, 특히 쓰기 부진 학생들에게 협의하기는 매우 중요하다. 학생들이 쓰기 관습을 배울 때도 협의하기는 매우 유용하다. 아래 글은 내가 잭(Jack)과 함께 한 협의하기를 글로 옮긴 것이다.

교사: 오늘 네 글에서 어떤 문장 부호를 사용했는지 나에게 이야기해 보렴.

학생: 음...저는 몇 개의 마침표를 넣었어요.

교사: 좋아. 그것은 마침표가 있을 때 문장이 어떻게 소리나는지 지난 시간에 배운 걸 기억한다는 거네.

학생: 휴.

교사: 너는 마침표가 필요한 곳마다 알맞게 넣는 걸 신경쓰고 있구나. 다른 문장부호 생각나는 거 있니?

학생: 음...물음표요?

교사: 멋진데! 의문형을 만들 때 때때로 물음표를 쓴다는 거지. 읽을 때 다른 문장부호에 관심을 기울여서 기쁘다. 잘했어.

학생: 휴.

교사: 내가 잡지에 있는 기사를 하나 가지고 왔어. 이 기사에 몇 개의 물음표가 사용되었는데 우리 함께 그것을 보자. 괜찮지?

학생: 네.

교사: (나는 잡지를 가져와서 세 개의 질문으로 시작하는 기사를 펼쳤다.) 지난 주에 너는 내가 읽어

주는 것을 듣고, 마침표가 있을 때 어떻게 들리는지 배웠잖아. 오늘은 이것을 듣고 물음표가 있으면 어떻게 들리는지 말해 줘. (잡지에 있는 세 가지 질문을 읽는다.)

학생: 선생님 목소리가 높아져요.

교사: 그래, 그게 우리가 질문을 할 때 소리 내는 방법이야. 우리 목소리는 높아져. 그래서 네가 읽거나 쓸 때 질문을 하려고 목소리를 높이고 싶으면 그걸 보여 주기 위해 물음표를 넣는 거야.

학생: 알았어요.

교사: 그래, 좋아. 오늘 네가 할 일은 네 글에 한두 개의 질문을 써 보는 거야. 그렇게 하면서 너는 물음표를 사용하는 연습을 할 수 있어.

학생: (필요할 때 참고할 수 있도록 기사의 복사본을 가지고 있다.)

잭(Jack)은 여전히 문장 부호를 사용하는 데 어려움을 느끼고 있지만, 내가 자신의 말에 긍정적인 반응을 해 줄 것을 기대하며 대답한다. 그리고 나는 잭에게 여전히 긍정적이고 낙관적인 태도를 가지고 대하며 많은 시간을 가지고 대답을 기다려 준다. 나는 정답을 말하면서 중간에 끼어들지 않는다. 그렇게 하는 것은 잭이 교사에게 더 의존하도록 가르칠 것이기 때문이다. 게다가, 잭이 말하는 것은 무엇이든 협의하기의 방향을 결정한다. 내가 다른 내용을 가르치고 싶다 하더라도, 만약 잭이 물음표에 대해 배우기를 원한다면 그것이 내가 가르칠 내용이 된다. 잭이 이해를 잘 못하면 보다 작은 단계로 가르쳐 그를 돕는다. 나는 잭이 계속해서 마침표를 사용하는 데 어려워하더라도 나무라지 않는다. 나는 잭이 성공하리라는 것을 알고 있다. 결국 마침표를 이해할 것이다. 그러나 학생이 스스로 할 수 있다는 것을 느낄 수 있도록 친절하고 도움이 되는 조치를 취하는 것이 중요하다.

마이키(Mikey)는 수업이 끝나갈 때 자신이 쓴 작품을 나에게 보여 주었다. 마이키는 도토리만큼 큰 마침표를 추가하기 시작했다. 이것은 괜찮다. 언젠가 마이키는 마침표들을 적절하게 더 작게 만들 것이다. 지금 마이키는 마침표를 항상 바른 위치에 넣지는 못하지만, 마침표를 사용하는 것에 대해 매우 자부심을 가지고 있다. 안드레아(Andrea)는 자신의 글에 마침표를 찍을 때 사인펜을 쓸 수 있는지 나에게 물었다. 마침표 모두는 분홍색이다. 다시 말하지만, 지금은 괜찮다. 결국에는, 문장 부호는 그대로 사용하면서 분홍색을 사용하는 경우는 차츰 줄어들 것이다.

쓰기 학습에서 학습지는 매우 흔하게 사용된다. 그러나 많은 학생이 학습지를 대충 훑어보고 자신이 쓴 글을 다시 읽어 보지도 않고 학습지 항목들에 표시를 한다. 쓰기 부진 학생들은 긴 목록의 규칙을 따르고 표시해야 한다는 것에 쉽게 좌절할지도 모른다. 쓰기 부진 학생들을 위해서는 이것보다 더 나은 방법이 필요하다. 이 시점에서, 몇몇 쓰기 부진 학생들을 위해 개별 학습지를 추천한다. 나는 목록에 있는 항목의 수를 줄이고, 학생들이 자신에게 필요한 소수의 항목을 선택해 작성하도록 했다. 목록에 있는 이러한 항목들은 쓰기 부진 학생의 필요에 부합해야 하고 협의하기나 교사와 함께 하는 소집단, 그리고 학생들의 그룹에서 작성되어야 한다([표 Ⅰ-15] 참조). 이러한 목록은 학생들이 이전에 학습하는 데 어려움을 느낀 항목들에 편해지면 수정되어야 한다. 일부 학생들이 학급의 대부분과 다른 학습지를 사용하는 것이 교사들에게 조금 불편하더라도 이것은 충분한 장점을 가지고 있다.

[표 Ⅰ-15] 문장 부호 사용 점검표

이름: 마이키	나는 이것을 전혀 사용하지 못했다.	나는 이것을 가끔 사용했다.	나는 이것을 대체적으로 잘 사용했다.	나는 이것을 잘 사용했다.
문장의 끝에 있는 문장 부호				
말하는 것을 나타내는 문장 부호				
묻는 것을 나타내는 문장 부호				

교실에서 학습지는 주의 깊고 적절하게 사용되어야 한다. 어떤 학생도 쓰기에서 부진하다고 해서 다량의 학습지를 하도록 해서는 안 되며 그렇지 않은 학생들도 마찬가지이다. 이것은 수업 위법 행위와 마찬가지이다. 교사들은 배운 것을 강조하거나 반복해야 할 필요가 있을 때 학습지를 사용할 수 있지만, 이러한 때라도 학생 수준에 적합한 학습지를 현

명하게 사용해야 이러한 자료들이 보다 유용하게 활용될 것이다.

교사들은 할 일은 많고 시간은 부족하다. 교사들은 지역 자원봉사자(특히 은퇴한 교사들)를 요청하거나 봉사하기를 원하는 고학년 학생들의 도움을 받을 수 있다. 이런 도움을 받을 때는 봉사자들이 어떻게 도와야 하는지에 대해 명확한 가이드라인을 제시해야 한다. 예를 들어, 자원봉사자들이 학생들의 작문을 수정하거나 어떤 방식으로든 학생들이 부적절하게 느끼도록 만들어선 안 된다. 그러나 글을 쓰기 전 자원봉사자나 도우미들과 작문 계획에 대하여 이야기하는 것은 쓰기 부진 학생들이 자신감을 갖게 하고 그들의 작문 능력을 형성하는 데 도움을 줄 수 있다. 예를 들어, 한 학생이 글을 쓰기 전에 도우미에게 "이것은 내가 쓴 글이에요. 그리고 나는 이 문장에 물음표가 필요하다고 생각해요."라고 말한다. 도우미나 자원봉사자는 실제로 학생이 글쓰기 전에 자신의 글에 대해 충분히 생각하도록 도움으로써 학생을 격려할 수 있다. 아래는 교사가 쓰기 부진 학생들을 지도하는 데 자원봉사자의 도움을 받을 때 고려해야 하는 사항이다.

자원봉사자를 효율적으로 활용하는 방법

• 자원봉사자들이 쓰기 부진 학생을 대할 때 갖추어야 할 특정한 태도(친절함, 긍정적인 태도, 독립심 가르치기, 자신감을 기르기 위해 학생들 스스로 결정하는 것을 허용하기)를 가르치는 데 시간을 할애한다.

• 자원봉사자들이 소수의 학생들과 제한된 수의 전략을 공부하도록 한다.

• 교사가 수업에서 가르친 것에 자원봉사자들이 익숙해지도록 한다.

• 자원봉사자들이 학생들과 공부할 때 한 가지 전략에 초점을 맞추도록 한다.

• 자원봉사자들이 학생들을 가르치고 과제로 내준 것들을 교사에게 알리도록 한다.

• 학생들의 향상 정도를 평가하고 필요에 따라 다른 사람을 재배정한다.

• 학생들을 위해 최선을 다하고 성공하고 있다고 느낄 수 있도록 자원봉사자들을 격려하고 지도한다.

3. 모범 문장 연습

나는 『문장 연구(Grammar Study)』(Angelillo, 2008a)에서, 학생들에게 문장의 "음악"을 듣도록 가르치는 것에 대해 썼다. 문장 부호와 문법은 음악에서의 화음, 대위법과 유사하다. 우리는 좋은 음악을 즐기는 것처럼, 좋은 이야기를 즐길 수 있다. 문장 부호와 문법이 글에서 어떻게 작용하는지 알면 이야기를 더 잘 즐길 수 있다.

쓰기 부진 학생들은 보통 이런 정교한 수준의 작업은 하지 않는다. 그러나 그들이 언어와 그것이 작동하는 방법에 대해 지적으로 호기심이 많다고 가정해 보자. 그것은 우리가 프랭크 스미스(Frank Smith, 1987)가 오랫동안 "문식성 클럽(the literacy club)"이라고 불러왔던 것으로 학생들을 초대할 수 있도록 이끌 것이다. 만약 우리가 이것을 한다면, 우리는 교실에서 학생의 수행뿐만 아니라 우리가 가르치는 방식을 바꿀 수 있다. 예를 들어, 우리는 재미있는 단어로, 의성어로, 농담과 익살로, 그리고 아름다운 문장들로 표현할 수 있을 것이다.

문장의 완벽함에 놀란 적이 있는가? 학생들과 공유하기 위해 매력적이거나 멜로디가 좋은 문장을 찾으면서 픽션과 논픽션을 읽는가? 아니면 학생들에게 그들이 얼마나 아름답게 쓸 수 있는지는 보여 주지도 않으면서 그들이 얼마나 서투르게 쓰는지에 대해서만 불평하는가? 오늘날 학생들이 사용하는 언어의 상태에 불평만 할 것이 아니라 바른 언어의 모델이 되어 주는 것이 교사들의 임무이다.

어릴 때부터 훌륭한 고전을 읽어 주는 것은 어린 학습자들이 아름다운 언어를 익히는데 도움을 준다. 그러나 아름다운 언어를 배우기 위해 반드시 길고 복잡한 작품을 읽을 필요는 없다. 문장력이 우수한 많은 아동 문학 작가들이 있다. 교사들은 예술로서의 글쓰기의 모범이 될 훌륭한 문장을 찾기 위해 아동 문학을 읽어야 한다.

다음은 예시 문장으로 할 수 있는 것이다.

- 학생들에게 소리 내어 읽으면서 문장이 어떻게 소리 나는지 공부할 것이라는 것을 설명한다.
- 학생들이 즐겨 읽는 책에서 간단한 문장을 선택하고, 문장 부호를 강조하면서 여러 번

반복해서 학생들에게 읽어 준다.
- 차트나 화이트보드에 문장을 쓰고 학생들이 문장을 되풀이해서 읽도록 한다.
- 문장을 손가락으로 따라가면서 읽고 문장 부호에서 잠시 멈춘다.
- 학생들에게 문장이 어떻게 소리 나는지 이야기해 보도록 한다.
- 문장에 있는 단어들을 한 번에 하나씩 다른 단어로 바꾸면서 읽어 준다. 문장은 구조를 가지고 있기 때문에 단어는 변하지만 문장 부호와 리듬은 그대로 유지한다는 것을 강조하면서 학생들이 똑같이 해 보도록 도와준다.
    ① "아빠는 도끼를 들고 어디 가시는 거예요?"(출처: 샬롯의 거미줄, 1쪽)
    ② "아빠는 개를 데리고 어디 가시는 거예요?"
    ③ "선우는 개를 데리고 어디 가는 거예요?"
    ④ "선우는 개를 데리고 언제 가는 거예요?"
    ⑤ "선우는 개를 데리고 언제 노는 거예요?"
    ⑥ "선우는 개를 데리고 왜 노는 거예요?"
    ⑦ "주희는 왜 저 개를 데리고 노는 거예요?"
    ⑧ "주희는 왜 그 개를 데리고 노는 거예요?"
- 우선 구두로 학생 혼자 또는 동료와 연습해 보도록 한 후 문장 부호가 있는 연습 문장을 쓰면서 연습하도록 시킨다.
- 학생들에게 가르치고자 하는 구조를 가진 문장을 계속해서 찾는다. 모범 문장을 가지고 학습하는 것은 모든 학생들에게 도움이 되지만, 특히 부진 학습자들이 완벽한 문장을 쓰는 것에 도움이 된다.

문장 부호에 대해 탐구하고 자신의 수준에 맞는 개별 학습지와 모범 문장을 활용하여 학습하는 것은 학생들이 문장 부호에 대해 보다 더 깊이 이해하도록 돕는다. [표 Ⅰ-10]은 앞서 언급한 내용 외에 쓰기 관습을 지도할 때 유용한 방법을 제시하였다.

[표 Ⅰ-16] **쓰기 관습 지도 방법**

- 책에 있는 문장을 학습지에 쓰고 학생들이 짝과 함께 문장에 쓰인 문법과 문장 부호에 대해 이야기하도록 한다.
- 쓰기 관습에 초점을 둔 정기적인 협의하기를 한다.
- 이해하기 쉬운 규칙 하나를 선택하고 학생들이 다른 책들로부터 예를 모을 수 있도록 일주

일 정도 시간을 준다. 그리고 학생들이 찾은 예를 학습지에 추가한다.
- 학생들이 문장 부호를 써넣을 때, 마커펜, 반짝이는 펜, 스티커 등을 사용할 수 있도록 허용한다.
- 학생들이 볼 수 있도록 게시판에 학생들의 학습 진행 상황을 전시한다. 그러나 교사가 게시판에 전시하기 위하여 학생들에게 매시간 완벽한 글을 쓰도록 하면 학생들은 글쓰기를 매우 어려운 것으로 인식하기 쉬우므로 주의해야 한다. 비록 학생들이 수업 시간에 쓴 글이 완벽하지 않더라도 게시판에 게시하고, 학생들에게 접착식 메모지에 자신의 학습 결과나 앞으로 배울 내용을 쓰도록 하여 함께 게시한다.
- 예를 들어, 학생들은 접착식 메모지에 "다음에 나는 느낌표를 사용하여 글을 쓸 것이다.", "이번에는 물음표를 배웠다.", "나는 큰따옴표와 작은따옴표의 차이를 알았다.", "다음 번에 나는 쉼표가 있는 문장을 쓰려고 노력할 것이다."와 같은 말을 쓸 수 있다. 학습 진행에 대한 이러한 예들은 학생들이 그 외에 배워야 할 것에 대해 인식하게 되었음을 보여 준다. 이 접착식 메모지는 학생들이 수업 시간에 작성한 글과 함께 게시판에 게시한다.

교사들은 쓰기 관습과 문법에 어려움을 가지고 있는 학생을 때때로 쓰기 부진 학생으로 인식한다. 교사들은 유머와 탐구심을 가지고 문법과 문장 부호를 가르쳐야 한다. 만약 교사들이 화를 내면서 학생들을 가르치면, 학생들은 억울함, 저항이나 굴욕감을 가지고 반응할 것이다. 기계적인 오류를 다루는 최고의 방법은 모범이 될 만한 실제적인 글을 사용하고, 학생들이 목표가 뚜렷한 연습을 할 수 있도록 하는 것이다.

쓰기 관습 지도 원리
- 교사는 학생들이 쓰기 관습을 바르게 사용하고 있는지에 대해 점검한다.
- 그림책에서 작가들이 의미를 표현하기 위해 문장 부호와 문법을 어떻게 사용하는지 연구한다.
- 문장 부호에 따라 글을 읽는 방법이 달라진다는 것을 학생들에게 보여 준다.
- 학생들에게 문장 부호를 추상적인 규칙으로 제시하는 것이 아니라 구체적인 방법을 통해 가르치도록 노력한다.
- 교사 자신의 공책을 보고 교사의 문장 부호와 맞춤법 지식을 확장하도록 노력한다.

5장. 쓰기 과정에 대해서 어려움을 겪고 있는 학생
"나는 내 방식대로 할래요."

나는 어머니께 처음으로 요리하는 법을 배웠다. 나는 몇 해 동안 "요리"는 다른 사람들의 일이라고만 생각했었다. 집과 학교 식당에서 먹을 수 있었고, 혹은 간단하게 사다 먹을 수도 있었기 때문이다. 열기가 오르는 스토브 옆에서 시간을 보내고 너저분한 것들을 치우는 것은 내게 전혀 매력적이지 않았다. 어머니께서는 내가 절차에 맞게 요리하기를 바라셨다. 하지만 어머니께서 소금을 더 넣으라고 하시면, 난 후추를 넣었다. 어머니께서 빵 굽는 시간이 더 필요하다고 말씀해 주시면 "나는 내 방식대로 할래요."라고 대답했다. 어머니께서 저녁 식사를 위해서 고기 굽는 방법을 알려 주시면 나는 고기를 바짝 탄 쿠키처럼 만들었다. 혹은 덜 익은 고기로 만들었다. 어떤 요리 방식들은 내게 정말 맞지 않았다. 그래도 어머니께서는 여전히 사려 깊게 바라봐 주셨다.

어머니께서는 내게 몇 가지의 기본 요리법을 가르쳐 주셨다. 그러나 내가 처음 혼자 살게 되었을 때, 고기를 굽거나 스프를 만들거나 육즙을 만드는 긴 과정을 짧게 단축할 수 있다고 확신했다. 처음으로 감자를 구웠을 때 나는 감자 요리가 정말 사소하고 쉬운 일이라고 생각했다. 그런데 오븐에 넣은 감자가 한 시간 정도 지나서 폭발했을 때, 비로소 나는 어머니께서 옳으셨다는 것을 깨달았다. 그 후 한번은 밥을 지을 때, 한 컵 분량의 쌀이 너무 적다고 생각해서, 세 컵을 넣었다. 그 결과 나는 드라마의 한 장면처럼 꽤 오랜 시간을 거실 바닥에서 밥풀들을 떼어내는 데에 소비했다. 이런 불행한 일들은 내 방식의 요리 과정을 고집하기를 포기하고, 요리책을 살 때까지 계속되었다.

내가 나만의 요리 과정을 고집하는 것처럼, 몇몇의 학생들이 쓰기에서 자신의 과정을 고집한다는 것을 교사들은 알고 있다. 많은 학생들이 교사들에게 "나는 내 방식대로 할래요."라고 말한다. 이러한 학생들은 아마도 쓰기 자체에 싫증을 느끼거나, 혹은 쓰기 전략에 대해서 아는 것이 없거나, 그들의 글을 어떻게 고치는지에 대해서 모르고 있을 것이다.

나는 이러한 학생들을 위해서 "자기 조절(self-regulation)"의 개념을 알려 주기를 제안한다. 심지어 자신의 방식대로 쓰기를 좋아하는 학생들일지라도 그들이 시도한 것을 보여주거나, 더 많은 글쓰기 계획이나 혹은 고쳐쓰기 전략이 필요하다. 궁극적으로 그들이 최종 원고에 그것을 반영해서 고쳐쓰기를 하든지 안 하든지 말이다.

나는 닭고기 수프가 내 방식대로 되는 것을 여전히 좋아한다. 그러나 어머니께서 내게 확신을 심어 준 것처럼, 닭고기 수프는 양파와 소금을 추가했을 때 더 훌륭한 요리가 된다. 이 장은 학생들이 글쓰기에 양파와 소금을 추가하도록 돕는 방법에 대해 다루고 있다.

1. 쓰기 과정에 대해서 재고하기

도널드 머레이(Donald Murray), 도널드 그레이브즈(Donald Graves), 루시 캘킨스(Lucy Calkins), 그리고 다른 학자들은 1980년대에 쓰기의 과정에 대해서 가르치기 시작했다. 그것은 실제 전문적인 작가들이 글을 쓰는 과정을 관찰한 것이 기반이 된다. 쓰기 과정의 선구자들은 모든 작가들이 이 과정을 정확히 따르는 것은 아님을 분명히 했다. 다만, 대다수의 작가들이 그렇게 한다는 것이다. 그들은 이것을 학생들이 실제적인 쓰기를 경험하는 하나의 방법으로 제시했다. 의미 있는 주제를 찾는 과정, 생각의 확장을 통해서 주제 만들기, 계획하기와 초고 쓰기, 그리고 고쳐쓰기와 편집하기는 쓰기 학습자들에게 상당히 가치가 있다. 그렇지만 쓰기의 선구자들은 그러한 과정을 교실의 모든 학생이 항상 따라야만 하는 엄격한 절차가 되기를 의도한 것은 아니다. 그것은 개인적인 창의성과 요구들을 충분히 수렴할 수 있을 만큼 유연한 절차이다.

20여 년이 지난 지금은, 쓰기 과정은 많은 교실에서 평범한 것이 되었다. 그런데 문제는 관습이 되어버린 몇몇 과정들이 지나치게 단순화되었다는 것이다. 교사들은 학생들이 쓰기 과정에 따르도록 요구했다. 그러나 쓰기 과정의 단계를 따르는 것에만 초점을 두기 때문에, 글에 대해서 깊은 생각을 하지 않는 현상이 발생했다. 몇몇의 학생들은 각 단계의 중요성에 대해서 이해하거나 인식하지 못하고 쓰기 과정을 단순히 일정한 단계를 밟아가는 것으로 인식한다. 이러한 학생들은 "나는 내 방식대로 할래요."를 고수하면서 더 심화된 쓰기로 나아가지 않는다. 각 과정의 단계들은 보다 깊은 학습을 제공하며 시간적인 이점을 주지만, 이러한 부분들은 쓰기 활동에 필요한 좋은 습관들을 잃어버리게 한다.

자! 쓰기 과정을 살펴보자. 쓰기의 단계들에 대해서, 거리를 두고 좀 더 이성적으로 살펴보자. 그리고 학생들이 훌륭한 작가처럼 글을 쓰기 위해서는 어떤 배움이 필요한지를 생각해 보자.

쓰기 과정에 대해서 고려해야 할 많은 사고 전략들이 있다. 지루해하거나 위축된 학생들을 돕기 위해서는 왜 그 학생들이 "내 방식대로 할래요."를 고수하는지 이해해야 한다. 그것은 그들이 왜 쓰기를 열심히 하지 않는지를 설명할 수 있는 다른 방법이기도 하다.

한 예로 학생들이 월요일에 대강의 초고를 쓰고, 금요일까지 문장 부호 등을 교정하면서 다시 쓰기를 하는 것은 쓰기 교육에서 오래된 방식 중 하나이다. 이러한 흐름이 집중이나 노력을 덜 요구하기 때문에 학생들뿐만 아니라 몇몇 교사들도 그런 방식을 선호한다. 그러나 이러한 방식은 숙달된 필자, 사고하는 필자들이 사용하는 방식이 아니다.

[표 5-1]과 같이 학생들이 각각의 쓰기 단계마다 생각하는 전략을 분명히 알도록 하는 것이 중요하다. 만약 협의하기와 수업의 초점을 "생각하는 방법을 어떻게 배울 수 있을까?"에 맞춘다면, 그것은 학생들에게 보다 의미 있을 것이다.

[표 I-17] 쓰기 과정 단계별 사고 작용

쓰기 과정의 단계들	단계마다 어떻게 사고가 글쓰기로 전환되는가?
주제 정하기	• 분류하기와 간추리기 • 장르와 연관 짓기 • 아이디어 떠올리기
내용 생성 및 조직하기	• 대상에 대해서 깊게 사고하기 • 중요한 것과 연관 짓고 새롭게 생각하기 • 필요할 경우 그것을 잊어버리기 • 보다 폭넓게 생각하기 • 보다 깊게 생각하기 • 목차/개요를 만들며 쓰기 계획하기 • 장르와 독자를 예상하기
초고 쓰기	• 쓰기 형식을 고려해서 아이디어들을 배치하기 • 예비적으로 글쓰기 • 처음으로 하는 시도는 완벽하지 않아도 됨을 인지하기 • 글쓰기가 주제에 대해서 보다 더 잘 생각할 수 있게 한다고 기대하기
고쳐쓰기	• 쓴 내용을 다시 읽어 보기 • 좋은 글의 특성들을 공부하고 활용하기 • 말하려고 하는 것이 무엇인지 분명히 밝히기 • 다양한 표현 방법(craft) 활용하기/모범글을 공부하고 글쓰기에 적용하기 • 독자를 생각하며 그들의 이해를 고려하기 • 다시 생각하기 • 가능한 의미들을 바꿔 보기
편집하기	• 주의 깊게 다시 읽어 보기 • 관습적인 지식들을 활용하기 • 독자를 고려하기, 출판을 준비하기 • 각각의 단어와 문장을 천천히 그리고 주의 깊게 검토하기
출간하기	• 독자들의 반응을 공유하고 즐기기 • 추가적인 쓰기 계획을 하거나 미래의 쓰기 목표를 만들어 보기

앨리시아(Alicia)는 평소에 글쓰기를 좋아하는 2학년 학생이다. 내가 앨리시아를 만났을 때 그녀는 운동장에서 있었던 일에 관한 이야기를 쓰고 있었다(〈그림 Ⅰ-1〉 참고).

[그림 Ⅰ-1] 앨리시아의 고쳐쓰기 전과 후

(앨리시아가 쓴 초고)

우리는 점심시간에 놀았다. 의자는 피로 물들었다. 그것은 운동장에 있었다. 마야(Maya)는 울고 있었다. 그리고 선생님은 그곳에 있었다. 우리들은 줄넘기를 했다. 울지 마라. 내 신발에 피가 묻어 있었다.

교사에게 자신의 글에 대해 앨리시아가 말한 내용

1. 우리들은 점심시간에 놀았다.
2. 그곳은 운동장이었다.
3. 우리들은 줄넘기를 했다.
4. 마야(Maya)가 넘어졌다.
5. 선생님은 거기에 있었다.
6. 마야(Maya)는 울고 있었다.
7. 우리들은 보건 선생님께 갔다.
8. 나는 울지 말라고 말했다.
9. 내 신발에는 피가 묻어 있었다.
10. 의자에는 피가 묻어 있었다.

(앨리시아가 두 장면으로 나누어 다시 쓴 글)

하나는 운동장에서 있었던 일, 다른 하나는 보건실에서 있었던 일로 나누어 쓰고, 각각에 대한 내용을 추가함.

우리는 점심시간에 운동장에서 놀았다. 우리는 줄넘기를 했다. 마야(Maya)가 넘어졌다. 그녀는 울었다. 선생님이 그곳에 있었다. 선생님은 보건 선생님께 가 보라고 말씀해주셨다.
그 후에 우리는 보건실에 갔다. 나는 울지 말라고 말했다. 피가 많이 있었다. 내 신발에도 피가 묻어 있었다. 의자에도 피가 묻어 있었다.

앨리시아가 초고에 무엇을 적었는지 이해하는 것은 어려운 일이었다. 왜냐하면 사건의 순서가 뒤죽박죽이었기 때문이다. 그리고 어떤 내용이 중요한 부분인지가 글의 마지막까지 분명하지 않았다. 담임 선생님과 나는 앨리시아가 적은 것을 우리에게 들려주도록 부탁했다. 그녀는 그 내용을 어렵사리 읽어 냈다. 우리는 그녀에게 이야기를 다시 말해 보도록 부탁했다. 그리고 사건들에 번호들을 붙여서 그녀가 글을 재조정하도록 도왔다. 하지만 앨리시아는 우리들에게 스토리를 이야기해 주기는 했으나, 쓰기에서 사건의 순서를 조정하는 것은 거절했다. 그녀는 "내 방식대로 할래요."의 신호로 그렇게 거절한 것이다.

그다음 주에 실시한 협의하기는 지난번의 것을 반복했다. 앨리시아는 그녀의 글감이나 글쓰기 방식을 고치고 싶어 하지 않았다. 우리들은 그녀가 글을 써 내려가기 위해서 얼마나 많은 노력을 했는지를 알아차렸다. 우리들은 그녀에게 고쳐쓰기에 관한 어떤 것이라도 알려주고 싶었다. 결국엔, 앨리시아는 자신이 쓴 글을 두 부분으로 나누는 것에 동의했다. 그것은 쓴 글을 운동장에서 있었던 일과 보건실에서 있었던 일로 나누는 것이다. 그리고 내용을 더 분명하게 했다. 우리가 내용을 분명하게 하려고 사용한 전략은, 그녀가 어떤 인물이 말하는 것인지 확실하게 하도록 하는 것이었다.

대화 내용을 추가하고 장면을 나누는 것을 통해서 쓰기에 대한 앨리시아의 염려는 줄어들었다. 앨리시아는 글을 처음부터 다시 쓰는 것보다는 이 방법을 덜 힘들어 했다. 궁극적으로 그 학생이 고쳐쓰기를 하는 것에 대한 돌파구를 가지게 된 것이다.

다음의 [표 Ⅰ-18]은 이와 연관해서 학생들이 쓰기를 재탐색할 때 자신감을 형성하는데 참고할 만한 내용들이다.

[표 Ⅰ-18] **쓰기를 재탐색(revisiting writing)할 때 자신감을 형성하기 위한 세부 단계**

- 글에 하나의 단어를 추가한다.
- 문장을 추가할 곳의 여백에 별 표시를 한다.
- 친구에게 이야기 중에서 생략된 부분에 관해 말한다.
- 글에 추가할 수 있는 긍정적인 단어를 상상한다.
- 이야기 속에 있는 대상들이 어떤 냄새가 나고 소리가 나는지에 대해서 생각하고 그것을 여백에 적는다.
- 이야기의 순서를 바로잡기 위해서 처음부터 글을 다시 쓰지 말고, 글의 내용에 번호를 써서

순서를 바꾸는 것을 표시한다.
• 반복되는 낱말이나 내용을 다시 읽고, 그중에 몇 가지를 지시어로 바꾼다.

학생들에게는 위와 같은 작은 변화를 주는 것이 유용하다. 그러나 최종적으로 학생들은 좀 더 큰 변화들을 필요로 한다. 초고에 문제가 있다는 것을 학생 스스로 아는 것은 어려운 일이다. 왜냐하면 어디에 변화를 주어야 할지를 모르기 때문이다.

아마도 앨리시아는 글을 고쳐 쓰고 싶어 하지 않았거나 과제 자체가 앨리시아에게 너무도 벅찬 것이었을 수도 있다. 정작 컴퓨터를 이용해서 글을 쓰면 오려 두기나 붙이기를 하면 이러한 과제가 더 쉬울 수 있는데 말이다. 나는 학생들에게 그들의 글쓰기를 항상 고쳐야 한다고 강요하지는 않는다. 때때로 그들이 만들어 낸 변화 자체만으로도 충분하다고 말한다.

쓰기 과정의 다른 단계들은 어떠한가? 어떤 학생들은 그들의 생각에 떠오른 첫 번째 아이디어를 선택하고 유지하며 글을 쓴다. 그것은 좋은 아이디어일 수도 있지만 더 풍성한 글쓰기로 이끌어 주지는 못한다. 학생들에게 아이디어의 목록을 지속적으로 공책에 적도록 가르치고 그것들에서 선택을 하는 것은 유용하다.

초고를 빨리 쓰고 싶어하고, 단 한 번의 초고 쓰기로 글을 완성하려는 학생들은 쓰기 과정에 대한 이해가 부족하다. 이렇게 하는 것은 생각하지도 않고 수학 문제의 답을 얻으려고 하는 것과 같다. 문제에 답을 하는 것 자체가 우리가 수학에 대해서 생각하는 방식은 아니라는 것이다. 글을 쓰는 것도 마찬가지이다. 학생이 글을 쓸 때 어떠한 생각을 하고 아이디어를 찾는지를 아는 것이 더 중요하다.

2. 고쳐쓰기 전략들

내가 『고쳐쓰기(Making Revision Matter』(2008) 책에서 말한 것처럼, 교사들은 고쳐쓰기를 가르칠 때 학생들에게 부정적인 인식을 전달하지 않도록 주의해야 한다. 예를 들어, 학생들이 글쓰기를 잘 못했고 그래서 고쳐쓰기를 해야 할 필요가 있다는 것과 같은 암시를 주어서는 안 된다. 쓰기 부진 학생들에게는 고쳐쓰기에 대한 실제적인 쓰기 훈련

만큼이나 정신적인 훈련이 도움이 된다.

　예를 들면, 쓰기 부진 학생에게 고쳐쓰기를 한다면 어떤 것을 할지 말하도록 할 수 있다. 실제로 고쳐쓰기 활동을 하지 않고서 말이다. 혹은 세 가지의 가능한 고쳐쓰기 유형들을 제공한다. 예를 들면, 단어 바꾸기, 대화의 행 추가하기, 감정적인 부분 추가하기를 들 수 있다. 그리고 그중에 하나를 선택해서 고쳐 쓰도록 한다. 동시에, 우리는 고쳐쓰기의 목적이나 고쳐쓰기를 위한 다양한 전략들에 대해서 자세하게 알고 있어야 한다. 학생들은 고쳐쓰기의 모든 전략을 적용하는 것보다 의미 있는 한 가지만 적용하는 것이 더 좋을 수 있다.

　여기에 몇 가지 간단한 고쳐쓰기 전략들이 있다. 쓰기 부진 학생의 경우라도 한두 가지 정도는 적용할 수 있는 것들이다.

[표 I -19]　고쳐쓰기 전략

- 묘사하는 말을 글에 추가한다.
- 움직임에 관련된 단어를 추가하거나 바꾼다.
- 한 줄에 두 개의 묘사하는 단어를 사용한다.
- 같은 소리로 시작하는 두 개의 묘사하는 단어나 동작에 관련한 단어를 추가한다.
- 소리를 나타내는 단어를 추가한다.(의성어)
- 문장을 추가할 수 있는 부분에 ‘X’ 표시를 해 둔다.
- 문장의 시작 부분에 ‘그리고’, ‘그러나’ 중 알맞은 접속사를 선택한다.
- 문장의 동사를 확인하고 알맞은 시제 어미를 선택한다.
- 특징에 대해 진술한 부분을 찾고 ‘X’ 표시를 한다.
- 기후, 계절 혹은 시각을 추가한다.
- 좋아하는 문장의 여백 부분에 ‘☆’를 표시한다. 그리고 왜 그것을 좋아하는지를 말한다.
- 독자들에게 인물이 어떻게 보이는지에 대해 말한다.(예를 들면, 곱슬머리, 큰 안경)
- 그림이 있다면 말풍선을 추가한다.
- 색인 카드에 추가할 수 있는 한 문장을 써 둔다. 그리고 초고에 그것을 붙여 둔다.

　위의 목록들을 철저하게 지킬 필요는 없다. 그리고 이것들만으로는 깊이 있는 고쳐쓰기를 할 수 없을 것이다. 그러나 쓰기 부진 학생들에게는, 고쳐쓰기가 그들이 생각하는 것만

큰 어렵지 않다는 것을 알게 하기 위해 간단하면서 쉬운 고쳐쓰기를 보여 주어야 한다. 이 것이 고쳐쓰기를 시작할 때 학생들이 첫째로 배워야 할 부분이다.

〈그림 Ⅰ-2〉를 보면 학생들의 고쳐쓰기에 대한 예가 있다.

[그림 Ⅰ-2] 학생들이 고쳐쓰기 한 예들

❶ 묘사하는 말을 글에 추가하기

A는 최고의 사탕이다. 나는 그것을 점심시간마다 매일 먹는다. 색깔자체가 흥미롭고, 그 것을 깨물었을 때 소리가 난다. 내가 만약 정글에 생존을 하게 된다면, 나는 그것을 항상 먹 을 것이다.

↓

A는 최고의 초콜릿 사탕이다. 나는 그것을 점심시간마다 매일 먹는다. 파란색과 노란색의 사탕은 흥미로운데 그것들을 깨물었을 때 소리가 난다. 내가 만약 정글에 생존하게 된다면, 나는 그것을 항상 먹을 것이다. 〈페테이〉

❷ 움직임에 관련된 단어를 추가하거나 바꾸기

A는 최고의 초콜릿 사탕이다. 나는 그것을 점심에 매일 먹는다. 파란색과 노란색 사탕은 흥미로운데, 네가 그것을 깨물었을 때 그것은 탁탁 소리가 난다. 내가 만약 정글에 생존하게 된다면, 나는 그것을 항상 먹을 것이다. 〈페테이〉

❸ 한 줄에 두 개의 묘사하는 단어 사용하기

A는 작고 가장 맛있는 초콜릿 사탕이다. 나는 그것을 점심에 매일 먹는다. 파란색과 노란 색 사탕은 흥미로운데, 그것은 탁탁 소리가 난다. 네가 그것을 깨물었을 때 말이다. 내가 만 약 정글에 생존하게 된다면, 나는 그것을 항상 먹을 것이다. 〈페테이〉

❹ 같은 소리로 시작하는 두 개의 묘사하는 단어나 동작에 관련한 단어 추가하기

A는 최고이고 작은 초콜릿 사탕이다. 나는 그것을 점심에 매일 먹는다. 파란색과 노란색 사탕은 흥미로운데, 그것은 탁탁, 톡톡 소리가 난다. 네가 그것을 깨물었을 때 말이다. 내가 만약 정글에 생존하게 된다면, 나는 그것을 항상 먹을 것이다. 〈페테이〉

⑤ 소리를 나타내는 단어 추가하기(의성어)

A는 최고이고 작은 초콜릿 사탕이다. 나는 그것을 점심에 매일 먹는다. 파란색과 노란색 사탕은 흥미로운데, 그것은 탁탁, 톡톡 소리가 난다. <u>바삭, 바삭, 바삭!</u> 네가 그것을 깨물었을 때 말이다. 내가 만약 정글에 생존하게 된다면, 나는 그것을 항상 먹을 것이다. 〈페테이〉

⑥ 문장을 추가하고 싶은 부분에 'X'표시하기

여름에, 나는 에콰도르에 있는 이모를 보기 위해 갈 것이다. 이모와 사촌은 농장에서 산다. 우리는 염소젖을 먹고, 길에서 논다. <u>X</u> 나는 그곳에 가는 것이 좋다. 〈브리타니〉

⑦ '그리고'나 '그러나'중 알맞은 접속사 선택하기

우리들은 7월 4일에 파티를 연다. 어머니와 동생은 그곳에 있다. 아버지는 새 차를 타고 온다. 우리는 핫도그와 감자샐러드를 먹은 후에 잡기놀이를 한다. 수영을 하러 간다. 어머니는 수영을 우리와 함께 하지 않을 것이다. 그 후에 우리는 퍼레이드를 본다. 우리는 불꽃놀이를 본다. <u>그러나</u> 동생은 잠에 빠졌다. 왜냐하면 동생은 고작 4살이기 때문이다.

〈카를로스〉

⑧ 동사에서 시제를 확인하고 시제 어미가 필요한 경우 추가하기

나는 방과 후에 스케이트보드를 타러 가는 것을 좋아한다. 어제 나는 놀이터에 스케이트를 타러 <u>갔었다</u>. 거기에는 마이키(Mikey)가 <u>있었다</u>. 〈앤드류〉

⑨ 특징을 나타내는 말을 추가하기

내 여동생은 정말 나쁘다. 그리고 그녀는 내 인형과 옷가지들을 훔친다. 때때로 나는 그녀를 때리거나 그녀의 <u>묶은</u> 머리를 당기기를 원한다. 〈마리사〉

교사들은 학생들이 시간을 두고 충실하게 고쳐쓰기 하기를 원한다. 기억해야 할 것은 학생들이 고쳐쓰기를 벌을 받는 것처럼 느끼지 않도록 한다면, 고쳐쓰기를 하는 것을 더 희망한다는 것이다. 학생들이 그들의 쓰기 결과물을 복사하듯이 처음부터 다시 쓰게 하는 것은 벌처럼 인식할 수 있다. 만약 게시판을 활용한다면, 학생들에게 몇 개 정도를 고쳐

쓰도록 하고, 그것을 확인하기 위해서 쓰기 학습지의 한쪽에 색인 카드와 함께 게시판에 붙여 두도록 한다. 학생들은 고쳐쓰기가 반영된 글을 색인 카드에 적고 그들의 최종 원고를 위해서 게시판에 붙여 둘 수 있다.

만약 그들이 고쳐쓰기를 좀 더 하게 된다면 어떤 것을 할 것인지에 대한 설명을 색인 카드에 적게 한다. 학생들은 고쳐쓰기에서 어떤 부분을 잘했다고 생각하는지를 표현할 수 있다. 학생들이 이러한 활동을 통해서 무엇을 새롭게 배웠는지, 다음에는 어떠한 노력을 할 것인지를 표현할 수 있다. 이러한 반응들을 이끌어 내는 것은 학생들에게 고쳐쓰기 과정에 대한 학습을 하는 것이 매시간 한 편의 글을 만들어 내는 것보다 더 중요하다는 것을 전하는 메시지가 될 수 있다.

3. 고쳐쓰기를 생활화하기

고치기는 삶에서 자연스러운 부분이다(Angelillo, 2005a). 우리는 모두 매일 고치기를 한다. 우리의 옷차림, 관계들, 흥미, 좋아하는 노래, 음식 등을 말이다. 우리는 고치기를 쉽게 하거나 어떠한 방식으로든 저항하지만 실상은 하고야 만다. 예를 들어 학생들은 가을이 오면 겉옷과 코트를 찾아 입는다. 겨울엔 부츠와 장갑을 가지고 온다. 여름에는 열을 식히기 위해서 아이스크림과 얼음을 먹는다. 겨울엔 따뜻한 수프와 핫초코를 먹는다. 그들이 커서 옷이 맞지 않게 되면, 더 큰 신발을 필요로 한다. 머리카락이 눈을 가릴 때는 이발을 한다. 눈이 불편하면 안경이 필요하다는 것을 발견한다. 그들은 새로운 친구를 사귀기도 한다. 이처럼 학생들은 해마다 그들의 삶 속에서 다양한 방식으로 고치기를 한다. 고치기는 삶의 한 방식이지 따분한 일이라고 보기 어렵다. 학생들이 고쳐쓰기를 해야 할 때, 지금까지 이야기한 방식으로 가르치는 것은 고쳐쓰기를 더 자연스럽게 인식할 수 있게 도울 수 있다. 이처럼 학생들에게 고쳐쓰기를 가르칠 수 있는 최선의 방법은 그들이 이미 고치기를 생활화하는 사람임을 보여 주는 것이다.

샘미(Sammy)는 3학년 학생으로 자신의 글을 고쳐 쓰는 것을 싫어한다. 그의 담임 교사는 샘미가 처음부터 글을 "완벽하게" 쓰려고 한다고 일러 주었다. 그 학생은 고쳐쓰기가 필요하지 않다는 생각을 하고 있다는 것이다. 그 결과로, 그는 천천히 그리고 조심스럽게 글을 쓴다. 새로운 단어는 잘 사용하지 않고, 맞춤법을 모르면 다른 단어들을 쓴다. 그의 문장들은 짧고 딱 부러진다. 그는 연필에 힘을 주고 글자들을 정성껏 쓴다. 샘미가 글쓰기를 마쳤을 때 할 수 있는 최선을 다했거나, 적어도 하고자 하는 최선을 한 것이다. 그가 쓰기 부진 학생처럼 보이진 않지만, 이러한 태도는 도리어 쓰기 능력 향상에 도움이 되지 않는다. 담임 교사와 나는 샘미의 고쳐쓰기의 습관을 키우는 것이 중요하다고 느꼈다.

고쳐쓰기 학습의 과정은 각 단원들 속으로 포함시켜야 한다. 고쳐쓰기에 대한 학습 단원을 배우는 것은 학생들에게 도움이 될 수 있다. 쓰기 과정의 각 부분들은 이러한 단원에 포함하는 것이 마땅하다. 실제 어떻게 아이디어를 생성하는지, 어떻게 교정을 하는지 등에 대한 방법은 한 주 혹은 두 주의 학습이 필요하다. 이러한 학습의 유형에선, 학생들이 학습의 마지막에 생산한 쓰기 결과물에 집중하기보다는 오로지 별개의 쓰기 과정에 초점을 둔다. [표 Ⅰ-20]은 고쳐쓰기 학습 단원에서 학생들을 지도할 수 있는 방법이다.

[표 Ⅰ-20] 학생들의 고쳐쓰기를 돕는 방법

- 교사는 생활 속에서 고쳐쓰기에 대한 긍정적인 태도를 갖게 한다.
- 교사는 학생들이 쓴 초고를 고쳐 쓰도록 격려한다.
- 교사와 함께 쓰는 단계(Shared writing)에서 고쳐쓰기를 시범 보인다.
- 학생들이 함께 읽고, 소리 내어 읽는 것을 통해서 배울 수 있다는 것을 알려 준다.
- 고쳐쓰기 전략을 포함해야 한다. 예를 들면 지면의 구성, 형식/서체, 색을 사용하는 것, 그림을 추가하는 것, 단어를 바꾸기, 말풍선, 책에 쪽수 넣기, 장르를 바꾸기(논픽션을 시로 바꾸는 등), 이야기를 추가하기
- 학생들이 수시로 고쳐쓰기 한 내용을 확인할 수 있는 게시판을 교실에 비치한다.
- 학생들이 최소한 하나의 고쳐쓰기를 해내도록 지도한다.
- 학생들에게 그들이 고쳐쓰기를 할 때, 어떻게 해야 할지를 질문한다.
- 학생들에게 만약 다시 쓴다면 어떤 부분을 수정할지를 자유부착식 노트(sticky note)에 적도록 이야기한다.
- 학습 정리를 하면서 고쳐 쓴 내용에 대해서 다시 생각하도록 한다.
- 멘토 작가를 고른다. 그리고 학생들이 고쳐쓰기를 할 때 작가의 작품을 기반으로 하도록 한다.
- 학생들이 고쳐쓰기를 생활화하게 해서 고쳐쓰기 습관을 기르도록 한다.
- 학생들이 좋은 고쳐쓰기 습관들을 형성할 수 있도록 돕는다.

학년에 걸쳐서 이러한 학습 방법들을 적절히 조금 추가하는 것은 의미 있다. 그러나 6주간의 긴 기간 동안 초점을 맞춰서 하는 것은 학습의 효과가 없을 수 있다. 나는 짧은 기간 동안 이러한 학습의 과정을 거쳐야 한다고 조언한다. 예를 들면, 추수 감사 주간, 시험 기간, 새로운 단원을 시작하기 전에 다른 단원들의 마지막 부분에 시간적인 여유가 있을 때 말이다.

우리는 학생들이 글을 잘 쓰려면, 쓰기 과정에 대한 학습이 중요하다 것을 알고 있다. 학생들이 자신이 하고자 하는 말을 표현하려는 의지를 키워 주는 것은 초고를 그대로 두고 고쳐 쓰지 않으려는 경향을 줄여 줄 것이다.

고쳐쓰기 지도는 쓰기 부진 학생들과 협의하기를 하는 것과 학생들에게 구체적인 지도를 계획하는 것과 연계할 수 있다. 그리고 그들을 위해서 구체적인 가르침을 만들어야 한다. 마지못해 하는 쓰기 부진 학생들일지라도 조금이라도 더 고쳐쓰기를 할 수 있도록 격려해야 한다.

쓰기 과정 이해를 위한 지도 원리

- 교사는 학생들이 쓰기 과정들을 이해를 할 수 있도록 쓰기를 연습하게 한다.
- 교사는 장르뿐만 아니라 쓰기 과정도 가르친다.
- 쓰기 부진 학생들의 쓰기 능력이 조금이라도 향상될 수 있도록 돕는다.
- 학생들이 고쳐 쓸 내용을 표시하기 위해서 색연필과 마커를 사용하게 한다.
- 고쳐쓰기의 전략들을 활용한다.

6장. 잘 써야 한다는 부담감을 갖고 있는 학생
"글감을 바꾸어도 될까요?"

글쓰기에 대한 공부를 하고 나서 4주가 지난 뒤에 학생들이 쓴 글에 대한 교실 전시회가 있기 전날이었다. 담임 교사는 쓰기 수업 시간에 크리스(Chris)가 엎드려 있는 것을 발견했다. 담임 교사가 다가가자, 그는 얼굴을 찌푸렸다.

"선생님 글감을 바꾸어도 되나요?"

담임 교사는 걱정스러운 표정으로 말을 했다.

"크리스, 네 글감은 괜찮은데. 너는 타이타닉에 대해서 정말 많은 것을 알고 있어. 너는 지금까지 많은 내용을 썼고, 우리가 협의하기한 대로 잘 써 왔어. 왜 지금 글감을 바꾸려고 하니?"
"잘 모르겠어요. 그냥 바꾸고 싶어요."

크리스는 이미 출판하기에 충분할 정도로 글을 완성했다. 이 몇 가지의 사항 때문에 크리스는 글 쓰는 것을 힘들어해서 글감을 바꾸려고 했다. 만약 현재 글감을 바꾼다면, 마감 시한을 놓칠 것이다. 그렇게 된다면, 크리스는 새로운 글감을 선택해서 글을 쓰게 될 것이고 다시 똑같은 문제에 직면할 것이다. 크리스는 대부분 3학년 학생들처럼 앞으로 벌어질 일에 대해서 생각을 하지 못했다.

대부분 학생들은 크리스와 같은 행동을 한다. 그들은 글쓰기를 미루거나, 글쓰기의 마지막 몇 부분을 완성하는 데 어려움을 극복하지 못한다. 그래서 그들은 스스로 선택한 글감이 마음에 들더라도 쉽게 포기하고 만다. 반면에 학생들이 글감을 좋아하지 않는 경우에는 그 글을 끝내는 데 매우 어려워한다. 만약 글이 "잘 쓴 것처럼 보이기 위해서" 학생들에게 요구를 하는 것은 학생들에게 과중한 부담이 될 수 있다. 때때로 학생들은 글감에 대해서 많은 스트레스를 받는다. 그들은 글감이나 과도한 과제 때문에 쉽게 피곤해질 수도 있다.

관심이 없는데 억지로 들어야만 했던 수업을 생각해 보자. 아마도 그 수업을 끝까지 듣기가 힘들었을 것이다. 기말 과제를 완성하는 것도 어려웠을 것이다. 그런 측면에서 살펴보자면 우리는 왜 학생들이 글쓰기를 할 때 나중으로 미루고, 괴로워하는지 이해할 수 있다. 그것은 학생들이 글을 잘 쓰기 위해서 감당해야 하는 것이다. 교사가 할 일은 학생들이 이런 어려움을 극복하게 도와주는 것이다.

1. 글감을 유지하는 방법

나는 친구와 종종 쇼핑을 한다. 그 친구는 다양한 종류의 크기와 색깔의 옷을 구매를 하려고 노력을 한다. 그리고 매번 나에게 이렇게 묻곤 한다. "이건 어때 보여? 이거 입으면 내가 뚱뚱해 보일까? 이 옷은 내 머리와 잘 어울리니?" 여러 가지를 나에게 물어보지만 끝내 그녀는 아무것도 사지 않고 밖으로 나온다. 내 친구는 선택할 옷이 너무 많아서 쉽게 결정하지 못한다.

우리는 어린 학생들에게 똑같은 상황들을 많이 만들어 준다. 학생들에게는 선택해야 할 많은 글감들이 있다. 하지만 학생들은 그 글감들 중에서 어떤 글감이 자신에게 어울리는지를 잘 알지 못한다. 그래서 그들은 전념해서 글을 쓰지만, 계속 다른 글감을 선택하려고 시도한다. 결국 그들은 선택할 수 있는 많은 글감이 있지만, 그 어떤 글감에 대해서도 제대로 쓸 수 없다.

선택할 수 있는 글감들이 너무 많을 때 학생들은 글을 쓰는 데 어려움을 겪는다. 학생들은 그들 주위에 있는 글감이 좋은지 안 좋은지 알지 못한다. 그래서 학생들은 쓸 내용이 풍부하고 관심을 끄는 글감 찾기를 기대하면서 이것저것 시도해 본다. 가장 흥미로운 글감조차도 때로는 중심 내용과 세부 내용을 찾는 데 어려움을 겪을 수도 있을 것이다. 어떤 날에는 글감이 매우 좋아 보이지만 다음날에는 마음에 안 들 수 있다. 글감을 정하고 나서 그 글을 쓰는 것이 어려워질수록 글감에 대해서 확신이 없던 필자들은 결국 그 글감을 버리게 될 것이다.

위의 문제는 글쓰기를 싫어하는 학생들에게만 한정되는 것이 아니다. 글쓰기를 잘하는 학생들도 자신이 선택한 글감으로 글을 계속 쓰는 것을 어려워할 수 있다. 이 학생들은 자신이 선택한 글감이 최선의 것이 아닐 수도 있다는 생각 때문에 계속 새로운 글감을 찾는다. 글감을 계속 찾는 학생들도 쓰기 부진 학생이라고 할 수 있다.

우리는 쓰기 워크숍을 통해서 글감에 대한 이야기를 나누고 장르와 접목시키는 안내를 할 필요가 있다. 예를 들면, 학생이 비디오 게임을 좋아하지만 그것을 연구보고서로 작성하는 것을 어려워하는 경우가 있다. 나는 학생들이 어떤 글감을 가지고도 다양한 장르의 글을 쓸 수 있어야 한다고 생각한다. 그리고 그러한 과정들은 중요한 내용을 찾는 것과 고쳐 쓰는 것과 같은 쓰기 과정에 대한 학습을 위한 수단이 될 수 있다고 생각을 한다. 그러나 우리는 몇몇 글감들은 일부 특정한 학생들에게 너무 어려울 수 있다는 것을 알아야 한다. 우리는 그들에게 능력 이상으로 글쓰기를 요구할 필요는 없다. 학생들에게 너무 높거나 너무 낮은 기준을 정해 주는 것은 어리석은 일이다.

미켈라(Michaela)는 3학년 학생이다. 그녀는 할머니와 바닷가에 갔던 것을 쓰려고 하고 있다. 그녀는 글을 잘 썼고, 나는 그녀와 협의하기를 하려고 앉았을 때 그녀는 수정할 준비가 다 되어 있었다.

교사: 안녕, 미켈라. 글을 어떻게 쓰고 있는지 이야기 해 줄래?

학생: 잘 모르겠어요. 내 글이 별로 마음에 안 들어요.

교사: 어떻게 도와주면 좋겠니?

학생: (어깨를 으쓱거리면서) 뭔가 다른 것에 대해서 쓰고 싶어요.

교사: 너는 이미 많이 글을 썼잖아. 조금만 글을 고치면 어떨까?

학생: 거기에 대해서 신경 쓰고 싶지 않아요.

교사: 매우 유감스럽구나. 우선 이 글을 고칠 수 있는 방법을 생각해 보자. 그래도 안 되면 새로운 글을 써 보는 건 어떠니?

학생: 싫어요. 글감을 바꾸고 싶어요.

교사: 제안을 하나 할게. 글을 쓸 때 마음에 드는지 확신이 없다면, 작가들이 글을 쓸 때 사용한 방법 중에서 한 가지를 응용해서 써 볼 수 있어. 그 뒤에도 글이 잘 써지지 않으면 글감을 바꾸어 보도록 하자. 혹시 좋아하는 작가가 있니?

학생: 아니요.

교사: 우리가 수업 시간에 공부했던 작가인 케빈 헨크스(Kevin Henkes)가 썼던 방법에 대해서 한 번 생각해 보자. 헨크스는 보통 작품에서 주인공이 중요하게 생각하는 물건들에 대해서 구체적으로 잘 쓰고 있어. 이 방법을 응용하면 어떨까? 해변가에 갔을 때 네가 중요하게 생각했던 물건이 있었니?

학생: 양동이와 삽이요.

교사: 네가 삽과 양동이를 가지고 해변가에 갔을 때, 주변 풍경들에 대해서 추가할 수 있는 것이 있는지 찾아보자.

학생: 그림을 추가해도 될까요.

교사: 좋아. 오늘은 그림에 추가할 것을 말해 보렴. 그럼 다음에 그것을 글로 쓸 수 있을 거야. 그러나 나는 헨크스가 했던 방법을 알려 줄게. 그는 릴리가 가지고 있는 지갑의 색깔을 작품에서 묘사를 했어. 이 작가가 썼던 방법을 네가 글을 쓸 때 활용해 볼 수 있을 거야. 그리고 네 글에서 두세 가지의 물건들을 찾아서 색깔을 표현해 보자.

학생: 제 수영복의 색깔은 노란색이었어요.

교사: 오 좋아. 이제는 '수영복'이라는 말에 '노란'이라는 말을 붙여 보자. 그리고 나면 색깔을 사용할 수 있는 장소를 찾을 수 있을 거야.

학생: 하늘처럼요?

교사: 하늘도 좋아. 그렇지 않으면 할머니의 모자나 비치 수건의 색깔도 좋아. 그렇게 쓰고 나면 글쓰기를 마무리 할 수 있을 거야.

학생: 제가 할 수 있다고요?

교사: 그래. 색깔과 관련된 단어를 추가해서 고쳐쓰기를 할 수 있을 거야. 이와 같은 방법으로 다른 내용도 고칠 수 있을 거야. 지금처럼 원래 썼던 글을 수정하는 것이 새로운 글을 쓰는 것보다 더 나을 수도 있어.

학생: 좋아요. 이제 제 글을 더 고쳐 쓸 거예요. 그럼 다른 이야기를 쓸 수 있겠죠?

교사: 그래 너의 글을 포기하지 않고 완성한다면, 다른 이야기도 쓸 수 있을 거야.

아래 〈그림 Ⅰ-3〉은 미켈라가 협의하기를 통해 자신이 쓴 글을 문장을 수정한 예를 나타낸 것이다.

[그림 Ⅰ-3] 미켈라가 작문에 덧붙인 색깔과 관련된 단어들

초고 쓰기

> 해변
>
> 나는 할머니와 해변에 갔다. 나는 수영복을 입고 있었다. 나는 양동이와 삽을 가지고 있었다. 우리는 모래를 팠다.

재고 쓰기

> 해변
>
> 내가 할머니와 해변에 갔을 때 나는 노란색 수영복을 입고 있었다. 나는 양동이와 삽을 가지고 있었다. 우리는 모래를 팠다.

글 완성하기

> 해변
>
> 내가 할머니와 해변에 갔을 때 나는 노란색 수영복을 입고 있었다. 나는 빨간색 양동이와 푸른색 삽을 가지고 있었다. 우리는 하얀색 모래를 팠다.

이와 같은 협의하기를 통해서, 나는 미켈라가 글감을 바꾸지 않고 글을 계속 쓸 수 있도록 안내하였다. 미켈라는 이러한 방법으로 글을 쓰는 과정을 통해 글감을 포기하는 것이 의미가 없다는 것을 충분히 알게 되었다. 그런데 만약 그녀가 글을 쓰는 과정에서 그런 것을 깨닫지 못했다면, 다른 글감을 선택할 수 있도록 안내를 해 주었을 것이다.

학생들이 각자가 선택한 글감에 대해서 계속 쓰도록 하고자 할 때, 교사들은 다음과 같은 지도 방법을 활용할 수 있다.

- 교사는 글감을 계속 쓰는 방법에 대해서 학생들에게 알려 주어야 한다.
- 교사는 글감을 계속 쓰고자 하는 의도에 대해서 친구들과 서로 이야기해 보도록 한다.
- 자기 평가 체크리스트([표 I-21])를 사용한다. 5개 중에 3개에 '그렇다'라고 표시를 한다면 글감을 바꾸지 않고 계속 글을 써야 한다.
- 글감을 바꿔야만 하는 이유를 말해 보게 한다. 학생들에게 "나는 단지 그것이 싫어요." 라는 단순한 변명 대신 분명한 이유를 말하게 한다.
- 학급 시간표를 보고, 쓰기 마감 시간까지 시간이 얼마 남아 있는지를 확인한다.
- 멘토 작가가 했던 방법을 시도한다.
- 글을 완성하면서 힘든 점을 극복할 수 있도록 도와준다.
- 참을성을 길러 주어야 한다.
- 학생들이 과제를 완료할 때까지 기다려 주어야 한다.
- 지루함, 피곤함, 주제를 이해 못하는 경우, 적합한 장르의 선택과 같은 글을 포기하게 되는 이유들에 대해서 검토한다.

[표 I-21] 자기 평가 체크리스트

선택한 글감을 계속 쓸 수 있습니까?		
• 나는 글감에 대해서 잘 알고 있다.	○	×
• 나는 글감을 묘사할 많은 단어들을 생각해 낼 수 있다.	○	×
• 내 글감은 나에게 중요한 것이다.	○	×
• 나는 글감에 대한 아이디어를 얻기 위해 여러 가지 다양한 방법을 사용했다.	○	×
• 내 글감에 대해서 친구와 이야기를 해 본 적이 있다.	○	×

그러나 어떤 경우에는 학생들이 쓰던 글감을 포기하고 새로운 글감을 선택하도록 안내하는 것이 나을 때도 있다. 만약 우리가 학생들이 글감을 다른 것으로 바꾸는 것에 대해서 엄격하다면, 실제적인 쓰기(authentic writing)를 가르치지 못하는 것이다. 작가들은 글을 많이 썼을지라도, 가끔은 글감을 바꾸기도 한다. 많은 작가는 자신의 컴퓨터에 거의 완성이 되었지만 출간하지 않은 소설들을 가지고 있을 것이다. 글감에 대해서 쓸 수 없기 때문에, 출간을 연기하는 것은 현명한 결정이다. 그러한 예는 [표 I-22]에 제시되어 있다.

우리는 학생들에게 "너무 어렵고 하기 싫어요."와 "이것은 쓸 수 없어요."의 차이에 대해서 가르쳐 주어야 한다.

[표 I-22] 글감을 포기해야만 하는 이유들

- 왜 글감을 선택했는지 알지 못한다.
- 많이 알고 있는 다른 글감이 있다.
- 글감에 대해서 말할 것이 없다.
- 글감을 뒷받침할 정보를 찾을 수가 없다.
- 글감을 바꿀 만한 시간적인 여유가 있다.
- 글감이 장르와 어울리지 않는다.

한 글감을 가지고 끝까지 글을 쓸 수 없는 학생들은 추상적인 정보를 잘 이해하고 관계를 정의하는 능력을 발달시킬 필요가 있다.

가너(Betty K. Garner, 2007)는 "학생들은 그들이 배우는 정보를 창조하고 변화시키는 과정보다는 이미 가지고 있는 선입견을 통해 이해하려고 하는 것이 강하다. 이것은 추상적으로 생각하거나 계획하는 것을 매우 어렵게 한다. 학생들은 정보를 한 상황에서 다른 상황으로 전이시키고, 정보들 사이의 관련성을 파악하는 데 어려움을 겪는다. 왜냐하면 별로 연관이 없는 데이터를 똑같이 중요하게 생각하기 때문이다."라고 말한 바 있다.

학생들이 자신이 정한 글감으로 글을 쓰기 위하여 새로운 내용을 확장시켜 나갈 수 있으려면 글감과 관련된 내용 간의 관계를 이해하고 중요한 내용과 중요하지 않은 내용을 구분할 수 있어야 한다. 또한 자신이 쓴 글에 새로운 내용을 덧붙여 쓰거나 글의 오류를 고치더라도 기존에 자신이 쓴 글이 없어지는 것이 아니라 여전히 글의 내용에 남아 있다는 것을 이해할 필요가 있다. 즉, 글에서 쓰인 표현이 달라진다고 해서 자신이 쓰려고 했던 내용이 달라지는 것이 아님을 알아야 한다. 학생들이 이러한 것을 이해하지 못한다면, 학생들을 글을 확장시켜 나가거나 고쳐 쓰는 데 어려움을 겪게 된다.

다음에 소개하는 쓰기 부진 학생은 엘리야(Aliya)와 프랭크(Frank)이다. 엘리야는 글쓰기 자체에 대한 거부감은 가지고 있지 않았지만, 글을 쓸 때 중요한 것과 중요하지 않는 것을 대해서 잘 구분하지 못했다. 그래서 엘리야는 자신이 쓴 글에서 어떤 부분이 중요한지에 대해 묻는 교사의 질문을 잘 이해하지 못했다. 엘리야는 자신이 쓴 글의 모든 이야기가 전부 중요하며, 중요하지 않다면 그것에 대해서 쓰지 않았을 것이라고 말했다. 프랭크는 개를 글감으로 글을 쓰고 있었는데 어떻게 글을 써 나가야 할지 알지 못했다. "나는 개를 사랑해요."는 프랭크가 말하는 전부다.

나는 앨리야와 프랭크에게 글감을 선택할 때 중요한 내용을 판단하기 위해 아래와 같은 것을 중요하게 고려하라고 지도했다.

글쓰기를 할 때 중요한 내용을 판단하기 위해 고려할 점

• 글감에 대해서 오직 한 가지만 말해야 한다면 무엇을 말할 것인가?

• 글감에 대해서 어떻게 느끼는지에 대해서 독자에게 세 단어로 말을 한다면?

• 글을 다시 읽고, 꼭 포함해야 하는 세 가지 정보를 강조한다.

• 쓰기 공책을 다시 읽거나 다시 말을 해 보게 한다. 그리고 이야기와 관련 없는 부분에 동그라미를 표시하며 그것을 뺀다.

• 독자가 주의를 기울일 수 있도록 하기 위해서 사용하는 표지어(signal words)는 무엇인가?

• 중요한 문장은 다른 글씨체를 사용하여 표현한다.

그리고 교사는 두 학생들에게 글에서 중요성을 결정하는 것과 글감과 관련된 여러 가지 사실들이 글의 일부가 될 수 있다는 것을 지도했다. 이러한 활동은 학생들이 글감을 바꿀 것인지, 유지할 것인지에 대해 결정할 때 도움을 줄 것이다.

우리는 학생들이 글감을 변경하고자 할 때 허락을 할 것인지, 하지 않을 것인지 균형을 잡아야만 한다. 글감을 변경하는 것을 거절해서 학생들에게 실망을 주지 말아야 한다. 하지만, 학생들이 한 글감에서 다음 글감을 서둘러서 선택하지 않도록 지도해야 한다.

2. 짧은 주기로 글쓰기

단원 학습(Units of study)(Calkins et al, 2006; Ray, 2006)은 글쓰기 교육을 조직하고 집중하는 좋은 방법이다. 이것의 한 가지 단점은 일부 교사들이 한 달 정도의 시간이 걸리는 단원을 개발했다는 것이다. 이 한 달이라는 시간은 몇몇 학생들에게는 매우 긴 시간이 될 수 있는 반면, 몇몇 학생들이 글을 완성하기에는 부족한 시간일 수도 있다. 그러므로 나는 교사들에게 단원 학습과 병행해서 짧은 주기의 글쓰기를 추가할 것을 권한다. 한 글감에 대해 흥미를 빨리 잃어버린 학생들의 경우에는 짧은 주기로 글쓰기를 하는 것이 그들이 글쓰기를 끝내는 데 도움이 될 것이다. 물론, 짧은 기간 동안 글을 완성하면 내용이 깊이가 없을 수도 있다. 하지만, 학생들은 한 주라는 시간 동안에 글쓰기의 시작과 끝이라는 과정을 볼 수 있어서 만족을 할 수 있다. 그것은 또한 학생들이 글쓰기 과정을 독립적으로 얼마나 잘 다룰 수 있느냐에 대한 빠른 평가를 제공해 줄 수도 있다.

학급에서 짧은 주기로 글쓰기를 효과적으로 운영하기 위하여 아래와 같은 것을 참고할 수 있다.

- 초고 수준의 작품이라도 좋은 생각들이 있다면 출판을 한다.
- 과정의 일부만 완성해도 칭찬해 준다.
- 학생이 초고를 쓰면, 그것이 나중에 다시 고쳐 써야 할 필요가 있더라도 바로 칭찬을 해 준다.
- 기존에 했던 생각을 다시 떠올리거나 혹은 새로운 것을 생각하면서 짧은 글을 쓰도록 한다.
- 새로운 장르에서는 예전에 썼던 일부분을 사용해 보도록 격려한다.
- 짧은 글을 쓸 때, 각각의 쓰기 과정을 경험해 보게 하되, 부분에 집중을 하도록 한다.
- 출판을 위해 학생들의 작품을 아름답고 완벽하게 보이도록 꾸밀 필요는 없다.
- 자신이 쓴 작품에 대해서 시간을 미루어 두고, 고쳐쓰기 단원에서 수정할 계획을 세운다.
- 학생들이 지금까지 해 왔던 것을 다른 친구들과 공유한다.
- 학생들이 예전에 썼던 글 중에서 "가장 자랑스럽게 생각하는 것"을 출판하도록 한다.
- 지금까지 써 온 글쓰기 공책과 기록물들을 다시 읽고 출판할 만한 것이 있는지를 찾아보고 칭찬해 준다.

3. 완벽 증후군에 대한 지도 방법

교사들은 자신이 쓴 글이 완벽하게 보이지 않기 때문에 글쓰기에 대해서 실망하는 학생들을 자주 본다. 몇몇 교사들과 학교 문화는 학생들에게 모든 글쓰기 작품이 깔끔함 혹은 완벽함을 요구하고, 이러한 것들은 학생에게 일종의 제재가 된다. 모든 학생이 만약 실수에서 자유롭지 못하다면 그들은 다른 사람에게 자신의 작품을 보여 주지 않을 것이다. 여덟 살의 어린 학생들에게 완벽을 기대한다는 것은 무리이다. 그렇다고 나는 학생들의 글이 조잡하거나 겉이 화려한 것을 장려하지 않는다. 나는 학생들이 해야 할 적합한 것이 무엇인가에 대한 상식을 가지고 있어야 한다고 믿는다. 과연 우리가 완벽하게 해야 한다면, 새로운 것을 시도하기는 힘들 것이다. 우리는 완벽을 요구하는 그런 방법으로는 배울 수 없을 것이다.

글쓰기의 완벽함을 요구하는 학교에 대해 두려움을 가진 학생들에게 부드러운 동정과 공감이 최선의 지도 방법이다. 완벽함에 대한 요구는 글쓰기를 더디게 하여 결국 학생들이 조금밖에 쓰지 못하게 한다. 학생들은 불필요한 내용을 삭제하거나 다시 쓰는 것이 두려워서 글을 더 쓰는 것을 거부한다.

많은 학생은 글쓰기에 대해서 완벽 증후군을 가지고 있다. 완벽 증후군은 보통 어른들에게 영향을 받아서 형성된다. 어른들은 깨끗한 글씨로 철자법에 맞게 쓰기를 원한다. 쓰기 과정이 우리의 교육 과정으로 들어오기 이전에 작문 교육을 받은 어른들은 학생들의 글씨가 지저분하고, 맞춤법이 틀리면 형편없는 글이라고 배웠다. 글씨를 깨끗하게 잘 쓴다거나, 맞춤법에 맞게 글을 쓰는 것도 중요하기는 하지만 그 모든 것에서 처음부터 완벽할 필요는 없다는 것을 알려 주는 것이다.

이러한 것을 학생들에게 가르칠 수 있는 방법은 교사들이 직접 우리가 쓰는 글이 처음부터 완벽하지 않다는 것을 학생들에게 보여 주는 것이다. 한 가지 예로 교사들은 자신이 쓴 글을 보여 주고 맞춤법에 대해서 확신이 없는 단어나 문자를 원으로 표시하는 것을 보여 줄 수 있다. 그리고 내용을 바꾸고 싶을 때, 그 문장에 밑줄 긋는 것을 보여 줄 수 있다. 이와 같이 교사가 시범 보이기를 통해 보여 주는 것이 좋다. 필요하다면 당신이 이런 걱정들에 대해서 학생의 가족들에게 말을 하고, 학생이 완벽 증후군을 극복할 수 있도록 도움을 요청한다.

이제 스스로 점검하는 개념으로 돌아가 보자. 학생들에게 자신이 쓴 글이 얼마나 정돈되어 있어야 하는지 물어보아라. 학생들은 자신이 쓴 글이 책에 인쇄되어 있는 것처럼 정돈되어 있기를 기대할까? 그렇다면, 그들의 기대를 현실화하기 위해서 작은 목적을 설정하고 글을 쓸 수 있도록 하여야 한다.

작은 목적과 현실적인 기대를 충족하기 위한 몇 가지의 방법이 있다.

- 마지막 한두 줄은 가능한 깔끔하게 적어야 한다.
- 보고서는 한 글자만이라도 깔끔하게 적어야 한다.
- 글쓰기를 하기 전에 사용할 단어를 생각해 보고, 맞춤법을 확인해 보아야 한다.
- 컴퓨터로 글쓰기를 해 본다.

4. 흥미로운 글감 탐구하기

한번은 한 교사가 그녀의 학급에 있는 학생에 대해서 나에게 말해 주었다. 그들은 지난 20세기가 끝날 무렵 뉴욕에서 발생했던 이민 경험에 대해 배우고 있었다. 한 학생은 그 글감에 대해서 거의 흥미를 보이지 않았고, 계속 화장실을 가고 싶다고 했다.

어느 날, 그는 화장실을 갔다 온 다음에 교실에서 소리를 지르며 말했다.

"당시에 그 이민자들은 볼 일을 보기 위해 어디로 갔나요? 그때 당시에는 화장실이 없지 않았나요? 그들은 어디로 갔나요? 그것은 매우 혐오스럽네요."

교사는 차분하고 침착하게 그 학생의 질문에 대답했다.

"매우 좋은 질문이구나. 네가 찾아보는 건 어떠니?"

물론 교사는 수업을 방해를 했다는 이유나 혐오스러운 글감을 생각해 냈다는 이유로 그를 혼낼 수도 있었다. 그러나 담임 교사는 그 학생을 격려해 주었고, 학생은 1900년대 초기 뉴욕의 하수 오물과 쓰레기 처리하는 데 전문가가 되었다. 할아버지나 할머니들의 인터뷰 조사를 한 후에 그 학생은 전염병, 말의 분비물, 이민자의 누추한 주거 환경과 생활의 어려움에 대해서 알게 되었다. 아마 그는 환경 공학자로 성장을 했을지도 모른다.

삶의 이야기와 마찬가지로, 학생들의 흥미를 돋아 줄 만한 내용 영역(content area)의 정보 안에서 그들이 쓰고 싶은 무엇인가를 발견할지 모른다. 쓰기 부진 학생들에게 이것은 단지 개인적인 이야기보다 그들에게 더 흥미를 만들어 주는 것을 찾게 해 줄지도 모른다. 우리는 쓰기 부진 학생들에게 그들이 관심을 가질 만한 사실들을 알게 함으로써 흥미를 갖게 할 수 있다. 학생들의 흥미를 끌 수 있는 글감들에는 '타이타닉의 침몰, 해적들, 배와 잠수함. 롤러코스터, 뱀과 곰, 이상하고 독성 있는 곤충들, 남북 전쟁 동안의 의학' 등등이 있다. 어떤 분야의 전문가가 되는 것과 여러 가지 다양한 정보를 사용해 글을 쓰는 경험들은 단지 개인의 삶보다 사실에 관하여 글을 쓰는 쓰기 부진 학생들에게 많은 도움을 줄 것이다.

위에 소개한 쓰레기 처리에 관심과 호기심이 많은 학생의 예로 돌아가 본다면, 아래와 같이 그 학생이 일 년 동안 글감에 대해서 계속 연구할 수 있는 다양한 방식들을 생각해 볼 수 있을 것이다.

- 1900년대 초 뉴욕의 쓰레기 처리에 관한 특집 기사나 보고서
- 누추하고 지저분한 환경에서 살았던 경험이 있는 할아버지나 할머니에 대한 인터뷰 자료
- 이민자 집단거주 지역의 쓰레기 처리와 도로 청소의 필요성에 대해서 시장에게 보낸 편지
- 가난한 사람들의 조건이나 상태를 개선하기 위한 다른 나라의 노력에 대한 글
- 쓰레기의 관리 및 처리가 얼마나 좋아졌는지에 대한 재미있는 노래나 랩이나 시
- 현대적인 설비들이 이용 불가능했던 시기에 대한 개인적인 이야기들(비행기를 타고 갔을 때나 정전이 일어났을 때 캠핑한 경험)
- 이전의 세기에서 삶의 어려움이나 100년 동안 우리의 삶의 변화에 관한 글을 읽고 나서 글쓰기
- 오늘날 쓰레기가 어떻게 처리되고 있는지에 대한 조사 보고서
- 동물의 분비물로 인한 음식물 오염으로 유발되는 대장균의 위험에 대한 특집 기사

이러한 각도에서 접근하는 장점은 학생들에게 흥미를 발견하게 하고 다양한 장르에서 흥미를 가질 수 있도록 하는 것이다. 학생들은 많은 정보를 인터넷에서 검색할 수 있기 때문에 과거보다 비일상적인 글감에 대해서 조사를 더 많이 할 수 있다. 쓰기 부진 학생들이 흥미를 가지고 글을 쓴다면, 그들이 범상치 않은 글감에 대해서 깊은 지식을 가지게 되고, 친구들에게 존경받으면서 학급에서 스타가 될 수도 있다.

다음은 내가 지도했던 학생들이 자신의 글쓰기에 사용한 내용 영역을 기반으로 한 특이한 글감의 예이다.

▶ 카드 게임의 역사
▶ 겨울에 캠핑하는 방법
▶ 개척자들의 음식
▶ 미국의 토속 음식들
▶ 역사 속에서 쓰나미와 지진
▶ 기계를 사용하기 전에 책을 묶는 방법

▶ 영화의 발명
▶ 19세기의 신발
▶ 집에서 더위를 피하는 방법
▶ 곤충들과 우리들의 삶
▶ 개 기르기

아래와 같은 방법을 통해 학생들이 특이한 글감을 발전시킬 수 있도록 지도할 수 있다.

• 학급의 문화에서 허용되는 한 제한이 없는 몇 개의 글감을 보여 준다.
• 글감과 관련해서 생각을 떠올릴 수 있는 "만약 – 된다면?" 게임을 어떻게 할 수 있는지 시범 보인다.
• 확장적 사고의 이런 유형은 학생들이 생각을 창조할 수 있게 모델을 보여 주어야 한다. 하지만 현실적인 부분도 생각해 보게 해야 한다. 가급적 외계인, 토탈 아마겟돈, 마술적인 해결 등등과 같은 비현실적인 것은 피하도록 해야 한다.
• 학생들에게 흔하지 않는 글감을 조사하기 위해서 인터넷을 이용할 수 있도록 가르쳐야 한다.
• 몇몇 장르에서 글감을 한번 써 보고, 장르에 맞게 어떻게 변형하는지를 보여 주어야 한다.
• 학생들에게 즐거움과 참여하려는 마음을 가질 수 있게 해야 한다.
• 학생들에게 그들이 사실들을 수집하고 그것에 대해서 쓴 글을 출판하도록 허락한다.

쓰기 부진 학생들은 글을 쓰지 않으려고 글감을 바꾸기를 원한다. 우리는 쓰기에 대해서 무엇이 그들을 긴장하게 만드는지를 인식하고 극복할 수 있도록 도와야 된다. 만약 글감에 관한 흥미 부족이 문제라면, 시간이 허용하는 한 학생들이 다른 글감에 대해서 찾아보도록 도와주어야 한다. 우리는 학생들에게 자신의 삶에 대한 이야기 속에서 글감을 찾아보는 것을 가르칠 수 있고, 또한 교과 영역과 관련된 정보에서 관심을 발달시키는 것을 가르칠 수 있다. 또한 깔끔함과 완벽함을 충족하는 동시에 학생들에게 허용하면서 인간적인 기준을 설정할 수 있다. 그리고 우리는 글감을 포기하는 것이 적절하거나 현명하다고 말을 할 때 학생들에게 솔직하게 될 것이다. 마지막으로 학생들이 그들의 글감을 유지하는 것을 힘들어 할 때 비판적이 되지 않도록 노력해야 한다.

필자가 글감을 유지하도록 지도하는 원리
- 교사는 학생들에게 다양한 글감을 선택하고 다양한 장르에서 글을 쓸 수 있는 방법에 대해 지속해서 시범을 보인다.
- 교사는 학생들에게 글감을 계속 유지하거나 그렇지 않을 때를 결정하는 방법을 지도한다.
- 교사는 학생들에게 작은 일도 모든 사건과 연결하면서 매일 중요한 것을 결정하는 방법을 지도한다.

7장. 자기 글을 존중하지 않는 학생
"글쓰기 공책을 잃어 버렸어요!"

4학년의 한 학생이 쓰기 워크숍이 수업이 시작된 이후 뒤늦게 교실에 도착한다. 학생들은 책가방과 사물함을 정리하고 책과 공책을 준비하여 수업에 참여해야 한다는 것을 알고 있다. 그러나 샤미카(Shamika)는 날마다 수업 준비가 늦다. 다른 학생들은 준비를 끝내고 수업에 집중하고 있는 반면, 사미카는 여전히 사물함에 있는 책을 뒤적거리고 있거나 책상 속에서 책을 꺼내거나 바닥에서 연필을 찾고 있다. 수업 준비가 마침내 끝났지만, 이번에는 공책이 없다. 사물함, 가방, 책상을 찾아보아도 공책은 없다. 그 모든 상황은 샤미카가 공책을 집에 두고 왔거나 잃어버렸다는 것을 말해 준다. 작문 포트폴리오와 지금까지 쓴 초고는 찾을 수 없고, 그 때문에 샤미카의 하루는 비관적이고 좌절감을 주면서 시작된다.

문제는 샤미카가 부주의하기 때문에 부진한 것인가, 아니면 부진하기 때문에 부주의한 것인가이다. 이것은 닭과 달걀의 문제이다. 이 문제는 아마도 학생이 쓰기를 싫어하기 때문에 부주의하게 되었을 가능성이 높다. 만약 1교시가 수학 시간이었다면, 이 학생은 바로 수업에 참여할 준비가 되었을지도 모른다. 이것은 교사들이 알아내야 할 문제이다. 왜냐하면 샤미카의 생활에서 학업에 영향을 주는 다른 문제들이 있을 수 있기 때문이다. 교사가 샤미카를 도울 수 있으려면 학생의 입장에 있는 샤미카를 이해할 필요가 있다. 왜냐하면 어떤 점에서는, 그 학생은 부진 학생들의 생활에 대한 전형적인 예일 수도 있기 때문이다.

스스로를 존중하지 않는 학생들은 확실히 과제를 존중하지 않는다. 그들의 생각, 이야기, 쓰기가 중요하며 자신이 존중받을 만하다는 것을 이러한 학생들에게 가르치는 것은 단순한 쓰기 수업보다 시간이 더 걸릴 수 있다. 때때로 학교 상황에서 이러한 학생을 돕기 위해 상담 교사와 같은 다른 전문가들의 투입이 필요할 것이다.

교사들은 어떻게 학생들에게 자기 존중을 가르칠 것인가? 교사들은 다양한 학생들을 가르친다. 교실에는 공부 시간이 되면 잠시도 가만히 있지 못하고 예민해지는 학생도 있고, 지독하게 수줍어하거나 쓰기에서의 실패 경험을 가지고 있는 학생들도 있다. 교사들은 그 학생들 모두를 사랑하고 가르치지만 자기 존중이 부족한 학생들은 교사들에게 특별한 도전이다.

자기 존중이 부족한 학생들을 위해서는 실제적인 문제들로 시작해야 한다. 샤미카와 같은 학생들의 쓰기 자료는 교실에 둘 필요가 있다. 이 학생들의 작문 공책은 폴더 안에 있는 모든 초고, 작품과 마찬가지로 학교에 둔다. 만약, 이 학생들이 집에서 종이에 글을 써 오면, 그것을 공책에 붙인다. 교사들은 이러한 학생들을 위해 쓰기를 위한 조언(writing note)을 쓸 때, 접착용 쪽지에 쓰는 것을 피한다. 왜냐하면 접착용 쪽지는 종종 날아가기 때문이다. 대신, 그런 글은 공책에 고정된 색인 카드나 초고에 직접 쓴다. 공책을 잃어버리는 것은 여러 달 동안 쓴 작품을 잃어버리는 것을 의미하며 교사들과 학생들을 당황하게 한다. 이런 문제가 생기면 대부분의 교사들은 학생들에게 새 공책을 줄 것이다. 하지만 문제는 그 공책에는 아무것도 쓰여 있지 않다는 것이다. 그 공책에는 학생들이 일 년 내내 쓴 작문 활동에 대한 증거가 아무것도 없다. 그러므로 교사들은 책임감과 존중을 학생에게 가르치기 위해서 할 수 있는 일들을 해야 한다.

교사는 쓰기 부진 학생을 교사의 주변에 앉도록 하고, 이 학생들을 매일 검사하고 그들의 과제를 정리하도록 도울 동료를 배정할 수도 있다. 부진 학생들을 위한 차트와 점검표 같은 것을 마련할 수도 있다. 그러나 중요한 것은 이러한 학생들이 스스로를 존중하고, 마음을 종이에 표현하는 것으로써 자신의 글을 존중할 때까지, 그들은 교실에서 계속 낙오자가 될 것이라는 점이다.

1. 존중 가르치기

랄프 플레처(Ralph Fletcher)는 2006년에 쓴 그의 책 「Boy Writers: Their Voices」(남학생 필자: 그들의 목소리)에서, 쓰기의 여성화에 대해 썼다. 쓰기 워크숍을 가르치는 교사들 중 여교사의 비율은 꽤 높다. 여교사들은 개인적인 서사나 회고를 가치 있다고 여기며 전쟁, 비디오 게임, 야구 그리고 다른 남학생들이 좋아하는 이야기를 피하는 경향이 있다. 결과적으로 남학생다운 것이 쓰기 수업에서 허용되지 않는 경우가 많기 때문에 어떤 남학생들은 쓰기 수업을 매우 불편하게 여긴다. 많은 남학생들이 자신이 선택한 주제들이 수업에서 가치있게 여겨지지 않으며 쓰기란 여학생들이나 하는 것이라고 생각하며 쓰기를 기피한다. 거기에는 여러 가지 요인이 있는데, 그중 하나는 '내 친구들은 어떻게 생각하지?' 이다.

실제로 학생들은 어떻게 생각할까? 쓴 글을 공유해야 한다는 교사들의 주장이 학생들에게 개인적인 글감이나 세부 내용을 공유하도록 강요하는 건 아닌가? 교실 문화는 어떠한가?

어느 해인가 나는 대부분의 시간을 주로 말없이 멀뚱멀뚱 시간을 보내는 남학생들의 반에 들어갔다. 나는 담임 교사와 몇 달 동안 그 학급에서 공동체 의식을 길러 주기 위해 노력했다. 1월이 되어서야 학생들은 돌파구를 찾았다. 학생들은 수줍게 웃으며 그들의 글에 대해 말하기 시작했다. 마침내 남학생들은 서로를 "비방"하거나, 서로의 글에 대해 비웃거나 헐뜯는 말을 하지 않게 되었다. 이것은 공동체의 상황은 쓰기를 싫어하는 필자(reluctant writers)를 만들 수도 없앨 수도 있다는 교훈을 준다.

다른 사람들은 어떻게 생각할까? 나는 종종 다른 사람들이 누구인가에 대해 생각했었다. 중학생들은 옷차림, 최신형 휴대폰, 함께 어울리는 친구들, 헤어스타일에 대해 다른 사람들이 어떻게 생각하는지를 중요하게 여긴다. 학생들에게 다른 사람들의 생각이 중요하지 않다는 것을 가르치는 것은 오랜 시간이 걸린다. 다른 사람들이 어떻게 생각하는지에 대해 걱정하는 것은 학생들을 곤란하게 할 수 있다. 중요한 사람은 스스로와 부모, 보호자, 교사들 뿐이다.

존중을 가르치는 것은 서로에 대한 신뢰와 공감의 분위기를 만드는 것이다. 존중은 몇 번의 미니 레슨 또는 단원 학습으로 가르칠 수 없다. 학생들은 교사가 학생들에게 반응하는 방법, 특히 학생들이 교사를 화나게 했을 때 교사가 반응하는 방법을 통해 존중을 배운다. 또 교사들이 학생들에게 문제를 해결하는 해법을 제공하고, 어려움을 해결하도록 도울 때 학생들은 존중을 배운다.

학생의 행동이나 사건	자기 존중을 가르치기 위한 교사 반응
학생이 쓴 것을 갈기갈기 찢어 버리는 경우	학생이 쓴 모든 것은 좋은 것이라는 것을 설명하고 쓰기를 지속하도록 격려한다. 그리고 나중에, 버려진 작품을 괜찮은 작품으로 만들 수 있도록 수정하는 방법을 학생들에게 보여 준다.
학생이 공책을 가져오지 않거나 잃어버리는 경우	학생들에게 좋아하는 종류의 공책을 선택하도록 한다. 공책과 공책을 넣을 수 있는 가방을 제공한다. 공책을 학교에 잘 두도록 안내한다.
학생이 어떤 글감도 선택하려 하지 않는 경우	학생이 하나의 글감을 선택하여 짧은 글이나 그림으로 반응하도록 격려한다.
학생들이 자신이 쓴 글을 잃어버리는 경우	학생이 쓴 글의 복사본을 보관한다.
학생은 집중을 하지 못하고 교실을 배회하는 경우	교실에 안정된 장소를 마련하고 학생이 그곳에서 작은, 합리적인 목표를 설정할 수 있도록 돕는다.

역할 놀이는 어린 학생이 상황 속에서 반응하는 방법을 배우고 현명한 사회적인 결정을 하도록 가르치는 데 유용하다. 교사들은 학생들이 학습과 쓰기를 존중하는 방법을 가르치기 위해 이 방법을 사용할 수 있다. 역할 놀이를 통해, 학생들은 필자로서 그들 자신에 대한 진정한 감정을 탐색할 기회와 다양한 상황에서 반응하는 방법을 배울 기회를 갖는다.

다음은 존중을 가르치기 위한 역할 놀이 주제이다.

- 다른 사람이 내가 유치하게 생각하는 글감으로 글을 썼을 때 반응하기
- 다른 사람들이 자신이 쓴 글에 대해 나에게 물을 때 말하기
- 서로의 글을 공유할 때 표정과 표현을 조절하기
- 다른 사람이 내가 쓴 글을 존중하지 않을 때 반응하기
- 다른 사람들이 쓴 글을 읽을 때 잘 들으면서 신뢰를 얻기
- 다른 사람이 쓴 글을 잃어버렸거나 그것을 찾고 있을 때 말하기

2. 지역 공동체에 참여하는 글쓰기

자신의 글이 세상으로 나가 반응을 얻는다는 것을 알면, 학생들은 글쓰기에 의미를 더 잘 부여할 수 있다. 그러므로 교사들은 지역 공동체에 참여하는 글쓰기를 계획할 수 있다. 그렇게 함으로써 학생들은 자신의 글에 대한 다른 사람들의 반응을 얻을 수 있을 것이다.

교사는 학생의 글에 대한 답글을 써 줄 예상 독자를 사전에 정할 수 있다. 그리고 소개하는 글을 통해 학생들이 "훈련 중인 필자"이기 때문에 학생들의 글은 오류가 있을 수도 있다는 것을 독자들에게 안내한다. 학생들이 시장이나 대통령처럼 개인적인 응답을 받지 못할 누군가에게 글을 쓰는 것은 피하는 것이 좋다. 지역에 거주하는 고령자에게 시를 보내고 개인적인 반응을 얻는 것이 국회의원에게 써서 답례로 오는 똑같은 내용의 편지를

학생에게 글쓰기의 의미를 어떻게 부여할 수 있나요?

학생의 글을 공유하고 답글을 써 줄 예상 독자에게 글을 써 보게 해 보세요.

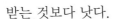

받는 것보다 낫다.

학생들은 학생들의 글을 공유할 수 있는 사람에게 자기 자신에 대한 것을 쓰도록 하는 것이 좋다. 이때, 글의 길이나 장르가 문제되진 않는다. 이것의 목적은 모든 장르를 공부하는 것이 아니며 실제 독자가 있는 글쓰기를 하는 것이다. 이것은 "글쓰기 선물(gift writing)"이라고 부를 수 있다. 왜냐하면 그것은 다른 누군가에게 선물이 되는 쓰기이기 때문이다. [표 Ⅰ-23]은 학생들이 고려할 수 있는 가능한 장르와 독자를 보여 준다.

[표 Ⅰ-23] 학생들이 고려할 수 있는 가능한 장르와 독자

가능한 장르	가능한 독자
• 개인적인 서사 • 학생들의 생활이나 흥미에 대한 정보 • 시 • 회고록 • 노래 • 이야기 • 글쓰기 공책에 있는 글들(나는 바란다, 나는 관심을 기울인다, 나는 흥미가 있다, 나는 두렵다 등) • 확장적 질문에 대한 글(왜 성인들에게 돈이 중요한가와 같은 학생들이 가진 중요한 질문에 대한 몇몇 문장들)	• 지역 요양 센터나 양로원 • 지역 도서관 • 지역 병원이나 외래 병원 • 지역의 성직자의 집이나 목사관 • 지역 사업체 • 지역 소방서나 경찰서 • 적십자, 버스 기사 • 지역 센터 • 다른 지역 학교의 학생들

글의 장르를 편지 쓰기로 제한하지 않는다. 고령자들은 짧은 회고록이나 시를 편지만큼 많이 즐길 수도 있다. 덧붙여, 설득적인 쓰기가 아니기 때문에 쟁점이나 독자를 다룰 필요가 없다. 이것은 학생들의 목소리를 공유하는 연습이고 부진 학생들에게 매우 큰 힘을 발휘할 수 있다. 독자에 맞게 글감과 장르를 연결시키도록 최선을 다해야 한다. 예컨대, 조부모에 대한 개인적인 서사는 노인 복지관으로 보내기에 가장 좋을 것이다. 학생들의 글을 받는 사람들은 글에 대한 평가를 하지 않을 것이다. 대신, 학생들의 글에 대해 자신의 생각을 글로 표현하여 응답할 것이다. 이 활동을 할 때, 학생 신원을 보호할 수 있도록 개

인 정보 사용에 주의해야 한다.

학생들이 일단 그 지역의 누군가에게 쓰는 것을 시도하고 답장을 받는 흥분을 경험하게 되면, 그들은 앞으로의 독립적인 쓰기에서도 이러한 글쓰기를 하려 할 것이다. 이 활동의 목적은 쓰기가 자신의 생각과 의견을 알지 못하는 다른 사람들에게 말하는 한 가지 방법이라는 것을 학생들에게 가르치는 것이다. 그림조차도 아프거나 외로운 사람들에게는 아름답고 애정 어린 선물이 될 수 있다. 이러한 활동을 통해 학생들은 지역 사회의 한 부분이 되고 자신의 이면을 보는 것을 배울 수 있으며 지역 사회로부터 받는 것뿐 아니라 주는 것을 경험할 수 있다.

3. 다양한 장르를 활용한 쓰기 지도로 자기 존중 기르기

학생들이 자존감(self-esteem)을 획득하는 한 가지 방법은 그들이 능숙해지도록 가르치는 것이다. 쓰기에 부진한 학생들도 과학 시간에는 적극적으로 참여하거나, 음악에 재능이 있거나 좋은 운동선수일 수도 있다. 교사들은 항상 학생들이 재능을 탐색하고 발전시키기를 원한다. 학문적인 쓰기에 어려움을 겪고 있는 학생들은 자신이 비학문적인 쓰기에서도 역시 재능이 없다고 생각할 수 있다. 교사들은 에세이와 보고서 쓰기를 가르치는 동시에, 학생들이 "쓰기 자아(writing selves)"를 발견할 기회를 주어야 한다.

나는 쓰기 워크숍에서 "다양한 장르(open genre)"를 활용하는 것을 제안한다[표 I-24 참고]. 다양한 장르를 활용한 학습은 학생들이 쓰고 싶은 것을 조사하고 찾을 수 있는 가장 좋은 기회이다. 교사들은 코미디 작가와 극작가가 될 가능성이 있는 학생을 발견할 수도 있다.

학생들이 글쓰기에 대한 자존감을 획득할 수 있는 방법은 무엇인가요?

능숙하게 글 쓸 수 있도록 다양한 장르를 활용하여 쓰기 지도를 해 보세요.

표 I-24   쓰기 지도에서 활용 가능한 다양한 장르

- 방송 대본
- 만화(의 형태로 된) 소설
- 신문 만화
- 뱀파이어 이야기
- 공상 과학
- 판타지
- 시엠(CM)송, TV · 라디오 · 지면 광고

- 스포츠 기사
- 주요 뉴스(headlines)
- 노래
- 단막극이나 텔레비전 드라마
- 블로그
- 보드 게임 설명서

나는 드라마 대본을 쓰고 싶어 하는 학생을 가르친 적이 있다. 그 학생은 일 년 내내 독립적인 쓰기 활동으로 드라마 대본을 썼으며, 그해 연말에 대본을 프로듀서에게 팔았다. 이것은 흔한 예는 아니다. 그러나 이 경험은 학생들에게 쓰기가 시험 준비나 학교 에세이를 쓰는 것 이상이라는 것을 보여 주었다.

이 수업을 위해서는 3주나 4주를 확보할 필요가 있다. 학생들이 작문에 대한 아이디어를 얻을 수 있도록 자주 언급함으로써 기대감을 만든다. 이 학습을 시작하기 약 2주 전에 교사는 학생들이 모방할 수 있을 만한 유형의 도서들을 가져오기 시작한다. 자신이 흥미를 느끼는 작품 유형을 찾는 동안 학생들이 열린 마음을 갖도록 독려한다.

학문적 글쓰기에 어려움을 가진 학생들이 다른 유형의 쓰기에서 자신의 능력을 보기 시

작할 때, 자기 존중 효과는 매우 크다. 마리아(Maria)는 5학년이며, 학교에 입학한 후 5년 동안 내내 쓰기에서 부진했다. 교사가 짧은 다양한 장르 학습을 제공했을 때, 마리아는 "뱀파이어 로맨스"라는 글의 작가로 자신을 인식했다(〈그림 Ⅰ-4〉 참고). 마리아의 뱀파이어 이야기는 우스꽝스럽고 재미있다. 또래 여학생들은 마리아가 쓴 최신의 이야기를 읽으려고 기다리는 독자이다. 여학생들은 다음 편 이야기에 대한 아이디어를 제공하고 마리아의 글을 다른 사람들에게 전달한다. 마리아는 여전히 과학 보고서를 쓰는 데 어려움을 겪고 있으며 맞춤법과 글씨 쓰기를 위해 노력을 할 필요가 있다. 그러나 마리아는 쓰기 공동체의 일원이고 자기 자신에 대해 자랑스러워 한다. 친구들은 마리아가 쓴 이야기를 교정해 주었다. 마리아는 자신이 인정을 받으며 행복하다고 느낀다. 마리아는 다양한 장르 학습이 끝난 이후에도 뱀파이어 이야기를 계속 썼다.

〔그림 Ⅰ-4〕 마리아(Maria)의 뱀파이어 로맨스

> 제목 : 뱀파이어 로맨스
>
> 안토니오(Antonio)는 모자를 쓴 새 뱀파이어다. 그는 그의 팔에 여섯 개의 문신을 가지고 있다. 그리고 머리는 밀었다. 뒤쪽에 한 줄의 보라색 머리카락을 제외하고. 그리고 앞 머리에는 두개골 문신이 있다. 매일 그는 소녀들이 중학교에서 올 때 코너에서 기다린다. 그리고 그는 항상 그들을 본다. 그러나 그들이 말을 걸지 못하도록 MP3를 듣고 있다.
>
> 그러던 어느 날, 루시(Lucy)가 그에게 다가왔고 그녀가 그의 머리를 좋아한다고 말했다. 그리고 그가 웃었을 때, 그의 이는 끝이 뾰족했다. 루시는 겁에 질려 도망가고 그녀의 친구들 역시 두려워했다.
>
> 그러던 언젠가, 루시는 학교에 있는 사물함에서 수학책을 가져오는 것을 깜빡 잊었다. 그래서 그녀는 그것을 가지러 왔다. 그때는 6시였고 밖은 이미 어두웠고 추웠다. 사물함을 연 그때, 그녀는 무언가 긁히는 소리를 들었다. 그녀는 뛰었고 소리질렀다. 불이 나갔을 때, 그녀는 어떻게 복도 밖으로 갈 수 있을지 알지 못했다.
>
> 그때 누군가 그녀의 손을 잡았다! 그녀는 다시 소리 질렀다. 그것은 안토니오였다. 그는 푸른빛이 도는 노란색 눈으로 보고 있었고 그녀는 거의 졸도할 지경이었다.
>
> "나를 물지 마!"
>
> 그녀는 소리 질렀다.
>
> 그러나 그 때 그는 그녀를 복도에서 학교 문쪽으로 끌어 당겼다.
>
> "와, 네가 날 구했어."
>
> 루시가 말했다.

"어떤 소리가 들렸고 난 겁이 났어."

"그건 단지 취였을 뿐이야."

안토니오가 말했다.

"나는 그것들이 두렵지 않아."

"나도 그래."

루시가 말했다.

그래서 안토니오는 학교로 가는 문을 열었고 그는 루시와 함께 그녀의 집을 향해 걸었다.

샘(Sam)은 자신이 랩송 쓰기를 좋아한다는 것을 발견했다. 그는 노래를 쓰고 짧은 공연을 무대에 올리기도 하였다. 또 코미디언이 되고 싶어 하는 한 학생은 다양한 장르 학습에서 자신이 좋아하는 유치한 농담을 중심으로 구성된 코미디 대본을 썼다. 그리고 극작가가 되길 바라는 여학생은 좋아하는 TV 쇼 프로그램의 에피소드를 쓰기로 결심했다. 자신이 좋아하는 뱀에 대한 광고를 쓴 학생도 있다. 학생들에게는 부진한 필자가 아닌 다른 어떤 것이 될 수 있는 무한한 가능성이 있다.

교사는 가능한 한 학생들이 창조적이 되도록 도와야 한다. 학생들이 그들 자신을 즐길 수 있게 하고 좋아하는 글의 장르를 찾을 수 있도록 도와야 한다. 이러한 활동이 학문적 글쓰기를 대체할 수는 없지만, 학생들로 하여금 쓰기에 대한 비전을 갖도록 할 수 있다. 학생들에게 쓰고 싶은 것은 무엇이든 쓸 수 있다는 것을 알게 함으로써 모든 전문가가 가진 자기 존중감을 형성할 수 있다.

교사들은 학생들에게 서로 어떻게 대해야 하는지, 그리고 다른 사람에게 어떻게 반응해야 하는지 가르칠 때 자기 존중을 가르쳐야 한다. 예를 들어, 학생들은 동의하지 않는다는 것을 품위를 가지고 나타내는 방법을 알아야만 한다. 왜냐하면, 이것은 다른 사람을 불쾌하게 하지 않으면서 자신이 느끼는 것을 진실하게 표현하도록 해 주기 때문이다. 학생들은 화를 내거나 불쾌해 하지 않으면서 반대 의견을 수용하는 법을 배워야 한다. 모든 사람은 자신의 의견을 표현할 권리가 있지만 다른 사람에게 상처를 주어서는 안 된다.

나는 학생들이 다른 사람이 말하는 것의 의도를 파악하도록 가르치기를 좋아한다. 똑같은 "나는 당신을 사랑한다"는 말이라도 진심 어린 표현부터 비꼬는 표현까지 다양한 어조로 말할 수 있다. 다른 사람들이 하는 말의 의도를 파악할 수 있는 학생들은 종종 사람들이 진실한지 그렇지 않은지 알 수 있다. 중요한 점은 학생들이 다른 사람의 말의 의도를 정확하게 식별할 수 있도록 하는 것이다. 그 후에 학생들은 적절하게 반응할 방법을 알 필요가 있다. 이것은 자신의 글에 대한 다른 사람들의 반응뿐 아니라 모든 상황에 적용된다.

자기 존중감을 만들어 내는 것은 교사와 학생 모두를 위해 계속 되어야 한다. 교사들은 학생들이 유용한 기술과 재능을 가지고 있다는 신념을 북돋을 수 있는 것은 무엇이든 해야 한다.

자신이 쓴 글에 대한 존중을 가르치기 위한 원리
- 교사는 학생들이 자기 자신과 서로에 대한 존중을 배울 수 있도록 지도하기 위해 모든 학생을 관찰하고 시범 보일 것을 결정한다.
- 학생들이 쓴 모든 글을 존중하며 다룬다.
- 학생들을 대하는 목소리 톤과 표정, 태도를 점검한다.
- 교사는 학생들이 재능과 장점을 찾고 발전시킬 수 있도록 모든 학생들에게 독립적인 쓰기를 하도록 격려한다.

Ⅱ 쓰기 부진아 지도 방법

우리는 실험실의 표본이 아니라 학생들과 함께 있다는 것을 인식할 필요가 있다. 많은 학생들이 희망과 기쁨이 가득한 채 학교에 오지만, 일부 학생들은 슬픔과 시무룩한 표정으로 학교에 온다. 많은 특권을 누리는 학생이든 견딜 수 없는 슬픈 삶을 살아가는 학생이든, 그들 모두는 우리가 한두 해 동안 가르쳐야 할 학생들이다. 우리는 학생들의 호기심을 자극하고, 학생들에게 생각하며 사는 삶의 모델이 될 수 있다는 희망을 가지고 이 일을 시작해 왔다. 그 과정에서 우리는 미소 짓고 웃음을 터트리기도 하고, 때때로 눈물을 흘리거나 분노를 느끼기도 했다.

학교 공동체는 커다란 사회 집단의 축소판과 같다. 학교 밖의 사회에서 우리는 친절하고 배려하는 사람, 거칠고 이기적인 사람, 어렵고, 아프고, 가난하고 외로운 사람들을 알고 있다. 사회에서는 우리의 기쁨과 슬픔이 함께하기 때문에, 우리는 그런 사람들을 돌보면서 더 강해지게 된다.

이것이 의미하는 바는 가르치는 것은 대단한 기쁨을 주는 일이며 가끔은 대단한 어려움을 주기도 한다는 것이다. 가르치는 것은 "혼자 하는 일"이 아니라 "학생과의 소통"이 필요한 일이다. 이 일에 참여한 우리들은 무모하게 뛰어들었고, 도전을 하면서 매우 신이 났다. 그렇지만 때로는 매우 힘들었다. 부진한 학생이 모두 그렇지만, 나는 특히 쓰기에서 부진한 학생들은, 더 좋은 교사가 되는 방법을 우리에게 가르치는 사람이라고 생각한다.

우리가 쓰기 부진 학생에 대해 알아야 하는 것은 그들을 가르치는 방법이다. 학생들을 존중하면서 말할 수 있어야 하고 사랑과 인내심으로 도와줄 수 있어야 한다. 무엇보다도 우리 자신의 거울로서 부진 학생들을 바라볼 수 있어야 한다. 우리 모두는 요리하기, 관계 형성하기, 제시간에 일어나기 등 무언가에 있어 모두 부진하기 때문이다. 자신을 이해하기 위해 스스로를 성찰하는 만큼, 부진 학생들을 이해할 수 있을 것이다. 그리고 이것은 다른 사람의 입장에서 생각해 보는 여행이고 약속이다.

8장. 자기 조절 전략, 학습 공동체, 쓰기 워크숍

나는 지금 작은 사무실에 앉아 있다. 글을 쓰기 위해 컴퓨터 화면을 멍하게 바라보는 것보다 나은 것이 무엇인지를 생각하고 있었다. 강아지와 함께 산책을 할 수도 있다. 또는 길거리에 있는 눈을 치울 수도 있다. 아픈 친구에게 전화할 수 있고, 가게에서 할인을 하는 상품들에 주목하거나 혹은 냉장고를 청소할 수도 있다. 또는 스웨터 짜는 일을 끝마칠 수도 있고, 피아노를 연습하거나, 쌓아 둔 몇 통의 편지에 답을 할 수도 있다. 새장 모이통에 모이를 채우고, 채소의 씨앗들을 뿌리거나, 쓰레기 상자를 비울 수도 있다…. 글쓰기를 대신 할 수 있는 일로 쉽게 생각할 수 있는 것이 50여 가지나 된다. 나는 글쓰기를 좋아한다. 솔직하게 말하자면, 글로 표현하는 것을 좋아한다. 글쓰기는 만족스러운 것이지만 그 작업은 피곤하고, 좌절에 빠뜨리기도 한다.

학생들은 거의 매일 글쓰기를 해야 한다. 얼마나 많은 학생들이 나처럼 느끼는지 궁금하다. 얼마나 많은 학생이 쓰기에 대해서 열정에 가득 차 있을까? 아마도 학생들은 쓰기를 경험하는 것을 두렵다고 생각할 것이다. 이러한 사실이 글쓰기가 나쁜 것이라고 말하는 것은 아니다. 글쓰기는 문제 해결과 의사소통, 생각의 발상 등을 할 수 있는 좋은 방법이다. 글쓰기는 창작과 고통의 역설적인 혼합물이다. 그것은 참으로 삶과 많은 부분이 닮아 있다.

삶과 같이, 글쓰기는 신나기도 하면서 어렵기도 하다. 우리는 쓰기를 즐겁게 하기 위해서 노력하며, 때로 그것은 정말 즐겁다. 그러나 삶과 같이, 때때로 그것 자체가 어려운 일이 된다. 우리는 글쓰기의 즐거움과 고된 일 가운데 균형을 고려하며 지도하는 것이 필요하다. 왜냐하면 학생들은 힘든 경기나 힘든 일이 가져다 줄 수 있는 흥미로운 부분들을 잘 모르기 때문이다.

학생들이 쓰기를 힘겨워 하거나 주저한다면 그들의 정신적인 힘의 수준을 고려해 봐야 한다. 학생들에게 글쓰기는 프로젝트를 하는 것보다 더 많은 자립심과 에너지를 필요로 한다. 그들은 글쓰기 목표를 달성하기 위해서 손쉬운 방법들을 찾을 수도 있다. 나는 물론 그런 사실들을 이해한다. 학생에 따라서 똑같은 과제에도 부담감과 어려움을 느낄 수 있기 때문이다.

물론, 쓰기 부진 학생들에게는 더 많은 어려움이 있다. 학생들은 손으로 글쓰기와 맞춤법, 제시된 주제로 글쓰기, 스스로 주제들을 생산하거나 글의 구조나 주장과 같은 추상적인 개념을 이해하는 것, 구두법이나 문법을 사용하는 것은 중요하지 않다고 생각하거나 어려워한다. 학생들은 쓰기 지구력이 거의 없는 것처럼 보인다. 혹은 글쓰기를 잘하는 것에 대해서 그다지 신경 쓰지 않는 것처럼 보인다. 그리고 글쓰기를 지루하다고 생각하거나, 벌을 받는 것처럼 느껴왔다. 학생들이 쓰는 글의 양 자체도 충분하지 않으며, 글쓰기를 시작하기도 전에 실패했다고 느낀다. 이렇게 많은 요인들이 좋은 글쓰기로 나아가는 길을 가로막고 있다.

1. 자기 조절 전략을 가르치기

쓰기 부진 학생에 대한 많은 연구는 쓰기를 하는 과정에서 학생들이 어떠한 어려움을 겪는지에 집중하고 있다. 다양한 요인들에는 쓰기 과제 전체에 대한 심리적 부담감을 느끼게 되는 것과 쓰기 과제를 작은 부분으로 나눠서 실행하는 것을 어려워하는 것 등을 포함한다. 쓰기 과정에 친숙해지는 것은 이러한 학생들을 도울 수 있지만, 몇몇의 교육자들은 쓰기 과정에 대해서 보다 높은 수준의 자기 조절, 인지적인 노력, 그리고 주의 깊은 통제가 필요하다고 믿는다(Lienemann, Graham, Leader-Jenssen, & Reid, 2006; Graham & Harris, 2003). 이러한 교육자들은 학생들이 그들의 글쓰기를 계획하고 실

쓰기 부진 학생에게 자기 조절 전략 개발을 가르치면 어떤 점이 좋은가요?

학생들의 아이디어 생산, 쓰기 과정을 통한 자신의 방법 만듦, 시간 운영, 장르 이해 등 실제 쓰는 과정에 도움을 받을 수 있어요.

행하는 데 도움을 주는 것으로서 자기 조절 전략을 가르치도록 권한다.

자기 조절 전략 개발(Self-Regulated Strategy Development, SRSD)(Graham & Harris, 2003)은 학생들에게 쓰기 과제를 완수하기 위한 명백한 전략들을 가르치는 것과 관련된다. 이것은 구체적인 장르의 쓰기를 포함하거나 쓰기 과정의 조절에 대한 개발도 포함한다. 쓰기 기능과 쓰기 지식은 이러한 전략들을 사용하는 데 필요하다(Lienemann et al., 2006). 예를 들면, 쓰기에 어려움을 겪고 있는 학생들에게 이러한 전략을 가르쳐 주는 것은 쓰기 시간을 더 주는 것보다 효과적이다(Graham & Perin, 2007). 대부분의 선생님들은 반 전체(Angelillo, 2008b), 소집단, 개별 학습(Anderson, 2000)을 대상으로 쓰기를 위한 전략을 가르침으로 제공한다.

많은 연구에서는 쓰기 지도가 보다 분명하고, 전략적이며, 엄밀해야 한다고 말한다. 이는 모든 쓰기 과제의 각 부분을 감당하기 어려워하는 학생들을 돕고, 그렇지 않은 학생들도 주도적이 되도록 돕기 위해서이다.

자기 조절 전략 개발(SRSD)은 아이디어를 생산하거나, 쓰기 과정을 통해서 자신의 방법을 만들거나, 시간을 운영하거나, 장르를 이해하거나, 실제 쓰는 과정에서 학생들에게 도움을 줄 수 있다. 많은 쓰기 부진 학생은 시간 사용 계획 등의 과제를 수행하며 필요한 것들을 진행하는 과정에서 어려움에 봉착한다. 이러한 것들은 학생들의 학습 상황과 일상 생활에서 필요하다.

이제 우리가 가르칠 수 있는 몇 개의 자기 점검 전략(self-monitoring strategies)들을 살펴보자. 여기서 주의해야 할 것은 우리가 제안하는 전략들을 학생들이 동의할 수 있어야 한다는 점이다.

[그림 II-1] **자기 점검 전략 적용의 예**

시간 운영	필기
↓	↓
현재의 날짜로부터 달력에 역방향으로 계획하기	글에서 얻은 다수의 노트들에 동의하거나 고르기
↓	↓
과제의 양에 따라 시간 목표를 설정하기	짝에게 노트에 적힌 내용를 설명하고 그것을 네 말로서 다시 말하기

　학생들의 자기 점검 능력을 길러 주는 것을 위해서 작은 단계로 나누어서 하는 것은 유용한 방법이다〈그림 II-1〉. 이처럼 스스로 감당해야 하는 두 가지의 과제들을 쉽게 운영할 수 있다. 교사들은 점진적으로 과제 수행에 포함될 수 있는 자기 조절 전략들의 수를 늘릴 수 있다. 학생들이 한 과제의 전략들에 익숙해지면, 학생들의 필요를 고려하며 다른 전략들을 가르친다. 모든 학생이 똑같은 자기 조절 전략들을 필요로 하는 것은 아니다. 학생들이 그러한 전략들을 사용하는 이유를 이해해야 하고, 각각을 성취했는지를 스스로 점검하는 것은 중요하다. 교사가 그러한 전략을 강요하거나 부여하면, 자기 조절 전략에 대한 이해가 부족해질 것이다. 강요하는 대신에 교사들은 시범을 보여야 하고, 자기 점검을 반복적으로 가르쳐야 한다. 예를 들면, 교사들은 학생들에게 그들 스스로가 다음의 사항들을 질문할 수 있음을 보여 주어야 한다. "언제 내가 피곤함을 느끼는가? 어떤 것이 나를 산만하게 하는가? 어떤 것이 나를 대충하도록 하는가?" 등을 포함한다.

　다음의 전략들은 학생들이 그들의 글쓰기를 점검하는 것을 돕는 데에 효과적인 것이다.

- 시간을 운영하기: 긴 시간이 걸리는 목표에 대한 계획 세우기
- 고쳐 쓰고 편집하기
- 글쓰기에 관련한 사회적인 자원 구축하기
- 주제를 선정하고, 활용하기
- 쓰기 지구력을 키우기

- 출간 준비하기
- 쓰기 과정 익히기

2. 학습 공동체 형성하기

최근 교실에서는 학습 공동체들을 잘 구성하고 있다. 학생들은 이런 환경에서 공동의 과업, 일상적인 것과 의례적인 것, 그리고 놀이의 상호 관계에 몰두하게 한다(Peterson, 1992). 교실은 더 이상 학생들에게 "자신의 글쓰기에만 집중하세요."라고 요구하는 공간이 아니다. 교사들은 학생들이 공동의 이익을 위해서 함께 노력하고, 지식을 함께 창출하는 경험을 하길 원한다. 지금의 교실들은 과거의 50년 전보다 더 수용적이고 더 상호 지원적인 공간이 되었다.

공동체에 대한 필요성은 학생들 사이에 집단 의식을 성장시킬 필요성에서 나왔다. 공동체를 통해서 삶을 공유하게 되고, 이를 통해서 유대감을 형성했다. 예를 들면, 즐거운 여행에 대한 기억을 잃어버린 이에게, 박물관에 데리고 가거나 애완용 쥐가 죽은 이와 함께 울어 본 경험들을 이야기할 수 있다. 다른 이에게 존경과 친애하는 마음으로 말을 하는 것이나 다른 이를 칭찬하는 것을 배우는 것도 포함한다. 그것은 문학 작품을 소리 내어 읽거나 독서 클럽 활동에서의 경험들도 포함한다. 그리고 그것은 교실에 있는 모든 구성원이 각자의 독특한 재능이 있는 것을 존중하는 것을 포함한다. 그리고 다른 이들이 성장하는 것을 돕는 헌신들도 포함한다. 이것은 의견 불일치가 없다는 것을 뜻하지는 않는다. 다만, 의견 불일치가 너그럽고 관대하게 다루어진다는 것을 의미한다.

학습 공동체를 구성하기 위한 초기의 책무는 교사에게 있다. 교사들은 교실에 기구들을 재배열하면서(예를 들면, 책상) 학생들이 함께 공부할 수 있는 환경을 조성한다. 교사들은 각각의 학생에게 교사들이 얼마나 최선을 다하는지 보여 준다. 특별히 쓰기 부진 학생은 더 많은 애정과 이해를 받게 된다. 교실에 있는 서가에 가는 것과 모임 활동을 하는 장소에서 선호하는 자리에 앉는 것이 허락된다. 화장실에 가는 것 그리고 식수대에 가는 것도 허락된다. 이런 관대한 분위기의 교실은 학생들에게 모든 방식으로 메시지를 전달한다. 우리는 공동체이고, 우리는 함께한다는 메시지를 말이다. 그러나 다른 측면에서는, 상반

된 모습으로 학생들을 대할 수도 있다. 예를 들면, 교사가 "숙제는 어디 있니? 또 연필을 잊어버린 거니? 새로운 책은 가져갈 수 없다. 점심시간까지 휴식은 없다."라고 말한다. 이런 교실에서는 쓰기 부진 학생들이 더 어려움을 겪을 수 있다. 정작 학생들은 친절하지만 확고한 교사에게 더 잘 배울 수 있다.

쓰기 공동체에서는 모든 구성원이 재능을 가지고 있다고 깨닫는다. 그리고 교사들은 학생들이 가지고 있는 학업적인 재능을 발견하도록 돕는다. 그리고 학업과는 관계가 없는 재능들도 발견하고 나누도록 격려한다. 예를 들면, 춤추기, 야구 방망이 휘두르기, 그리고 강아지 조련하기 등을 들 수 있다. 그들은 학업과 관련이 깊은 것 이외의 모든 재능이 다 가치가 있다는 것을 깨닫는다. 동물 다루는 방법을 아는 학생은 학문적인 재능은 부족한 것처럼 보일 수 있다. 하지만 훌륭한 수의사가 될 수도 있다. 장난감을 고치는 것을 좋아하는 학생은 훌륭한 목수가 될 수 있다. 교사들은 이처럼 학생들이 지닌 가능성을 모두 고려하면서 지도해야 한다. 학생들이 경쟁을 하지 않아도 된다는 것을 알 때, 그들은 최선의 것으로 서로에게 도움을 주며, 학습 공동체의 훌륭한 연주를 구성해 낼 수 있다. 반에서 따돌림을 받는 대신, 쓰기 부진 학생들은 각각의 재능을 가진 공동체의 동등한 구성원으로 인정받게 된다. 모든 공동체는 그 구성원들이 스스로의 모든 잠재 능력을 깨달을 수 있도록 지원해야 하는 책임이 있다.

도널드 그레이브즈(Donald Graves, 2001)는 "마치 어제가 존재하지 않은 것 같이 오늘을 시작하라."(p.42)라고 우리에게 제안한다. 그는 과거의 실수들을 잊어버리도록 마음과 생각을 열도록 조언한다. 그는 교사에게 쓰기 부진 학생이 수업에서 눈에 띄지 않게 배려하는 것이 필요하다고 말한다. 쓰기 부진 학생은 그렇지 않은 상황을 쉽게 직감하기 때문에 모든 학생들을 동등하게 가르쳐야 하는 것이다. 그는 모든 학생을 공평하게 가르쳤다. 학생들의 반응에 좀 더 허용적이 되었다. 교사들이 쓰기 부진 학생들에게 공평하게 대하는 날을 상상해 보라. 그리고 그들을 소중한 존재로서 대해 보라! 학생들에게 불편하고 귀찮아 하는 표정으로 대할 때 그들의 마음에 어떠한 상처들이 주었을지를 상상해 보라!

쓰기와 관련해서 공동체를 세우는 것은 시간을 필요로 한다. 또한, 교사들이 최선을 다하도록 요구한다. 교사들은 때때로 피곤하거나 혹은 걱정할 수 있다. 그러나 교사들은 이러한 것들을 이겨 낼 수 있다. 왜냐하면 공동체가 쓰기의 여러 상황들을 감당할 수 있게 하기 때문이다. 그 결과로, 우리는 몇 개의 다음 사항을 제언한다.

- 공동체를 형성하기 위해 선택한 문학 작품을 주의 깊게 사용한다. 이야기가 교실에서 학생들에게 유대감을 형성한다는 것을 확신해야 한다. 이것은 교사들이 자주 사용할 수 있는 텍스트임을 확신해야 한다. 학생들에게 그것을 반복적으로 읽어 준다.
- 학생들의 물리적인 요구들, 예를 들면 어디에 앉을지, 화장실 가는 규칙, 그리고 교실에서의 이동 등에 대한 내용을 생각한다. 물을 마시는 것은 권리가 되어야 하지 특권이 되어서는 안 된다. 왜냐하면 물을 충분히 먹으면 두뇌가 활성화되어 생각을 더 잘해 내기 때문이다.
- 쓰기 부진을 겪는 학생들이 아침에 등교해서 학교 상황(삶의 부분)에서 힘을 내도록 학생들을 맞이해야 한다. 그리고 특별한 관심을 필요로 하는 환경에서 학생들에게 도움을 주고 있는지를 점검해야 한다.
- 학생의 수준에 맞춤으로써 교실에서 쉽게 변화를 일으킬 수 있다는 것을 명심한다.
- 가끔 학급 회의에 참여할 수 있도록 쓰기 부진 학생들을 지도한다. 이를 통해서 자기 자신을 소중하게 생각하고, 그리고 친구들의 의견을 존중하도록 할 수 있다.
- 학생을 화가 난 상태에서 부르지 않는다.
- 다른 학생들 앞에서 혼내지 않는다.

　교사들은 우리의 교실이 또 하나의 거대한 공동체의 한 부분이라고 생각한다. 나는 이러한 부분을 이전의 장에서 간략하게 다룬 적이 있다. 노인 복지관에 있는 사람들은 학생들의 쓰기 작품이나 반응들을 읽으려고 할 것이다. 그들은 학생들에게 기꺼이 인터뷰 받으려고 할 것이다. 지역의 서점들은 학생들을 위해서 작가와의 대화 행사를 주최할 것이다. 지역의 도서관들은 학생들의 쓰기 작품을 전시하거나 학생들의 지역 공동체에 묻고 싶은 질문들을 붙여 둘 것이다. 우리가 쓰기를 위한 공동체를 형성했을 때, 우리는 학생들이 쓰기가 현대적인 삶의 한 부분이며 다른 이들과 소통하는 방법 중에 하나라는 것을 알도록 도울 수 있다. 또한 우리는 학생들에게 좋은 쓰기 지도를 통해서 사회에 참여하고 있다고 생각하게 도울 수 있다.

3. 쓰기 워크숍에서 최선의 수업 만들기

때때로 몇몇의 교사들은 쓰기 워크숍이 쓰기 부진 학생들에게 부적절할 수 있다고 말한다. 그 교사들은 쓰기 부진 학생들이 부담을 견디지 못하고, 독립적으로 하지 못하며, 마감기한을 맞추지 못한다고 주장한다. 또한 쓰기 부진 학생들이 스스로 아이디어를 찾아내거나, 원고를 마치거나, 혹은 쓰기에 관련한 관습들을 활용하지 못한다고 우려한다. 나는 이러한 교사들과 학생들을 생각하면 굉장히 마음이 불편하다. 이러한 교사들은 쓰기 워크숍 수업의 깊이와 그 폭을 제대로 이해하지 못하고 있다고 생각한다. 쓰기 워크숍은 대부분 단순하고 자유분방해 보이지만 체계적으로 구조화되어 있고, 꼼꼼하게 계획되어 있다. 이러한 기준들에 부합되지 않는 쓰기 워크숍 지도는 수정이 필요하다. 쓰기 워크숍에서의 최선 수업(Best Practices)은 분명하고, 정확하며, 그리고 지속적이다. 쓰기 부진 학생들이 필요로 하는 것은 엄격한 수업이다.

쓰기 워크숍은 교사들에게 최선의 것을 요구한다. 쓰기 워크숍의 교사들은 그들의 학생과 글쓰기를 잘 알아야 한다. 교사 대부분은 스스로가 잘 쓰도록 배우지 않았기 때문에 이러한 것들이 교사들에게 높은 기준을 형성한다. 이를 위해서 지난 십 년 동안 많은 교육자들은 교사들에게 쓰기를 연구하는 방법, 학생들의 요구에 맞추기 위한 쓰기 지도하는 방법, 쓰기 지식을 사용하는 방법 등을 가르쳤다.

교사가 수업을 이끄는 시대는 지나갔다. 쓰기에 부진을 겪는 학생들을 가르치기 위한 최선의 방법은 학생들이 관심 있는 주제에 대해서 생각하게 하고 그러한 주제들에 대해서 쓰도록 하는 것이다.

학생들은 글쓰기에 많은 이유로 고전한다. 쓰기에 어려움을 겪는 이유가 이 책에서 제시된 이외에도 많이 있다. 일반적인 교실에서 학생들은 쓰기의 어려움과 장애물이 많이 있을지 모른다. 학생들이 교실에서 마주칠 수 있는 요구들을 분명히 하기 위해서나 추가적인 지원을 필요로 하는지를 확인하고자 한다면 추가적인 평가가 필요할지도 모른다.

학생들에게 학습한 내용에 대해서 자기 점검을 하도록 하는 것은 학습하는 방법을 가르치기 위한 훌륭한 전략이 될 수 있다. 학습 공동체와 교사들이 명확하고 현명한 지원과 쓰기 지도를 할 때, 쓰기 부진 학생들은 그들의 권리에 맞는 글을 잘 쓸 수 있을 것이다.

자기 조절 전략, 학습 공동체, 쓰기 워크숍의 지도 원리

- 교사는 학생들이 자기 조절 전략을 개발해서 스스로의 쓰기를 할 수 있도록 가르친다.
- 교사는 학기 초에 학습 공동체를 구성하고 모든 학생들을 지원하는 데에 그것을 활용한다.
- 교사는 연구 자료를 공부하면서 전문성을 유지해야 한다.
- 교사는 자기 자신의 쓰기 어려움을 점검해야 한다.

9장. 쓰기 부진아를 위한 수업

　나는 글쓰기 지도를 위해 4학년 교실을 방문하였다. 그날 학생들에게 가르칠 내용을 설명한 후에, 쓰기 활동에 참여하라고 말하였다. 그러자 7명의 학생들이 내 뒤에서 투덜대면서 "다시 말해 주실 수 있어요? 뭘 해야 하죠? 잘 모르겠어요."라고 말한다. 학생들은 혼란스러운 표정으로 나를 보고 있다. 나는 무엇인가 잘못되었다고 생각했다. 내 지도가 충분히 명시적이고 구체적이라고 생각했지만 그렇지 않았다.

　이럴 때 교사는 "왜 모르지? 쉬워. 그냥 이렇게 하면 돼."라고 쉽게 이야기를 하지만, 이렇게 말을 하는 것은 학생들에게 별다른 도움을 주지 못한다. 학생들이 무엇을 이해 못했는지 알고 있다면 나에게 구체적으로 어려움에 대해 이야기를 했을 것이다. 이런 경우 학생들이 잘못 이해했다고 할 수 있지만 교사들의 업무는 학생들을 가르치는 것이다. 그래서 교사가 갖추어야 하는 전문성은 자신의 수업을 돌아보고 수업에 대해 연구하는 것이다.

　이런 일은 교실에서 우리가 생각하는 것보다 많이 발생한다. 교사들은 쓰기 전략과 과정에 대한 교수가 학생들이 더 잘 쓰는 데 도움을 주기 때문에 현시적 교수가 쓰기 워크숍에서 중요한 요소라는 것을 알고 있다. 하지만, 일부 연구는 쓰기 부진 학생이 쓰기 워크숍에서 열심히 참여하지 못할 것이라고 말한다(Troia, Lin, Monroe, & Cohen, 2009). 그런 연구에서는 너무 많은 선택 가능성과 적은 대면 지도로, 쓰기 부진 학생이 학습의 길을 잃는다는 것을 보여 준다. 또한 교사들이 구체적인 쓰기 전략을 가르칠 때 전체 학급을 대상으로 가르치고 있다고 한다.

글래스웰(Glasswell, 1999)의 연구에서 "제대로 계획되지 않은 지도와 제한된 개별 지도"로 학생들의 학습 능력이 점점 더 차이가 벌어진다는 것을 보여 준다(Troia 외., 2009, p.98). 수업에서 정밀함의 부족은 쓰기 부진 학생이 수업 내용을 이해하기 힘들게 한다. 그래서 교사들은 모든 학생들이 개념을 이해하기 위해 수업을 더 명확하게 하고 필요하면 개별화된 지도를 고려하는 것이 필요하다.

게다가 연구자들이 쓰기 워크숍에 대해 언급한 한 가지 단점은 교사들은 단원 전체를 학습하는 것을 의미 있는 쓰기 지도로 생각한다는 것이다. 교사들은 학생들의 쓰기에 대해 중요한 피드백을 주기보다는 단원을 마무리하는 것이 의미가 있다고 생각하는 경향이 있다(Troia 외, 2009). 쓰기 부진 학생은 목표를 설정하고, 과정을 점검하고, 자신의 쓰기 과정을 평가하는 방법에 대한 지도가 필요하다. 그 이유는 이러한 과정을 쓰기 부진 학생이 스스로 한 적이 없고, "좋은 글쓰기는 자기 조절의 이러한 요소가 중요"(Troia 외, 2009, p.99)하기 때문이다. 일부 쓰기 워크숍을 활용하는 교사들은 학생들의 이러한 능력을 신장하기 위해 노력하지 않는다.

이런 연구는 쓰기 워크숍이 쓰기 부진 학생에게 적합하지 않는다는 것이 아니라, 교사들이 수업을 계획하면서 고려해야 할 내용에 대해 시사점을 준다. 또한 쓰기 부진학생과 유능한 학습자들의 차이를 줄이기 위한 수업 계획의 필요성을 강조한다.

1. 쓰기 부진아를 고려한 수업

나는 대부분 훌륭한 교사들을 관찰하면서 수업에 대해 배운다. 오랫동안 나는 학생들의 필요에 대해 세심하게 귀를 기울이고, 교육 과정의 내용에 정합하게 수업을 진행하는 교사들에게 많은 것을 배워 왔다. 이런 수업은 학생들에게 쓰기 학습 내용을 전달하는 최선의 방식을 결정하고, 모든 학습자를 지원하며 하나의 교수 주안점에 집중하는 교사들의 능력에 달려 있다. 그것은 어렵지만 실천할 수 있고 학생들에게 매우 흥미롭고 쓰기 능력을 신장할 수 있다.

『수업의 본질(Teaching Essentials)』(2008) 책에서 리지 라우트만(Regie Routman)은 눈여겨볼 만한 수업 방법을 말한다. 리지는 "수업 전문가(Experts at smartness)"가 되어야 한다고 말한다. 수업 전문가는 학생들의 학습 과정과 학습에 대한 교수 방법을 어떻게 계획할지 알고 있어야 한다. 또한 리지는 학생들이 독립적이고 스스로 학습할 수 있도록 가르쳐야 한다고 말한다. 교사들은 수업의 맥락을 위해 사전 준비를 많이 해야 하고, 수업을 점검하며 시범을 보일 때 공유할 수 있는 경험을 제공해야 한다. 따라서 교사가 수업에 대해 잘 준비되어 있어야 즐거운 학습이 가능하다.

수업에서 중요한 것은 하나의 핵심을 선택하고 그것을 고수하는 것이다. 이것은 생각만큼 쉽지는 않다. 교사들이 수업을 할 때, 다음에 제시하기 위한 다른 예시들에 대한 생각을 하거나, 자신에게 일어나는 것을 회상하거나, 학생들의 발표에 의해 방해를 받고 갑자기 옆길로 빠지기도 한다. 실제 나는 그런 수업을 하는 교사들을 많이 보았다. 그러므로 교사들은 먼저 하나의 수업 주안점을 다른 것과 구분하고, 그때 그것이 전체 수업에서 충분히 중요한 것인지 확인한다. 그 뒤에 다음과 같이 수업을 해야 한다.

- 교사는 학생들에게 글을 쓰면서 활용할 수 있는 전략을 제공한다.
- 쓰기에 대해 다른 사람들과 이야기할 기회를 준다.
- 학생들이 쓰기 과제를 마음속으로 상상하도록 도와준다.
- 학생들이 활용할 수 있는 쓰기 전략들을 추가한다.

좋은 수업이 보이기에는 단순해 보이지만 결코 단순하지 않다. 예를 들어 연주를 잘하는 음악가는 이미 능숙하게 연주를 하기 때문에 관람하는 사람들은 악기를 연주하는 것이 얼마나 어려운지를 모른다. 하지만 매일 오랜 시간동안 연습해 왔기 때문에 능숙한 연주자가 될 수 있었다. 마찬가지로 좋은 수업을 하기 위해서는 꾸준히 연습을 하는 것이 필요하다.

왜 수업은 리허설을 하지 않는가? 많은 교사는 가르쳐야 할 내용에 대해 알고 있는 것보다 수업 준비를 적게 하고 있다. 나는 다른 교사들이 준비해 놓은 자료들을 수업에 대한 고민 없이 그대로 사용하는 교사들에 대해 걱정하지 않을 수 없다. 이것은 수업이 아니다.

그러므로 나는 교사들이 수업 리허설을 하는 것이 필요하다고 생각한다. 자신의 수업을 녹화하고 수업의 문제점을 확인해야 한다. 모든 수업의 계획과 실천은 다음의 양상을 고려한다.

- 전시 학습 내용과 본 차시 내용을 어떻게 연계할 것인가?
- 학생들에게 가르쳐야 할 내용을 어떻게 시범을 보이고 예를 들어 설명할 것인가?
- 수업 시간에 사용할 자료는 무엇이고 왜 사용하는가?
- 수업 시간에 가르치고 있는 내용을 학생들이 어떻게 실천하고 진행하는가?
- 학습 내용에 대한 평가 방법은 무엇인가?
- 쓰기 수업을 하는 동안 학생들에게 무엇을 기대할 것인가?

또한 학생들이 수업에 집중하도록 학급 규칙을 정하고 그 내용을 학생들 모두가 이해하고 있어야 한다. 예를 들어, 한 학생이 늦게 교실로 들어왔다면, 조용히 자기 자리로 가게 한다. 교과 전담 선생님이 수업을 위해 교실로 왔다면, 학생들은 조용히 수업을 할 준비를 한다. 그리고 학생이 연필과 종이가 필요하다면, 교실 교구함에 준비를 해 두고 가져갈 수 있도록 한다. 그리고 학생들이 집중할 수 있도록 신호를 사용해야 한다. 내가 방문했던 교실에서 신호를 잘 사용하는 교사를 보았다. 어떤 일이 발생하든지 교사는 수업을 지속하기 위해 신호를 사용하고 학생들은 신호에 따라 수업에 잘 참여했다. 이러한 수업에서 학생들은 수업에 집중하는 것이 얼마나 중요한지 알게 된다.

〈수업 중 쓰기 부진아 지도하기〉

교사는 수업을 시작하기 전에 부진 학생을 지원할 준비를 해야 한다. 쓰기 부진 학생에게 3분 후에 쓰기 워크숍을 시작한다는 것을 안내해야 한다. 학생들에게 화장실을 다녀오도록 하고, 수업에 필요한 준비물을 준비하도록 한다. 그리고 편안한 공간에 앉게 한다. 수업 집중을 방해하는 모든 것을 정리한다. 교사들은 쓰기 부진 학생이 있는 소집단에 활동지를 주고, 수업에 대한 간단한 안내문을 준다. 이러한 안내로 인해 쓰기 부진 학생은 수업에 집중할 수 있을 것이다. 교사가 교육 연극이나 시범 보이기를 한다면, 학습 효과를 높이기 위해 많은 준비를 해야 한다. 수업을 하면서 쓰기 부진 학생을 격려하고, 쓰기 전략을 잘 활용하고 있는지 확인한다.

교사들은 수업을 하면서 학생들을 가르치고 있다는 것을 명심해야 한다. 학생들에게 실수는 자연스러운 것이다. 그래서 쓰기 부진 학생이 연필과 종이를 가져오는 것을 잊었을 때는 화를 내지 않고 교사가 제공한다. 그리고 자신이 쓴 글을 공유할 친구가 없을 때에는 친구가 되어 주어야 한다. 학생들이 답을 말하지 못할 경우에는 힌트를 제공하고 자신의 생각을 교사에게 이야기 할 수 있도록 한다. 그리고 모든 학생들에게 관심을 가져야 한다.

2. 쓰기 부진아를 위한 쓰기 수업 설계

개별화 지도(Tomlinson, 1999, 2004; Tomlinson & McTighe, 2006; Wormeli, 2007)는 대부분의 교실에서 학습 효과를 높이기 위해 많이 활용된다. 수업 중 개별화 지도를 실천하기가 어렵지만, 많은 연구가 개별화 쓰기 과제가 중요하다고 강조한다. 개별화 지도에 대해 강조하는 캐롤 앤 톰린스(Carol Ann Tomlinson)는 "교사들 역시 인간이다. 교사라는 직업의 핵심은 수업의 운영과 학생 지원에 대한 전문성을 갖추고, 교육 과정이 학습 과정에 열심히 참여하는 학생들을 위한 촉매제로 운영되게 하는 것이다." (Tomlinson & McTighe, 2006, p. 39)라고 말했다.

교사들은 수업에서 학생들을 위한 교수 학습 설계에 대해 많은 관심을 가지고 있다. 많은 교사는 개별화 지도가 학생들을 동일한 기준으로 평가하지 못한다는 이유로 반대하기도 한다. 교사의 책무는 개별 학생이 학습에 대한 이해를 할 수 있도록 도움을 주는 것이다. 릭 우멜리(Rick Wormeli, 2006)는 "공정한 것이 항상 평등한 것이 아니다."라고 그의 책에서 말한다. 일부 학생들은 더 많은 지원이 필요할지 모른다. 교사는 수업을 하면서 가장 중요한 핵심을 강조하고 학생들이 수업에 의해 지적으로 더 풍부해질 수 있는 방법에 대해 생각해야 한다.

두 번째 반대 의견은 개별화 지도가 너무 많은 시간이 걸린다는 것이다. 준비 시간이 너무 많이 걸리는가? 점검하는 시간이 너무 많이 걸리는가? 교사가 하고 싶어 하는 모든 것들을 할 시간이 결코 충분하지 않기 때문에 이런 질문에 답을 하기는 힘들다. 우리는 수업에 대해 준비하고 고민할 시간이 충분히 있지만 수업을 위해 시간을 투자하지 않는다. 수업 계획에 대한 고민하는 시간을 투자한다면 정밀한 수업을 할 수 있을 것이다.

수업 설계는 일부 학생들을 위해 반복적으로 진행하는 것처럼 단순한 것일지도 모른다.

어떤 사람은 많이 들어야 이해하기 쉬운 경향이 있다. 다른 사람들은 쉽게 잊어버리지 않으려고 글로 적으려고 한다. 수업을 계획하는 것은 수업의 핵심 내용을 명확하게 설명하고 전시 학습에서 배운 내용을 검토하고 학습할 내용에 도움을 줄 수 있는 자료를 제공하는 것과 관련된다. [표 Ⅱ-2]는 일부 수업 계획에서 겪는 어려움에 대해 제시하였다. 그리고 가능한 해결 방안을 제시하였다.

[표 Ⅱ-2] 쓰기 부진아를 위한 쓰기 수업 설계

수업 설계 요인	교사가 고려할 점	수업 설계 방안
수업 내용	• 때로는 수업 설계를 고려하면서 수업이 길어지지는 않을까? • 교사의 바쁜 업무 때문에 쓰기 부진 학생을 위한 수업 설계 시간을 어떻게 확보하는가? • 다른 학생들에게 피해를 주지 않고 쓰기 부진 학생을 어떻게 지도할 수 있는가?	• 교사는 연구된 다양한 예시 자료와 관련 도서를 활용하여 시간에 알맞게 수업을 진행할 수 있도록 설계한다. • 쓰기 부진 학생에게 필요한 수업 내용에 대해 평소에 메모를 하고 수업 설계를 할 수 있는 시간을 미리 계획하여 활용한다. • 쓰기 부진 학생을 수시로 면담하고 모둠 활동을 통해 동료 학생들에게 도움을 받을 수 있도록 한다.
수업 내용	• 모든 학생의 요구를 수용하는 엄밀한 수업을 어떻게 설계할 수 있는가? • 교사가 계획한 수업 설계가 타당하다고 어떻게 확신할 수 있는가? • 수업 설계를 하면서 고려해야 하는 요소가 무엇인가?	• 수업의 핵심 내용에 대해 초점을 맞추고 정확한 예시와 학생 수준에 적합한 텍스트를 사용한다. • 다양한 교수 학습 방법을 활용하더라도 수업의 핵심 내용에 대해 일관성을 가질 수 있도록 점검한다. • 수업 설계를 하면서 학습의 양, 쓰기 과제 소요 시간을 고려한다.
교실 관리	• 쓰기 부진 학생을 지도하는 데 시간이 많이 걸려서 다른 학생에 대해 관심이 줄지 않을까? • 쓰기 부진 학생에게 지도가 필요한 것인지 교사의 관심이 필요한 것인지 어떻게 판단하는가?	• 쓰기 부진 학생이 수업 중 활용할 수 있는 보충 학습지를 만들어 공책에 붙일 수 있게 한다. • 교사의 관심이 필요한 쓰기 부진 학생은 자기 존중을 기르는 것이 필요하다. • 학급 학생이 모두 참여할 수 있는 학습 공동체를 만들어 활용한다.

	• 쓰기 부진 학생에 대해 개인 지도를 하면서 학급이 소란스럽지 않을까? • 쓰기 부진 학생이 과제를 제대로 하지 않아서 수업에 방해가 되지 않을까?	• 교사는 쓰기 부진 학생이 자기 조절 전략을 향상하기 위한 계획을 세운다. • 쓰기 과제에 집중을 잘하는 학생 옆에 쓰기 부진 학생을 앉힌다.
수업 자료의 사용	• 수업을 위한 자료를 어디에서 얻을 것인가? • 쓰기 부진 학생을 위한 수업 자료를 만들 때 무엇을 고려해야 하는가?	• 쓰기와 관련된 지도 도서를 참고한다. • 쓰기 부진 학생을 위한 자료를 만들 때에는 쓰기의 양, 글씨 크기, 단어 선택, 텍스트 사용을 고려한다.
지속적 평가	• 수업 설계의 의도가 학생들의 학습 결과에 잘 반영되었는가? • 모든 학생을 공평하게 잘 지도하였는가?	• 쓰기 결과물을 포트폴리오를 통해 글쓰기 능력 향상 과정을 점검한다. • 학생들의 쓰기 향상 정도를 기록하고, 소집단 활동에서 참여 정도를 확인한다.

〈쓰기 수업에서 유용한 피드백〉

교사들이 만들 수 있는 수업 설계의 유형은 다양하고 많다. 수업 설계의 유형은 내용과 과정부터 과제의 길이와 양까지 다양하게 고려할 수 있다. 그중 쓰기 부진 학생에게 가장 도움을 주는 것은 글쓰기에 대한 유용한 피드백이다. 쓰기 부진 학생은 종종 자신의 쓰기를 진행하는 방법과 고쳐 쓰고 편집하는 방법에 대해 알지 못한다. 교사들이 형편없이 쓴 내용을 확인할 때, 더 좋은 글을 쓰기 위한 구체적인 피드백을 하지 않고 있다. 학생들의 과제를 살펴보면서 교사들은 쓰기 부진 학생을 위한 유용한 피드백을 다시 고려해야 한다.

나는 쓰기 부진 학생에게 학생들이 쓴 글을 빨간펜으로 수정하려고 하는 "빨간 펜 증후군"(red pen syndrome)과 같은 피드백을 강조하는 것이 아니다. 하지만 협의를 하면서 대화를 통해 피드백을 주지만, 문자 피드백은 더 효과적일 수 있다(10장 참고). 나는 쓰기에 대한 문자 피드백을 학생들의 쓰기 결과물에 스테이플러를 활용하여 부착하는 것을 추천한다. 이것은 교사의 피드백이 맞춤법을 교정하는 것에 초점을 두지 않게 한다.

콜린스(James L. Collins, 1998)는 학생들에게 쓰기 동료 학습자가 필요하다고 말한

다. 동료 학습자와 학습하는 관계를 통해 작가와 편집자의 관계를 경험할 수 있다. 작가 역할을 하는 학생은 쓰고, 편집자 역할의 학생은 읽는다. 그리고 편집자 역할을 하는 학생은 작가가 쓴 부분이 문법적으로 오류가 있거나 이해하기 어려운 부분에 대한 논평을 쓴다. 작가는 편집자의 논평을 신중하게 받아들인다. 이런 활동으로 학생들이 상대방의 글에 대해 교정을 하기보다는 협력적으로 이해할 수 있다. 그리고 학생들은 자신의 글쓰기 능력을 향상하기 위한 방법으로 피드백을 활용할 수 있다.

그리고 콜린스는 교사들이 쓰기 과정에 집중하면서 쓰기 지도의 기초를 형성하는 기능을 무시하는 경향이 있다고 언급하였다. 그는 "...거시적인 접근에서, 구체적인 쓰기 기능과 규칙에 대해 가르치는 전통적인 수업으로 돌아가는 것이 아니라.... 교사들은 학생들에게 자신의 쓰기 과정과 기능을 통제하는 것을 가르쳐야 한다."라고 말한다(1998, p.15). 쓰기에서 꼭 필요한 기능에 대한 자기 연습과 자기 조절은 쓰기 부진 학생에게 도움이 될 것이다.

나는 교사들이 학생들이 쓴 글을 보면서 긍정적인 부분을 찾을 수 있어야 한다고 생각한다. 교사가 학생들의 글에 대해 부정적으로 피드백을 주는 것은 옳지 않다. 교사들은 학생들을 지도하고 가르치는 것뿐만 아니라, 학생들의 쓰기를 향상시키기 위해 도움을 제공해야 한다. 학생들의 글에 "빨간 볼펜으로 표시하는(red-penning)" 오래된 방법을 멈춘다면 긍정적인 피드백을 시작할 수 있다.

표 II-3 **쓰기 부진아를 고려한 쓰기 수업 계획**

- 쓰기를 지도하는 동안 쓰기 부진 학생을 교사 주변에 앉도록 한다. 그리고 학생들이 가르친 것을 연습하면서 배울 수 있도록 지도한다.
- 학생들이 쓰기 과제를 마치기 전에 학생들이 다음에 할 활동을 구체적으로 안내한다.
- 학생들이 쓰기 전에 계획을 세우도록 도와준다.
- 쓰기 부진 학생에게 적합한 체크리스트를 만들고 학생들과 함께 평가한다.
- 학생들에게 "삶의 이야기"를 탐구하도록 가르친다.
- 학생의 수준에 적합한 글쓰기 과제를 제시한다.
- 전시를 위해 처음부터 다시 고쳐 쓰게 하지 않도록 한다.
- 학생들에게 배운 것을 이야기하게 한다.
- 수업에 대한 내용을 예를 들어 설명할 때, 공유된 학급 경험을 사용한다.
- 모범 글을 선택하고 반복적으로 사용한다.
- 새로운 어휘를 사용하고 새로운 어휘의 의미를 쓰기 부진 학생이 잘 이해할 수 있도록 동의어를 제시한다.
- 쓰기 부진 학생이 해야 하는 과제를 차트에 쓴다.
- 각 수업에는 하나의 중요한 교수 주안점을 두어야 한다.
- 전시 학습과 본 차시 학습의 연계성을 강화한다.
- 교사가 가르치고 있는 것을 학생들이 왜 알아야 하는지 설명한다.
- 학생들에게 자주 칭찬해 준다.
- 쓰기 수업을 하기 5분 전에 수업 준비를 하도록 한다.
- 학생의 쓰기 지구력 수준에 따라서 과제의 양을 조정한다.

3. 쓰기 부진아를 위한 자기 점검

우리는 모두 자기 점검을 한다. 그것은 학문적인 성공뿐만 아니라 살아가면서도 중요하다. 나의 어머니는 무의식적으로 자기 점검을 해 오셨다. 굳이 목록 없이도 식료품을 샀다. 결코 어떤 것도 잊지 않았다. 나의 어머니와 달리 나는 메모하지 않고, 해야 할 일을 냉장고에 붙이지 않으면 일을 마치지 못한다. 나는 자기 점검을 잘 못하기 때문에 해야 할 일을 메모한다.

자기 점검은 해야 할 일에 대해 목록을 만들고 빼는 것보다 더 많은 의미를 가진다. 하지만 자기 점검은 학급에서 해야 할 것을 기억하는 데 어려움을 겪는 쓰기 부진 학생들을 위한 학습 전략으로 도움이 된다. 그리고 교사들은 학생들에게 학습 계획표를 만들도록 지도하고, 일부 학생들은 자기 점검에 대한 구체적인 도움이 필요할 것이다. 학생들은 매일 짧게 성취할 수 있는 목표와 주 단위의 계획을 세우는 것도 필요하다. 그리고 목표를 달성하는 것에 대한 가시적인 결과와 보상이 필요하다.

쓰기 부진 학생을 위한 자기 조절은 많은 연구에서 나타난다. 학생들은 사회 수업 시간에 배운 내용을 공책에 정리하는 방법, 수학 과제를 해결하는 방법, 자기 과제를 기억하는 방법이 필요할 것이다. 학생들에게 동시에 하나 이상을 가르치지 말고, 자기 점검을 위한 목록에 3가지 이상의 항목을 적지 않는다.

[표 Ⅱ-4] **쓰기 부진아를 위한 자기 점검 기술**

- 나는 항상 학교에 펜과 쓰기 결과물을 갖고 온다. 자기 전에 책가방을 확인한다.
- 나는 파일 폴더 안에 쓰기 과제물과 공책을 넣어 둔다.
- 나는 책을 읽다가 마음에 드는 단어가 있다면 메모해 둔다.
- 나는 쓰기를 마무리하기 전에 친구, 선생님과 과제를 다시 확인한다.
- 나는 쓰기를 하면서 집중에 방해되는 것을 없앤다.
- 나는 쓰기를 하면서 움직이지 않고 물을 마시기 위해 병에 물을 떠 놓는다.
- 나는 매일 쓰기 목표를 세운다.
- 나는 자신이 쓴 글을 다시 읽어 본다.
- 나는 수업 시간에 배운 쓰기 기능을 연습한다.
- 나는 자신이 쓴 글에 대해 자부심을 가진다.

모든 학생은 최고의 수업을 받을 만한 자격이 있다. 교사는 정밀하고 명확한 하나의 수업 주안점에 집중하고, 학생들의 학습을 향상할 수 있도록 충분한 지원을 제공해야 한다. 수업 주안점은 학생들에게 의미 있고 도전적인 것이어야 한다. 학생들이 이미 알고 있는 내용을 가르치면서 학생들을 지루하게 만들어서는 안 된다. 교사는 쓰기 부진 학생을 위한 최고의 수업을 생각해야 한다. 그러나 많은 학습 양을 제공하여 쓰기 부진 학생이 열등감이나 소외감을 느껴서는 안 된다. 교사는 학생들의 학습 동기를 부여하기 위한 최선의 조건을 만들어야 한다. 결국, 교사는 학생들의 문식성을 높여 주기 위해 학생들의 실제 경험을 활용하여 수업을 해야 한다.

쓰기 부진 학생을 위한 수업 계획과 실천 원리
• 교사는 학생들의 자기 조절 능력 향상을 위해 협의하기를 활용한다.
• 교사는 수업 중 쓰기 부진 학생에게 필요한 목록을 정리해 둔다.
• 교사는 쓰기 부진 학생에게 인내심을 갖고 부드러운 태도로 대한다.
• 교사 자신이 쓰기 어려움을 겪었던 경험을 활용하여 지도한다.

10장. 협의하기와 소집단 활동

    최근에 나는 4학년과 5학년 담임 교사들을 만났다. 그들은 학생들의 글쓰기에 대한 걱정들을 토로하고 있었다. 우리는 학생들을 도울 수 있는 수업 구조에 대해서 이야기했다. 그리고 교사들이 협의하기 활동을 어떻게 생각하는지에 대해 질문했다. 그러자 잠시 정적이 흘렀다.

    내가 "협의하기는 학생들을 개별적으로 가르치기 위해 일대일로 한 명씩 학생을 만나는 것입니다."라고 말하자 침묵이 더 깊어졌다.

    그리고 한 교사가 답했다.

    "우리들은 협의하기를 하지 않아요. 우리에게 시간이 없기 때문이죠."

    나는 최대한 친절하게 말했다.

    "만약 교사가 학생들과 함께 협의하기를 하지 않는다면, 학생들의 쓰기 실력이 향상되는 것은 불가능할지도 몰라요."

    이러한 논의를 더 부드럽게 이야기할 만한 여지는 없었다. 협의하기는 기간을 두고 학생들을 위해서 할 수 있는 최선의 지도 방법이다.

칼 앤더슨은 협의하기에 관해 오랫동안 전문적인 활동을 해 왔다. 그의 최근 연구들은 다양한 유형의 협의하기에 대한 정보를 우리에게 제공한다(Anderson, 2009). 이것은 교사들이 겪는 협의하기의 어려움에 대한 해결책을 제시하는 연구이다. 협의하기는 학생들이 쓰기를 하는지 안 하는지 확인하는 것이 아니며, 학생들의 글을 수정해서 되돌려 주는 것도 아니다. 협의하기는 교사에게 부담을 주는 것이 아니라 학생들에게 스스로 점검하는 기회를 주는 것이다. 협의하기는 교사가 작가로서의 학생들을 깊이 이해하고, 개별적인 쓰기 지도를 할 수 있는 최선의 방법이다. 그러므로 협의하기는 모든 학생에게 중요하지만, 특히나 쓰기 부진 학생들에게는 필수적이다.

　체계적인 수업 계획은 세 가지 방식의 지도를 포함한다. 첫째, 모든 학생이 반드시 배워야 하는 개념이나 절차를 지도하는 전체 지도이다. 둘째, 더 풍부하게 지도하고 지원하며, 흥미를 유발하도록 지도하기 위한 소집단 지도이다. 셋째, 교사가 글을 쓰고 생각하고 학습하는 학생들을 알아 갈 수 있는 개별 지도이다(Angelillo, 2008b).

　이러한 요소들 중에 어떤 것이라도 부족하면, 학습이 나빠진다. 교사들은 이러한 세 가지 요소들을 관리하는 것을 목표로 삼아야 한다.

1. 협의하기

가. 대화를 통한 협의하기

　협의하기는 대화이다. 협의하기는 일대일 지도이지만, 지도의 초점은 두 필자 간의 대화에서 시작된다. 대체로 나는 친구와 커피를 마시며 나의 글에 대해 이야기를 한다. 이처럼 교실에서도 협의하기를 할 수 있다. 나는 학생 옆으로 다가가서 학생들에게 자신이 쓴 글에 대해서 이야기하도록 부탁한다. 나는 학생들과 협의하기를 할 때 학생들에게 깊은 관심을 가진다는 것을 보여 주기 때문에 협의하기에는 신뢰와 존중이 함께한다(Anderson, 2000).

　나는 학생이 쓴 글의 완벽함에 관심이 있는 것이 아니라, 학생이 훌륭한 작가로서 성장하기 위해 무엇을 필요로 하는지에 관심이 있다. 완성된 글을 무시하는 것은 아니지만, 나는 완성된 글도 작가로 성장하기 위해 학생이 필요로 하는 것이 무엇인지를 결정하기 위해 활용한다.

루시 캘킨스(Lucy Calkins, 1994)는 우리에게 다음과 같이 말한다. "우리의 결정들은 반드시 '이 글에 어떠한 도움이 필요한가' 보다 '이 작가에게 어떠한 도움이 필요한가'에 대한 안내여야 한다"(p.228). 교사가 직접 학생의 글을 교정해 줄 수 있지만 그렇게 되면 학생들은 교사가 글을 교정해 줄 수 있다는 사실 이외에는 아무런 것도 배울 수 없게 된다. 캘킨스는 이런 방식의 지도는 학생들이 스스로 사고할 수 있다는 믿음을 잃게 할 수도 있으므로 부적절하다고 말한다.

교사와 학생 모두에게 협의하기는 중요하다. 교사들에게 매번 협의하기를 하는 것이 힘들 수도 있지만, 이것이 협의하기를 전혀 하지 않는 변명이 되어서는 안 된다. 협의하기에서는 학생들의 요구에 맞추어 지도를 하기 때문에 쓰기 부진 학생들은 협의하기를 통해서 가장 많이 배울 수 있다. 협의하기는 교사가 다른 학생과 협의하는 동안에도 학생들이 독립적으로 활동하며 서로 학습할 수 있도록 수업 구조로서 가르쳐야 한다. 교사의 개입이나 주의를 지속적으로 요구하는 학급에서는 협의하기가 어려울 수밖에 없다. 이런 경우 교사는 학생들이 협의하기 활동을 존중하도록 돕는 환경을 조성하기 위해 무엇이 필요한지 알아야 한다. 교사들은 관리자나 동료들에게 도움을 구할 수도 있는데, 그 해결책이 협의하기를 포기하는 것이 되어서는 안 된다. 학생들은 협의하기가 수업을 방해하는 것이 아니며, 모든 학생이 교사와 의논하는 시간을 공평하게 부여받는다는 것을 학기 초부터 배워야 한다.

아래 글은 담임 교사가 5학년 쓰기 부진 학생인 이삭(Isaac)과 협의하기를 한 내용이다. 담임 교사는 이삭에게 회고록(memoir)을 쓰기 위해 정보를 모으는 방법을 반복해서 지도하지 않았다. 대신 담임 교사는 이전에 협의하기를 하면서 기록해 두었던 메모와 대화 내용을 기초로 하여, 이삭이 글을 쓸 때 필요한 것을 발견하도록 도와주기 위해 시간을 보냈다. 이러한 과정은 일회적으로 할 수는 없고 협의를 통해서 지속적으로 해야 하는 것이다.

교사: (학생의 건너편에 앉아서 글쓰기 공책을 펼치고 있다.) 안녕, 오늘 네가 쓰고 있는 글에 대해서 이야기를 해 주렴.

학생: 좋아요. 저는 우리 집 강아지에 대해 쓰고 있어요.

교사: 오 정말 대단한 걸. 그것은 글쓰기 공책에 적은 메모니? 아니면 네 회고록의 일부니?

학생: (어깨를 으쓱하며) 잘 모르겠어요.

교사: 음, 현재로서는 글쓰기 공책에 적은 메모로 보이는구나. 그러나 아마도 나중에는 회고록이 될 수 있을 거야. 어떻게 생각하니?

학생: 네, 그럼요.

교사: 그럼 네가 오늘 쓰려고 하는 글은 무엇이니?

학생: 우리 집 강아지에 대해 쓰려고 해요.

교사: 음, 그래, 어떻게 쓰려고 하니?

학생: 음... 이야기를 말해 볼까요?

교사: 그래, 좋다. (협의하기 공책들을 다시 살펴보며) 지난 협의하기 시간에는, 네 사촌이 농구를 하다 다친 것에 대한 이야기를 하려 했어. 그리고 우리는 네 사촌이 다치기 직전 상황을 몇 개의 문장으로 쓰면서 이야기의 흐름을 만들 수 있다고 말했어.

학생: 그래요, 그랬지요.

교사: 그래, 나는 네가 쓴 것을 읽었단다. 훌륭해. 오늘 나는 우리가 강아지에 대한 이야기를 조금 더 확장할 수 있는 아이디어에 대해 생각했어. 사람들은 보통 긴 문장들을 써야만 한다고 생각해. 하지만 군데군데 몇 개의 짧은 문장들을 쓰는 것은 독자들이 글을 쉽게 읽는 데 도움이 된단다. (강아지 이야기를 바라본다.) 너는 강아지가 공원에서 도망다니는 이야기를 썼는데, 몇 개의 짧은 문장들을 이런 부분에 넣을 수 있지. 인물의 대화문이나 행동에 대한 설명을 쓰기도 해.

학생: 음, 저는 강아지가 돌아왔을 때 소리를 질렀어요.

교사: 좋아. 그럼 네가 얼마나 화가 났는지를 짧은 대화문으로 적어 볼래?

학생: 이렇게요? "야! 돌아와! 강아지야! 돌아오란 말이야!"

교사: 그래, 잘했어. 이제 네가 쓴 글을 다시 읽어 보자. 그리고 이 짧은 문장을 어디에 넣으면 좋을지 정해 보렴. 작가들도 이야기에서 어떤 일이 일어났는지에 따라 긴 문장과 짧은 문장들을 사용한단다. 짧은 대화문을 사용하면 이 글을 읽는 독자에게 네가 화가 났고, 걱정했다는 사실을 알려 줄 수 있어. 그래서 오늘은 네 글을 다시 읽어 보고, 최소한 두 군데 정도 짧은 대화를 추가할 수 있는 곳에 "✕" 표시를 해 보는 거야. 그것을 다하면, 또 다른 글쓰기 공책에 써 둔 다른 글에도 연습해 보고 싶을 거야. 이해했니? 자 그럼, 네가 무엇을 해야 하는지 내게

말해 보렴.

이 교사는 학기가 시작한 이후로 매주마다 한 번씩 협의하기를 해 왔기 때문에 학생에 대해 잘 알고 있었다. 반에 있는 모든 학생들과 매주 협의하기를 하기 위해서는 규칙과 교사의 헌신이 필요하다. 사실은 현장 학습, 학교 행사 등의 이유로 매주 협의하기를 진행하기 어려운 날도 있었지만 이런 일들은 예외적인 상황일 뿐이다. 만약 학생들과 매주 협의하기를 하지 않는다면, 그 시간을 어떻게 보내고 있는지 점검해 보아야 한다. 교사들이 무엇을 하며 시간을 보내는지 점검해 보았더니, 교사들은 학업과 관련 없는 다양한 상호 작용들로 시간을 잘못 보내고 있다는 것을 확인할 수 있었다. 협의하기는 반드시 우선순위가 되어야 한다.

나. 협의하기 지도 방법

협의하기는 학생의 필요에 따라 구체적이기 때문에 쓰기 부진 학생들에게 도움이 된다. 협의하기를 통한 지도는 학생들의 글에 직접적으로 도움을 주고, 교사와 학생 간에 긴장을 유지하게 한다. 교사가 학생의 바로 옆에 있고 짧은 시간 동안 이루어지기 때문에 협의하기는 학생이 집중할 수 있게 돕는다. 협의하기 공책을 적극적으로 사용하는 교사들은 학생들이 협의하기를 통해 배운 내용에 책임감을 가지게 할 수 있고, 이전의 협의하기를 계속 축적해 나갈 수도 있다.

교사들은 학생들에게 구체적인 과제를 부여하는데 보통 이러한 과제는 매우 중요하면서 관리할 수 있는 것이다. 예를 들면, 담임 교사는 학생에게 협의하기를 통해서 어떠한 것을 배웠는지를 쓰기 시간의 마지막에 함께 나누도록 할 수 있다(Mermelstein, 2007). 그리고 학생은 자신이 배운 내용을 다른 학생들에게 가르칠 수 있는 기회를 가지게 되고, 그 전략이 자신과 반 전체에 얼마나 유용한지 깨닫게 된다.

일부 교사들은 쓰기 과정의 각 단계에서 모든 학생과 동시에 협의하기를 할 수 없다는 것을 염려한다. 그것은 분명 사실이다. 그러나 교사들이 쓰기에서 중요한 것을 가르치는 데 초점을 두어 협의하기를 한다면, 학생들이 쓰기 과정의 어느 단계에 있고 학생이 쓴 글이 어느 수준에 있는지와 관계없이, 학생들은 중요한 무언가를 배우게 될 것이다. 학생들과 규칙적으로 협의하기를 하겠다는 목표를 세우고 그 목표에서 벗어나지 말아야 한다.

그러면 쓰기 부진 학생들은 틀림없이 성장할 것이다.

[표Ⅱ-5] 협의하기를 통해 쓰기 부진 학생들을 지도하는 방법

- 학생들에게 개별 지도 시간을 규칙적으로 제공한다.
- 지도를 반복하기보다는 학생들의 필요에 맞게 지도한다.
- 교사는 학생들의 학습과 쓰기 요구에 대한 생각을 발전시킨다.
- 학생들에게 교사와 함께 생각하고 쓰는 것을 반복할 수 있는 기회를 준다.
- 교사는 학생의 향상 정도를 평가하고, 그에 따라 지도 내용을 조정한다.
- 학생과 교사 간에 신뢰를 통한 유대 관계를 만들고, 학생이 자신감을 갖게 한다.
- 허용적인 학습 분위기에서 학생들을 지도한다.

다. 협의하기 유형을 차별화하기

협의하기는 구조와 목적을 가지고 있다. 때로 교사들은 학생들이 장기적으로 필요로 하는 것을 조사하려고 한다. 다른 한편으로 교사들은 고쳐쓰기 등 학생들이 글을 쓰는 과정에서 단기적으로 필요한 것에 초점을 맞추어 협의하기를 할 수도 있다. 때때로 학생들은 스포츠 신문 기사 형식에 맞는 글과 같이 특정한 방식으로 글을 쓰는 방법을 알고 싶어 한다. 그러면 교사들은 협의하기 시간 동안 그러한 목적에 맞게 글을 쓰도록 도움을 줄 것이다.

교사들은 협의하기의 일정을 어떻게 계획할 것인지, 특정한 내용을 언제 소개하고 논의할 것인지 주의 깊게 생각해야 한다. 쓰기 부진 학생들을 위한 협의하기는 다음 세 가지 측면에서 생각해 보아야 한다.

- 쓰기 과정(아이디어를 생성하고 수정하는 것을 포함)
- 쓰기 관습
- 쓰기 생활(쓰기를 지원할 수 있는 습관과 일과)

일부 협의하기는 칼 앤더슨의 말처럼 "어떻게 되어 가고 있니?"라는 말로 시작한다. 나는 종종 이런 말을 한다. "그래서 오늘 네가 쓰고 있는 글에 대해서 말해 보렴." 이와 같은 발문들은 학생들이 어떤 방식으로든 협의하기를 할 수 있도록 마음을 충분히 열게 해 준다. 그러나 교사들은 위에서 언급한 세 가지 측면의 내용을 포함한 다른 발문으로 협의하

기를 시작하는 것도 고려해야 한다. 예를 들면, 이런 발문으로 시작할 수도 있다. "그래서 글감에 대한 아이디어를 어떻게 얻게 되었는지 말해 보렴." 이것은 특정한 방향으로 학생들을 이끈다. 아래에 제시한 발문 등으로 협의하기를 시작할 수도 있을 것이다.

- 지난 시간에 우리는 문장 부호 사용 전략에 대해서 이야기를 해 보았어. 전략이 잘 적용되었니? 어떻게 했니?
- 독자가 이야기를 이해하도록 돕기 위해서 문장 부호를 어떻게 사용했니?
- 이 글에 적용해 보고 싶은 고쳐쓰기 전략은 무엇이니?
- 고쳐쓰기를 언제 시작할 수 있을까?
- 집에서 글을 쓰기 위해서 시간을 어떻게 계획하니?
- 글쓰기 공책을 어떻게 사용하고 있니?

위와 같이 협의하기를 시작하는 각각의 발문은 특정한 목적을 가진다. 교사들은 익숙한 방식으로 쓰기 부진 학생과 협의하기를 하려고 하지만, 교사가 한 가지 방식으로만 협의하기를 하게 되면 학생들에게는 매우 힘든 경험이 될 수 있다. 쓰기 부진 학생들은 협의하기에서 편안함을 느낄 수 있어야 한다. 학생들에게 많은 질문이나 요구로 부담을 주지 말고, 글쓰기를 잘할 수 있다는 높은 기대와 친절함을 가지고 지도해야 한다.

협의하기의 유형에 따른 협의하기 내용은 다음과 같다.

- 쓰기 과정에 관한 협의하기는 쓰기 과정의 특정 부분에 초점을 맞추고 쓰기 과정을 향상시키는 데 필요한 전략들에 초점이 맞추어진다. 이러한 협의하기에는 아이디어 생성하고 발전시키기, 초고 쓰기, 고쳐 쓰기 등을 위해 전략 사용하기, 의미와 장르를 이해하기 위해 다시 읽기 등이 포함된다.
- 쓰기 관습에 관한 협의하기는 학생들이 글을 쓰면서 의미를 구성하기 위해 관습들을 사용하는 방법에 초점이 있다. 이러한 협의하기에는 문장부호와 문체, 단어의 위치와 대화문 사용 등이 포함된다.
- 쓰기 생활에 관한 협의하기는 작가로서 살아가는 방법에 초점이 있다. 이러한 협의하기에는 글쓰기 공책 사용하기, 메모하기, 어휘 모으기, 생활 주변에 호기심 갖기, 방과 후에도 글쓰기, 범교과적 글쓰기, 개인적인 글쓰기 목표 세우기 등이 포함된다.

2. 소집단 활동

소집단 활동은 수업 지도의 세 가지 필수적인 유형 중 하나이다. 소집단 활동은 개별적인 협의하기를 대신할 수 없다. 교사들이 늘 부담감을 느끼더라도 소집단 활동은 협의하기를 대체할 수가 없다. 소집단 활동과 협의하기는 각각 목적이 다르기 때문에 학생들은 두 활동 모두를 필요로 한다. 이를 위해 교사들은 교수 학습 계획을 조정할 수도 있지만, 융통성을 유지하는 것은 학생들에게 필요한 소집단 활동과 협의하기를 전개하는 데 도움이 될 것이다.

소집단 활동은 특정한 목적이 있을 때 짧은 시간 동안 이루어진다. 교실에서 비슷한 도움을 요구하는 학생들이 보이면, 학생들을 소집단으로 함께 모아서 "안내된 쓰기(guided writing)"를 할 수 있다.

수잔(Susan) 교사가 가르치는 4학년 교실에서는 글을 마무리하지 못하는 학생들이 세 명 있다. 그 학생들은 글이 마무리되지 않았는데도 글쓰기를 멈추고 "끝"이라고 대충 써 놓는다. 수잔 교사는 2주에 한두 번씩 글을 마무리하는 다양한 방법을 탐구해 보기 위해 학생들과 소집단 활동을 했다. 학생들이 글을 마무리하는 몇 가지 방법을 익히고 자신감을 가지게 되자, 교사는 소집단을 해체했다. 이와 같이 교사들은 학생들을 강제로 한 집단에 넣어 오랫동안 학습하게 하는 것이 아니라, 특별한 목표를 가지고 소집단을 만들어 학습하는 것이 학생들에게 도움이 된다는 것을 알아야 한다.

소집단 활동의 또 다른 장점은 교사가 적은 시간을 사용하면서 더 많은 학생들에게 다가갈 수 있다는 것이다. 교사들은 공통의 요구 사항을 가지고 있는 몇몇 학생들을 간단한 방법으로 지도할 수 있다. 모든 학생이 같은 이유로 쓰기에 어려움을 겪는 것은 아니기 때문에, 쓰기 부진 학생들을 모두 모아 지속적인 '쓰기 부진 학생 집단'을 만드는 것은 적절하지 않다. 소집단 활동을 위해 교실의 학생들을 살피는 과정에서, 교사는 어떤 학생이 특정 글쓰기와 관련된 전략이나 기능을 필요로 하는지를 결정하는 교육적 안목을 가지게 될 것이다.

물론 다른 측면에서 보자면, 교사는 학생들에게 다양한 쓰기 경험을 풍부하게 제공할 수 있다. 쓰기 부진 학생들도 원하는 대로 다양한 쓰기 소집단의 구성원이 될 수 있다. 쓰기 부진 학생들이 각각의 소집단에서 다양한 쓰기 경험을 해 보는 것은 그들에게 자신감을 키워 줄 수 있다. 예를 들면, 판타지를 쓰고 싶어 하는 학생들과 소집단 활동을 할 수도 있고, 스포츠 기사에 대한 소집단 활동을 할 수도 있으며, 사회 정의 프로젝트를 위한 포스터를 만드는 소집단에 참여할 수도 있다.

소집단 활동은 신중하게 계획해야 한다. 소집단 활동에 적합한 장소를 마련하고 학생들에게 미리 안내해 주어야 한다. 또한, 소집단 활동은 10분에서 15분 정도의 짧은 시간 동안 이루어지기 때문에, 학생들은 준비물을 가지고 정해진 장소에 빨리 오도록 연습해야 하고 교사는 소집단 활동을 빨리 시작해야 한다. 소집단 활동을 마친 뒤에는 학생이 글을 쓰는 동안 몇 번의 협의하기를 할 수 있도록 충분한 시간을 남겨 두어야 한다.

협의하기는 모든 학생, 특히 쓰기 부진 학생들을 성공적으로 지도할 수 있는 열쇠이다. 협의하기를 배우는 것은 교사가 동료 교사 및 관리자와 공유할 수 있는 장기간의 노력이다. 협의하기는 지도를 반복하거나 진행 상황을 점검하는 도구가 아니라는 것을 명심해야 한다. 협의하기는 작가로서 학생의 요구에 맞추어진 일대일 지도이다.

협의하기와 소집단 활동을 위한 지도 원리
- 교사는 쓰기 수업 시간에 소집단 활동을 어떻게 할 것인지 계획해 본다.
- 교사는 학생들의 요구를 파악하기 위해서 학생들의 글을 평가한다.
- 열린 마음을 가지고, 가능하다면 소집단에 다양한 능력을 가진 학생들이 모이게 한다.
- 교사는 쓰기 부진 학생을 매번 소집단 활동에 참여하도록 해서는 안 된다. 먼저 쓰기 부진 학생들이 학급 전체의 구성원으로서 소속감을 느끼고 교사가 가르친 내용을 연습할 수 있는 기회를 주어야 한다.

11장. 쓰기 부진아의 평가

나는 몇 년 전에 교사 연수 프로그램을 계획하기 위해 학교를 방문한 적이 있다. 그때 나는 교사들에게 가장 배우고 싶은 것이 무엇인지 물어보았고 교사들은 쓰기 부진 학생에 대해 공부하고 싶다고 대답했다. 나는 쓰기 부진 학생의 비율이 어느 정도나 되는지 물어보았다.

"학생들 모두요. 학생들은 모두 쓰기 부진 학생이에요."

한 교사가 대답했다. 나는 처음에는 놀랐지만, 곧 그 교사가 말한 것을 이해했다. 모든 필자들이 쓰기의 특정 부분에 대해 어려움을 겪고 있다. 심지어 전문 필자들도 쓰기의 특정 부분에서는 어려움을 겪을 수 있다. 그러나 쓰기에서 어려움을 겪는다는 사실이 곧 쓰기 부진 학생이나 특수 교육을 받는 학생임을 의미하는 것은 아니다. 내가 지도한 쓰기 부진 학생들은 쓰기 시간에 위축되고, 글을 조금만 쓰고, 쓰는 도중 부적절한 행동을 하고, 글을 시작하고 유지하는 데 어려움을 겪는, 대부분의 학급에 있는 소수의 학생들이다.

자존감과 전문성을 가지고 이런 학생들을 가르치기 위해서는 쓰기 학습자로서의 학생들의 요구를 가늠해야 한다. 평가는 자주 시행되어야 하고, 지도와 관련이 있어야 하며, 학생의 쓰기와 쓰기 상황을 구성하는 모든 습관에 초점을 두어야 한다. 학생들은 평가를 공유해야 하고, 자신을 향상시키도록 돕는 계획에 대해 알아야 한다.

칼 앤더슨(2005)은 평가는 "… 학생들이 도달해야 할 이상적인 필자의 유형에 대한 비전을 가진…" 교사로부터 시작되어야 한다고 말했다(p. 15). 보통의 평가는 학생들이 못하는 것이 무엇인지를 확인하기 위해 쓰기 부진 학생을 평가하기 때문에, 평가에 대한 이러한 관점은 독특하다. 그러나 무엇이 잘못되었는지에만 초점을 맞추게 되면 무엇이 맞는 것인지는 확인하기 어렵다. 그렇게 되면 성장에 대한 비전과 학생 잠재력에 대한 이해를 통해 가르치는 것이 아니라, 단순히 학생들의 어려움을 일시적으로 해결해 주는 방식으로 가르치게 된다. 따라서 학생의 성장에 대한 비전을 가지고 평가를 해야 한다.

1. 쓰기 평가로 얻기 힘든 정보

쓰기 평가는 교사의 지도 효과에 대해서는 많은 것을 알려 줄 수 있지만, 학생들에 대해서는 알려 줄 수 없는 것이 너무나 많다.

다음은 쓰기 학습자인 학생에 대해 알아야 하지만 쓰기 평가를 통해 알 수 없는 것을 나열한 것이다. 평가와 상관없이, 교사들이 아래의 질문에 대해 생각하고 말해 보는 과정에서 더 나은 교사가 될 수 있을 것이다.

쓰기 평가는 우리에게 다음을 알려 줄 수 없다.
- 필자로서 갖고 있는 학생들의 꿈
- 시험 치는 날 학생들의 느낌
- 학생들이 가장 많이 관심 가지는 것
- 교사가 학생들에게 쓰기의 필요성을 이해시키는 방법
- 특정 쓰기 공동체가 모든 학생을 지원하는지 여부
- 학생들의 매일의 향상 정도
- 능숙한 필자가 아닌 경우 시간 제약이 문제를 야기하는지 여부
- 학생들이 쓰기 과정을 얼마나 잘 이용하는지 여부
- 독해 자체가 시험 과제를 어렵게 만드는 정도

- 학생들이 긴장하지 않고 쓰기 상황을 다루는 방법
- 교사와 학교가 쓰기 학습자들에게 강조하는 우선사항
- 학생들이 바깥 세계와 소통하기 위해 쓰기를 이용하는지 여부
- 학생들이 나날이 다르게 쓰기를 수행하는 방법과 이것에 영향을 주는 것

위와 같은 결점에도 불구하고 쓰기 평가는 학생들에 대해 깊이 이해할 수 있는 몇 가지 정보를 제공해 준다. 예를 들면, 학생들이 예상 독자를 위해 글을 쓸 수 있는지, 장르에 맞게 글을 쓸 수 있는지, 질문에 집중했는지에 대해 알게 해 준다. 그렇지만 교사는 각 학생들에 대해 평가로 측정된 기량 이상의 재능, 흥미, 어려움 등 더 많은 것을 알고 싶어 한다. 이때 교사는 효과적이고 다양하고 지속적인 개별 평가에 대한 이해를 기반으로 해야 한다. 지도에 대한 정보를 평가 없이 알아 내는 것은 불가능하다. 그리고 지도에 대한 정보가 없다면 쓰기 부진학생들은 계속해서 친구들보다 뒤떨어지게 될 것이다.

2. 학생의 향상을 확인하기 위한 주간 평가

가급적이면 매주 학생을 평가하는 것을 목표로 해야 한다. 교사는 학생들의 작은 변화, 특히 긍정적인 변화를 알아차리고 확인할 수 있도록 학생들을 잘 알아야 한다. 아이의 눈만 보아도 열이 있다는 것을 알 수 있는 부모처럼, 교사는 쓰기 부진 학생들이 작은 개선이나 실수를 보일 때 알아차려야 한다. 이런 정보는 주간 평가를 통해 얻을 수 있다.

주간 평가는 매주 똑같을 필요는 없다. 경우에 따라서 단순히 학생들의 작품을 수집하고 그것을 연구하는 것으로도 충분하다. 또는 학생들이 글을 쓰는 동안 그들의 습관을 관찰하거나 평가에 맞춰 협의하기를 조절할 수도 있다. 체크리스트에 표시하면서 학생의 작품을 읽어 보거나 학생이 쓴 글에 대해 학생을 인터뷰하는 데는 시간이 많이 걸릴 수도 있다. 모든 경우에 새로운 정보를 이전의 기록과 비교하고, 향상이나 성공의 경향성이나 방식을 파악하려고 노력해야 한다. 그러한 과정에서 많은 어려움이 있을 수 있지만 절대로 평가를 포기해서는 안 된다.

학생들이 자주 결석을 할 때 교사는 무엇을 하는가? 결석을 자주하는 학생들은 학습에

서 뒤처지기 쉽다. 이런 문제는 담임 교사와 상의하거나 부모와 대화를 해 보는 것이 도움이 되기도 한다. 하지만 현실적으로 학생들이 학교에 없다면 그들은 배울 수 없게 되고, 수업의 흐름이 연결되지 않으면 쓰기 부진 학생들은 더 많은 어려움을 겪게 된다. 수업을 빼먹는 습관은 치명적인 문제이므로 교사는 모든 방법으로 개입해야 한다.

　나는 습관적으로 지각하여 1교시 수업에 매일 빠지는 학생을 가르친 적이 있다. 어느 날 아침 7시에 나는 그 학생의 집에 찾아가서 학생을 깨워 학교에 데리고 갔다. 나는 그 학생의 가족을 잘 알고 있었고 사전에 허락을 받았기 때문에 이 방법을 사용할 수 있었는데 이런 방법을 추천하지는 않는다. 그러나 핵심은 어떤 경우에도 학교에 결석해서는 안 된다는 소문이 빠르게 퍼졌다는 것이다. 교사는 학생이 학교에 오게 하는 모든 방법을 동원해야 한다. 학생들은 학교에 있지 않으면 배울 수가 없다.

3. 쓰기 평가의 범주

　교사의 목표는 철저하고 신중하게 가르칠 수 있도록 학생들을 평가하는 것이다. 교사는 학생들이 무엇을 어려워하는지 정확하게 알고 싶어 하는데 이를 위해서는 평가의 범주를 생각하는 것이 도움이 된다. 심지어 능숙한 필자도 쓰기의 특정 영역에서 어려움을 겪고 있을지 모른다. 예를 들면, 아이디어가 많지만 글을 완성하지 못하는 학생들이 있다. 이때 평가는 매우 중요하다. 교사는 종종 '능숙한' 것처럼 보이는 학생들에게 평가나 지도 없이 글을 쓰게 한다.

　그러나 많은 학생이 특정 영역에서 어려움을 겪고 있기 때문에 교사는 학생들의 글이나 향상 정도를 평가하여 학생들이 겪는 어려움을 파악해야 한다. 교사들이 해야 하는 많은 업무와 평가에 대한 부담을 생각해 보면 왜 일부 교사들이 특정 학생에게만 집중하는지를 이해할 수 있다. 그러나 교사는 부진한 학생들뿐 아니라, 모든 학생을 가르치는 데 효과가 있는 계획을 찾기 위해 노력해야 한다.

　칼 앤더슨(2005)은 필자로서 학생들의 요구를 파악하기 위해 쓰기 시작 단계의 정도, 쓰기의 특성, 쓰기 과정의 세 가지 주요 범주에서 평가를 해야 한다고 말한다. 평가의 유형 외에도 평가에 대한 세부적인 정보를 얻고 싶으면 앤더슨의 책이 도움이 될 것이다. 특

히 그는 우리가 학생의 작품을 평가하는 데 도움이 되는 몇 가지 좋은 쓰기의 특성
(qualities of good writing)을 제시했다(Anderson, 2005, p. 58).

좋은 쓰기의 특성은 다음과 같다.

- 의미 소통하기
- 장르 지식 이용하기
- 쓰기 조직하기
- 자세히 쓰기
- 쓰기 목소리 부여하기
- 쓰기 관습 이용하기

뉴욕 동부의 한 학교에서 6가지 쓰기 특성 평가와 지도를 매우 중요하게 받아들여서 이
를 각각의 쓰기 단원 학습에 포함시켰다. 이 학교 학생들은 각 특성에 해당되는 전략을 배
웠고 그것을 전 학년에 걸쳐 연습했다. 학생들이 글을 잘 쓰는 것에 대해 많이 배웠을 것
을 생각하면 참 반가운 일이다.

쓰기의 6가지 특성은 다음과 같다.

쓰기의 6가지 특성
- 아이디어
- 조직
- 목소리
- 단어 선택
- 문장 유창성
- 쓰기 관습

칼 앤더슨은 학생들의 쓰기 시작 단계의 정도를 평가해야 한다는 흥미로운 제안을 했
다. 이 제안은 학문적이거나 과제로 제시된 쓰기는 싫어하지만 자신의 생활 속에서 쓰기
를 즐겨하는 학생들을 재조명했다. 이런 학생들은 실제로 쓰기 부진 학생이 아닐지도 모
른다. 그들은 단순히 수업에서의 쓰기에 흥미를 느끼지 못하거나 그 이상으로 쓰기를 잘
해서 학습에 참여하지 않는 것일 수도 있다. 교사들은 이런 학생들의 쓰기를 인정하고, 필
요하다면 계획을 수정하여 그들을 교실로 끌어올 수 있는 방법을 찾아야 한다.

나는 초등학교 6학년 때 글쓰기 수업에서 거의 글을 쓰지 않았다. 많은 시간 동안 담임
교사가 얼마나 좌절감을 느끼고 화가 났을지 알 것 같다. 담임 교사는 나를 쓰기 부진 학
생이라고 생각했지만 실제로 나는 쓰기 부진 학생이 아니었다. 나는 수업에는 잘 참여하
지 않았지만 개인적으로는 풍부하게 글쓰기를 즐기는 학생이었다.

평가는 학생들의 쓰기 과정을 포함해야 한다. 계획 없이 글을 급히 휘갈겨 쓰거나 고쳐

쓰기, 교정을 하지 않는 학습자는 쓰기의 힘을 이해하지 못하기 때문이다. 칼 앤더슨은 쓰기 과정의 각 단계를 평가할 것을 권한다.

아이디어를 생성하고 전개하고, 초고를 쓰고 고쳐 쓰고, 수정하고 교정하기 위해 학생들은 무슨 전략을 쓰는가? 개인적인 글쓰기에서 좋은 글을 빨리 쓸 수 있는 학생들도 보고서나 특집 기사를 써야 할 때는 쓰기 과정에 대해 알아야 할 것이다. 학생들이 쓰기 과정이나 전략을 모르는 상태에서 직감적으로 글을 쓰는 것을 허용해서는 안 된다.

쓰기의 과정을 알고 사용하는 것은 수학이나 과학에서 과정을 이용하는 것처럼 습관적인 것이다. 그래서 학생이 쓰기 과정을 이용하는 정도를 평가하는 것은 수학, 과학의 방법 또는 사회의 문헌 연구에서 기능의 이해 여부를 평가하는 것과 같다. 현실적인 의미에서 차를 운전하는 것이 처음에는 알아야 할 규칙이 많지만 내면화되면 자연스럽게 편리해지는 것처럼 쓰기 과정은 제2의 천성이 되어야 한다.

교사는 학생들의 글 한 편을 살펴보면서 다음과 같은 질문을 통해 글쓰기 과정에 대한 학생의 지식을 평가할 수 있다.

- 학생이 아이디어를 전개하기 위해 노력한 증거가 있는가?
- 학생은 글을 쓰기 위한 계획을 세우는가?
- 학생은 글에 대한 고쳐쓰기를 하는가?
- 학생은 협의하기를 시행해왔는가?
- 학생은 글을 교정했는가?

만약 이 질문 중 어느 것의 답이 "아니오"라면 그 학생은 쓰기 부진 학생일 것이고 교사는 이것이 학생이 어려움을 겪는 영역인지 확인하기 위해 더 많은 조사를 해야 한다. 그리고 나서 교사는 때에 따라 협의하기나 소집단 활동을 위한 계획을 세울 수 있다.

가. 평가해야 할 다른 영역

학생이 쓴 글을 좋은 쓰기의 특성을 가지고 평가하는 방법과 학생이 글을 쓰는 과정, 쓰기를 시작하는 정도, 독립적으로 쓰기 생활을 하고 있는지의 여부를 평가하는 방법을 살펴보았다. 그러나 학생들이 겪는 어려움 중에서 이 범주에 포함되지 않는 것들이 있기 때문에 다음을 고려해 보아야 한다.

- 정서(Affect): 쓰기에 대한 학생의 태도는 어떠한가? 쓰기 수업과 쓰기를 친구와 공유하는 것에 대한 학생의 태도는 어떠한가? 학생이 쓰기 수업과 협의하기를 이해하는가? 쓰기 공동체에 전반적으로 참여하는가? 학생이 고의로 다른 친구를 산만하게 하거나 친구가 쓴 글에 대해 부정적으로 말하는가? 학생의 쓰기에 대한 태도는 종종 학교를 향한 태도를 반영한다.

- 준비도(Readiness): 학생은 글을 쓸 준비가 얼마나 되어 있는가? 아이디어와 가능성을 가지고 수업에 참여하고 그것을 교사와 공유하는가? 쓰기 프로젝트를 위해 글쓰기 공책이나 다른 필기 시스템을 이용하는가?(표 11-1 참고) 특정 이야기에 대해 써왔다거나 그에 대한 속편을 쓸 수 있다는 바람을 말하는가? 다른 학생들이 쓴 글에 주목하고 아이디어를 얻거나 공유를 하기 위해 그것에 관심을 가지고 읽는가?

- 인내(Endurance): 교사의 개입 없이 학생은 얼마나 오랫동안 계속해서 쓸 수 있는가? 지쳤을 때 스스로 다시 글을 쓰게 하는 방법을 가지고 있는가? 쓰기를 시작할 때든 짧은 시간의 쓰기 후든, 수업 중에 불평하거나 꾸벅꾸벅 조는 행동을 하는가? 스스로 글쓰기를 계속하는 전략을 가지고 있는가? 끊임없이 학생들에게 관심을 기울이면서 교사와의 협의하기를 요구하는가?

[표 Ⅱ-6] 글쓰기 공책 사용하기

학교에서 글쓰기 공책을 활용하는 것은 필자가 글을 쓰는 방식을 배울 수 있도록 도움을 준다. 모든 필자는 글을 쓰기 위한 자신만의 일정한 방식을 가지고 있다. 예를 들어 메모지에 떠오르는 생각을 적을 수 있고, 주변에 있는 종이에 간단하게 메모하는 방식이 있을 수 있다. 학생들의 글쓰기 능력을 향상하기 위한 좋은 방법은 자신이 생각나는 내용을 글쓰기 공책에 누적해서 쓰도록 하는 것이다. 이러한 방식은 학생들이 글쓰기가 창의적인 활동이라는 것을 알 수 있게 도움을 준다.

그리고 글쓰기 공책은 글씨를 연습하기 위한 매일의 과제가 아니라 생각에 접근하기 위한 방법이라는 것을 인식해야 한다. 또한, 대부분의 전문가들은 그가 의사든, 사회 복지사든, 교사든, 그들의 일과 관련하여 공책을 써 나가는 방식을 가지고 있다. 따라서 학생들의 생각과 쓰기 과제에 대해 글쓰기 공책에 쓰도록 가르치는 것은 매우 실용적이고 유용하다. 학생들이 글쓰기 공책에 쉽게 쓸 수 있는 것에는 기억, 관찰한 것, 연관성, 매일의 사건, 궁금한 것, 불평, 들은 내용 등이 있다.

글쓰기 공책 사용하기에 대해서는 랠프 렛처(Ralph Rletcher)와 애이미 버크너(Aimee Buckner)의 연구를 참고하기를 권한다.

나. 평가해야 할 다른 인지적 기능

평가는 지도의 근간이 되어야 한다. 쓰기는 누군가의 사고를 다른 사람과 함께 생각하고 의사소통하는 것이기 때문에 학생들이 생각하는 방법에 대한 단서를 제공하기 위해 앞서 말한 세 가지 평가 영역을 이용하는 것이 도움이 된다.

평가해야 할 다른 인지적 기능은 다음과 같다.

1. 아이디어 발견하기, 아이디어 해결하기, 발전시키기
2. 글을 쓸 때 배경지식 이용하기
3. 세부 내용을 어떻게, 왜 이용해야 하는지 이해하기
4. 적절한 세부 사항 발견하고 이용하기
5. 중요성 결정하기
6. 사건의 순서와 정보의 분류를 포함하여 구조 이해하기
7. 장르 이해하기
8. 새로운 결론이나 의미의 설명을 끌어내기 위해 쓰기 이용하기
9. 사건과 정보 간의 비약 연결 짓기

평가는 모든 필자, 특히 쓰기 부진 학생에 대한 폭넓은 지도를 위해 확인하고 계획을 세우는 데 핵심적이다. 교사가 학생들의 요구나 가능성에 대해 오직 표면적인 이해만을 가지고 접근할 때, 교사의 지도는 완전히 실패하거나 학생에게 오히려 해가 될 수도 있다. 신중한 의사가 진단과 처방을 위해 정보를 모으는 것처럼, 교사들은 모든 학생에게 글쓰기를 가르치기 위한 최상의 방법이 무엇인지 결정하기 위해 정보를 모아야 한다.

쓰기 부진 학생의 평가를 위한 지도 원리

• 입증된 기능뿐만 아니라 학생들의 쓰기 생활에 대해 정보를 얻기 위해 평가를 연구하고 평가 결과를 분석해야 한다.
• 공식적인 평가와 아동을 주기적으로 관찰하고 평가해야 한다.
• 학생들의 쓰기에 대한 통찰력을 갖기 위해, 개인이나 소집단과 협의하기를 할 때 철저하게 메모를 하고 그 결과들을 자주 읽어야 한다.
• 적어도 일주일에 한 번은 개별적으로 학생들과 협의하기를 위한 계획을 세워야 한다.

맺음말

쓰기 부진 학생에 대해 더 많은 연구가 여전히 필요하지만, 나는 여기에서 쓰기 부진 학생의 지도 방법에 대해 다루었다. 전자 텍스트의 보급이 확산되면 학생들은 더 많은 글쓰기를 하게 될 것이다. 이메일과 문자 메시지의 사용 확대는 학생들이 쓰는 양을 증가시키고 있다. 이런 글쓰기가 학문적 쓰기는 아니지만 쓰기의 한 유형이라고 할 수 있다. 쓰기의 한 유형으로 보지 않는다면 앞으로 학생들이 변화하는 사회에 대처하는 능력을 키워 줄 수 없을 것이다.

우리가 가르치는 학문적 쓰기와 디지털 쓰기의 공유 지점을 통해 학생들이 학습할 내용에 대해 다시 생각해 볼 수 있을 것이다. 그리고 엄격한 쓰기 과제와 요구보다는 학생들의 쓰기 능력을 신장시키기 위해 최선의 노력을 다해야 한다. 교사들이 이렇게 노력을 하지 않는다면, 몇몇 학생들은 쓰기를 싫어해서 학생들이 학교에서 학습을 지속적으로 유지하지 못하는 사태를 초래하게 될 것이다.

나는 진정으로 교사들이 쓰기 부진 학생을 위해 할 수 있는 것이 있다고 믿는다. 우리는 쓰기 부진 학생에게 최선을 다할 수 있고 기쁨을 줄 수 있다. 나는 이렇게 기도하는 특별한 유형을 강조하는 것이 아니고 종교적인 기도를 말하는 것도 아니다. 사실 종교를 믿지 않는 사람도 기도할 수 있다. 그리고 학생들의 더 나은 미래를 제공하기 위해 명상할 수 있다. 나는 학교에서 교사들이 기도를 하자고 제안하는 것이 아니고 학생들에게 조용한 기도의 시간을 가져야 한다는 것도 아니다. 하지만 한 교사는 학생들이 학교에 도착하기 전에 책상에 조용히 앉아 있을 것이고 각각의 학생의 축복을 곰곰이 생각해야 할 것이다. 많은 학생과 교사는 누군가에 대해 깊이 생각하거나 고려하지 않고 있다. 사랑으로써 부진 학생들을 대한다면, 그들이 행복과 성공을 가져오도록 도움을 줄 것인가? 적어도 이런 기도의 태도는 우리를 변화하게 할 것이다.

쓰기 부진 학생에게는 각각 부진의 이유가 있다는 것을 명심하자. 내가 가르쳤던 다양한 학급에서는 쓰기 부진 학생이 있었다. 나는 더욱 학생들을 이해하고, 사랑하고, 주의를 기울이고, 부드럽고, 사려 깊고, 평등한 생각과 긍정적인 생각을 가져야 하는 것이 필요했었다. 예전에 만났던 학생들 덕분에 다른 사람이 되었다. 그리고 감사하게 생각하고 일부 학생들에게 미안함을 느낀다.

교도소에서 쓰기 교수 자원봉사자를 하면서 나는 쓰기를 어려워하는 사람들을 만났다. 하지만 그들의 목소리는 강하고, 그들의 이야기는 아픔이 있었다. 교도소에 있는 사람들은 자신들을 그렇게 만든 것과 의사소통하기를 원하고 자신의 말로 다른 젊은 사람에게 경고를 주려고 한다. 나는 이런 많은 사람들이 쓰기 어려움을 해결하기 위한 방법을 전혀 모르기 때문에 얼마나 잘못된 길로 빠지게 될지 걱정이 된다. 나는 잘 모른다. 하지만 나는 많은 어려움을 겪는 사람들이 쓰기를 통해 위안을 찾을 수 있다는 것을 안다.

우리는 매일 살아가고 이해하는 것을 어려워하는 것과 같이 우리 자신의 삶의 거울로 쓰기 부진 학생을 보고 있다. 우리는 항상 어려움을 겪고 우리 중 누군가는 더 많은 어려움을 겪는다. 자신이 어려움을 겪고 있지 않다고 생각하는 사람들은 주의를 기울이지 않는다. 탈진, 가족 부양 의무, 집안의 허드렛일, 금전적 문제, 질병, 개인의 슬픔 등 이 모든 것은 우리를 힘들게 한다. 단지, 아침 뉴스를 보는 것이 우리에게 어떤 희망을 찾거나 기쁨을 느끼는 것을 어렵게 할 수 있다. 우리가 쓰기 부진 학생을 지원하기 위한 범위는 우리의 삶에서 어려워하는 다른 것으로부터 학생들을 보호하는 것이다. 우리는 살아가면서 마주치게 되는 어쩔 수 없는 고통은 피할 수 없지만 우리는 학생들이 그들의 삶에서 기쁨과 아름다움을 조금이나마 느낄 수 있도록 해 줄 수 있다.

부록

〈부록〉

1. 글쓰기 후 쓰기 부진 학생의 글쓰기 과정 되돌아보기

쓰기 부진 학생들은 다른 학생들보다 자신이 배운 것을 되돌아볼 시간을 많이 가질 필요가 있다. 이러한 학습 과정을 되돌아보는 시간을 통해서 쓰기 부진 학생들은 자신이 가지고 있는 장점과 단점을 정확하게 파악할 수 있다.

글쓰기를 마치고 되돌아보기를 하는 것은 매주마다 복습을 하는 것처럼 각 과정의 마지막 혹은 단원의 결론부에 하는 것이 좋다. 교사들은 학생들에게 그들이 배운 것이 무엇인지, 여전히 그들이 계속 글쓰기를 해 가면서 부족한 부분이 무엇인지 솔직하게 적도록 가르쳐야 한다. 교사들은 쓰기 부진 학생들이 되돌아보는 과정을 정리할 수 있도록 아래와 같은 학습지를 사용할 수 있다. 아래와 같은 형식의 학습지는 고정적인 것이 아니라 학습자의 능력과 다양한 맥락을 고려하여 수정이 가능하다.

이름:	날짜:
• 이 단원에서 쓰기에 대해 배운 점:	
• 새롭게 노력한 점:	
• 배우고 싶은 것:	
• 내 글에서 자랑하고자 하는 것:	
• 글을 읽게 될 독자에게 바라는 점:	

2. 쓰기 부진 학생을 위한 지도 원리

쓰기 부진을 겪고 있는 학생과 글쓰기를 싫어하는 학생을 가르치기 위한 지도 원리

① 교사는 인내심을 길러야 한다. 학생들의 글쓰기 시간은 학생들이 '기다리고' 있는 시간이라 믿어야 한다. 학생들이 교사를 실망시키더라도 학생들의 능력에 대해서 확신을 가져야 한다. 교사는 학생들이 말하고 싶은 것과 재미있게 쓰고 싶은 것을 언제든지 쓰기를 통해 표현할 수 있다고 믿음을 가져야 한다.

② 교사는 협의하기를 하면서 학생들의 목소리에 귀를 기울여야 한다. 쓰기 부진 학생에게 필요한 내용을 교사가 파악하기 위해 기다려 주는 것이 필요하다.

③ 교사는 쓰기 부진 학생들이 글쓰기에 대한 거부감을 가지고 있음을 잘 알아야 한다. 학생들이 지속해서 쓰기를 할 수 있도록 격려하는 것이 중요하다.

④ 교사는 학생들의 쓰기 과정에 대해 융통성을 가져야 한다. 쓰기 부진 학생들이 쓰기를 진행하는 과정에서 창조성과 독창성 및 새로운 가능성을 찾아야 한다.

⑤ 교사는 스스로 교수 과정에 대해서 계속 점검해야 한다. 교사의 시선이나 혹은 실제적인 표현이나 목소리 톤을 통해서 쓰기 부진 학생들에게 화나 실망을 나타내지 않도록 주의를 해야 한다. 교사는 어떤 상황에서라도 전문가라는 것을 잊지 않아야 한다.

⑥ 교사는 학생들이 그들의 생각을 펼쳐 나갈 수 있도록 자주 쓰고 싶은 내용을 스케치할 수 있도록 허용해 주어야 한다. 스케치를 한 내용부터 글쓰기를 시작할 수 있도록 방법을 안내해 주어야 한다.

⑦ 교사는 쓰기 부진 학생에게 모르는 단어를 메모하여 학급 안내판에 붙여 둘 수 있도록 한다. 수시로 학생들이 어려운 단어를 접하면서 단어에 익숙해질 수 있도록 한다.

⑧ 교사는 쓰기 부진 학생이 동료와 협동하여 쓰기를 할 수 있도록 하고 개인 단어장을 사용할 수 있도록 해야 한다.

⑨ 교사는 쓰기 부진 학생의 이야기를 시각적으로 보여주는 것을 돕기 위해서 이야기를

시각화하는 활동을 연습해야 한다.

⑩ 교사는 학생들이 자기 조절 전략을 사용하도록 한다. 자기 조절 전략은 학생들이 글쓰기를 더 잘할 수 있도록 하고 학생들 자신의 글쓰기 기술을 발달시키게 한다.

⑪ 교사는 학생들에게 도해 조직자를 사용하는 목적을 가르쳐야 한다. 구체적으로 도해 조직자를 언제, 왜, 어떻게 사용할지에 대해 연습하도록 한다.

⑫ 교사는 학생들이 쓰기 공책를 계속 간직할 수 있도록 하고 쓰기를 위해서 컴퓨터를 사용할 수 있도록 한다.

⑬ 교사는 학생들이 쓸 내용을 찾을 때 학생들 주위에 있는 이야기를 이용하여 글을 쓸 수 있도록 가르친다.

⑭ 교사는 학생들에게 블로그에 글쓰기, 메시지 쓰기, 온라인 댓글 쓰기와 같은 쓰기 활동을 하면서 쓰기 부진 학생이 필자로서의 쓰기 정체성을 가질 수 있도록 한다.

⑮ 교사는 학생들이 쓰기 방법에 대한 지식을 향상시킬 수 있도록 단원마다 좋은 쓰기의 질적인 측면에 집중하여 가르친다.

⑯ 교사는 소집단 활동을 통해 글을 쓸 때 필요한 여러 가지 관습을 익힐 수 있는 기회를 주어야 한다. 이러한 활동으로 학생들은 쓰기 관습을 장애물로 여기지 않고 좋은 글쓰기를 위해 필요한 것으로 인식하게 된다.

⑰ 교사는 교실에서 학생들이 쓰기 부진 학생이 되는 사회적 원인을 파악해야 한다. 다른 학생들이 쓰기 부진 학생들을 어떻게 대하고 있는지, 쓰기 부진 학생들은 어떻게 반응하는지를 알고 있어야 한다. 모든 학생은 항상 존중을 받아야 한다는 것을 명심해야 한다.

⑱ 교사는 짧은 기간에 쓰기 부진 학생의 글쓰기 능력을 향상 시킬 수 있는 간략한 기술들을 제공해 주어야 한다. 예를 들면, 한 문장 다음에 또 다른 문장을 사용하면서 문장을 유창하게 쓰는 방법들을 지도할 수 있다. 아울러 똑같은 문자와 소리로 시작되는 단어의 목록을 만들고 글쓰기를 할 때 그것을 사용할 수 있도록 지도해야 한다.

⑲ 교사는 쓰기 부진 학생이 장르와 주제를 독립적으로 선택해서 글을 쓸 수 있도록 기회를 제공해야 한다. 쓰기 부진 학생이 좋아하는 주제를 선택하게 하고 주제에 대해서 구

체적으로 글을 쓰는 방법을 가르쳐 주어야 한다.

⑳ 교사는 학생들이 글쓰기를 완성할 수 있도록 격려를 해야 한다.

㉑ 교사는 학생들에게 도움을 줄 만한 모범 글을 선별하여 쓰기 부진 학생이 그것을 완벽하게 내면화할 때까지 반복적으로 지도한다. 학생들은 반복적으로 연습한 문장을 사용하여 스스로를 쓰기 작가처럼 느끼게 될 것이다.

㉒ 교사는 학생들이 글쓰기 노트를 융통성 있게 활용할 수 있도록 지도한다. 예들 들어, 학생의 손이 다쳤을 때 컴퓨터를 활용하여 글을 쓸 수 있도록 한다.

㉓ 교사는 쓰기 부진 학생이 자기 목소리로 이야기를 전달할 수 있도록 지도해야 한다. 학생들이 자신의 이야기를 낼 수 있도록 캠코더 녹화를 활용하게 하고, 소집단 활동을 하면서 서로 이야기를 공유할 수 있는 기회를 제공해야 한다.

㉔ 교사는 학생들이 자신이 쓴 이야기를 확장하기 위한 전략을 가르쳐야 한다. 예를 들어, 처음에는 음성으로 소리 내어서 하고 나중에는 글로 쓸 수 있도록 한다.

3. 쓰기 부진아의 유형별 지도 전략

① 학생들이 고쳐 쓰기에 어려움을 겪는다.

- 색인 카드나 접착식 카드 등을 통해서 고쳐쓰기 하는 것을 가르칠 수 있다.
- 말로 고쳐쓰기 활동을 한다. 예를 들면 "만약 고쳐 쓰기 하려고 한다면 어떤 부분을 수정하고 싶니?"라고 교사가 물어보고 학생들이 이에 대해 대답을 한다.
- 고쳐 쓰기에 대한 전략을 목록화한 후에 학생들이 그 안에서 전략을 선택하도록 한다.

② 학생들의 쓰기 지구력이 부족하다.

- 학생들이 달성 가능한 목표를 설정하고, 쓰기 지구력을 천천히 향상시킨다.
- 학생들에게 쓰기 과정 중 어느 단계에 도달했는지 확인하며 다음 목표를 달성하기 위해서는 어떻게 해야 하는지를 질문한다.

③ 학생들이 쓰기를 하지 않거나 쓰기 과제에 몰입하지 않는다.

- 교사가 쓰기 과제를 단계별로 나누어 제시한다.
- 교사는 자기 점검을 하는 방법을 가르쳐 준다.
- 학생들이 원하는 쓰기 과제를 선택할 수 있게 한다.
- 학생들이 쓸 내용에 대한 아이디어를 얻기 위해 협의하기를 하도록 한다.
- 초고 쓰기를 할 때에 주의해야 할 내용을 상세하게 알려 준다.
- 쓰기 과제를 지속하고 운영을 잘하기 위해서 쓰기 과정을 기록할 수 있는 카드를 활용하도록 한다.
- 교사는 쓰기 과정 중에 수정이 가능하도록 융통성 있게 학생들이 개요를 짤 수 있도록 한다.

④ 학생들이 동료 학생과 자신이 쓴 글을 공유하는 것을 어려워한다.

- 교사는 학생들이 쓴 내용을 공유할 시간을 마련해야 한다.
- 소집단 활동을 하면서 동료를 평가할 수 있는 체크리스트나 활동지를 활용한다.
- 동료 학생과 이야기하고 활동할 수 있는 시간을 수업 시간에 마련하고 소집단 활동을 하면서 자연스럽게 이야기할 수 있는 대화 주제를 제시한다.

⑤ 학생들이 수업을 열심히 듣지만 이해를 하지 못한다.

- 학생들이 언급한 하나의 요소에 대해서 좀 더 구체적으로 그것이 어떻게 글쓰기를 도울 수 있는지 물어본다.
- 학생들이 수업 시간에 배운 내용에 대해 이야기하도록 한다.
- 학생들에게 자신의 말로 설명해 보도록 하고 글쓰기와 연결할 수 있게 한다.
- 학생들에게 자신이 배운 내용을 친구에게 가르쳐 보도록 한다.

⑥ 학생들이 수업 시간에 배운 내용을 글쓰기에 활용하지 못한다.

- 교사는 학생들의 글쓰기 수준을 파악하고 이에 맞게 수업 내용을 재구성한다.
- 자기에 대해 긍정적으로 자기 점검을 할 수 있도록 학생들을 지도한다.
- 하나의 쓰기 과제를 완성하는 기회를 제공한다.
- 학생들이 수업 시간에 배운 내용을 다시 상기할 수 있도록 교실 앞부분에 제시한다.
- 학생들이 수업 내용에 흥미를 가질 수 있도록 수업 내용을 다양하게 구성한다.
- 학생들이 학습한 내용에 대해 개별적인 지도 계획을 마련한다.

⑦ 학생들이 글쓰기 자신감이 부족하다.

- 교사는 학생이 스스로 쓰기를 시작할 수 있도록 돕는다.
- 학생들이 잘할 수 있는 것을 발견하여 그 분야에 대한 글쓰기를 할 수 있게 한다.
- 학생들이 흥미 있는 주제를 선택하고 글쓰기를 할 수 있게 하며, 그 주제를 수업 시간에 활용하여 글쓰기할 수 있는 기회를 제공한다.

⑧ 학생들이 쓰기 주제를 자주 바꾼다.

- 교사는 주제의 선정을 위해서 가치 있는 주제를 평가할 수 있는 루브릭을 제공한다.
- 교사는 주제를 바꾸어 글쓰기를 하는 학생들이 쓰기 과제를 완성할 때까지 기다려 준다.
- 학생들이 쓰기를 하면서 겪는 어려운 부분을 교사에게 이야기할 수 있도록 한다.
- 학생들에게 쓰기 주제를 선택할 수 있는 충분한 시간을 제공한다.
- 교사는 학생들이 주제를 찾아내게 하는 방법으로 "삶의 이야기"를 가르친다.

⑨ 학생들이 아이디어가 너무 많아 글을 쓰기 어려워한다.

- 교사는 학생에게 최대한 다양한 장르를 활용해서 모든 주제를 써 볼 수 있도록 한다.
- 교사는 학생과 함께 자기 주도적인 쓰기 프로젝트 계획을 만들어 본다. 이를 통해서 모든 주제를 써 볼 수 있는 기회를 준다.
- 교사는 학생들의 아이디어의 범위를 좁힐 수 있도록 기준을 설정하여 지도한다.

⑩ 학생들이 협의하기를 하면서 대화에 참여하지 않는다.

- 교사는 학생들에게 믿음을 가지고 대답을 기다려 주어야 한다.
- 교사는 협의하기를 하는 과정에서 의사 결정을 하는 방법에 대해 시범을 보여 준다.
- 교사는 다른 사람의 의견을 받아들이고 대화를 하는 과정에 대해 시범을 보여 준다.
- 학생들이 쓰기 목적에 대해 생각할 수 있도록 협의하기를 하면서 의견을 교사와 나눈다.

⑪ 학생들이 말은 잘하지만 쓰기로 표현하기 어려워한다.

- 이야기를 구성하는 것(story mapping)을 가르친다.
- 학생의 말을 전사하여 학생에게 보여 준다.
- 학생들에게 이야기를 녹음하고 적어 보게 한다.
- 학생들에게 동료와 쓰기 창작을 하는 경험을 하게 한다.
- 컴퓨터, 화이트보드 등 다양한 도구로 글쓰기를 할 수 있도록 한다.
- 학생들이 작가처럼 글을 쓸 수 있는 환경을 마련해 준다.

⑫ 학생들이 글을 쓰면서 산만해진다.

- 학생들이 산만하다는 것을 알 수 있도록 교사가 협의하기를 통해 지도한다.
- 학생들이 산만한 원인을 파악하고 언어적, 행동적 부분의 산만한 태도를 수정할 수 있도록 지도한다.
- 쓰기 불안 때문에 산만해지기 쉽다. 따라서 학생들이 숨을 깊게 쉬고, 물을 마시고, 주변을 걸어 보고, 스트레칭을 한 뒤에 다시 글쓰기를 할 수 있도록 한다.

⑬ 학생들은 글쓰기를 시각화하는 것에 곤란을 겪는다.

- 동료, 교사와 이야기를 나누고 다양한 감각적 표현을 사용하여 묘사하도록 한다.
- 시각화 과정을 잠시 멈추고 회상을 돕기 위해 간단한 스트레칭을 하게 한다.
- 잔잔한 음악과 함께 시도해 보도록 한다.
- 글 없는 그림책을 사용해서 이야기를 해 보도록 한다.
- 역할 놀이, 즉흥극 혹은 무언극, 타블로 극을 활용해본다.

⑭ 학생이 맞춤법 문제로 쓰기를 회피한다.

- 동료 학습자와 함께 쓴 내용을 공유하여 맞춤법을 고쳐 나갈 수 있도록 돕는다.
- 맞춤법에 대해 학생들이 고민하는 경우 맞춤법이 틀린 부분을 표시할 수 있는 약속을 만들고 글을 쓴 후에 동료와 함께 수정할 수 있도록 지도한다.
- 자주 틀리는 맞춤법을 메모하고 정리하여 자주 확인할 수 있게 한다.

⑮ 손으로 글쓰기를 잘하지 못해서 학생들이 글쓰기를 회피한다.

- 컴퓨터를 활용하여 글쓰기를 할 수 있게 한다.
- 캘리그래피나 그림 그리기와 유사하게 필기할 수 있도록 한다.
- 손으로 쓴 글을 사진으로 찍어 교사와 학생이 서로 협의하기를 한다.
- 쓰기 시간을 충분히 제공하고 천천히 글쓰기를 할 수 있게 한다.

문교부 고시 제88-1호 (1988. 1. 19.)

4. 한글 맞춤법

제1장 총칙

제1항 한글 맞춤법은 표준어를 소리대로 적되, 어법에 맞도록 함을 원칙으로 한다.

제2항 문장의 각 단어는 띄어 씀을 원칙으로 한다.

제3항 외래어는 '외래어 표기법'에 따라 적는다.

제2장 자모

제4항 한글 자모의 수는 스물넉 자로 하고, 그 순서와 이름은 다음과 같이 정한다.

ㄱ(기역)	ㄴ(니은)	ㄷ(디귿)	ㄹ(리을)	ㅁ(미음)
ㅂ(비읍)	ㅅ(시옷)	ㅇ(이응)	ㅈ(지읒)	ㅊ(치읓)
ㅋ(키읔)	ㅌ(티읕)	ㅍ(피읖)	ㅎ(히읗)	
ㅏ(아)	ㅑ(야)	ㅓ(어)	ㅕ(여)	ㅗ(오)
ㅛ(요)	ㅜ(우)	ㅠ(유)	ㅡ(으)	ㅣ(이)

[붙임 1] 위의 자모로써 적을 수 없는 소리는 두 개 이상의 자모를 어울러서 적되, 그 순서와 이름은 다음과 같이 정한다.

ㄲ(쌍기역)	ㄸ(쌍디귿)	ㅃ(쌍비읍)	ㅆ(쌍시옷)	ㅉ(쌍지읒)
ㅐ(애)	ㅒ(얘)	ㅔ(에)	ㅖ(예)	ㅘ(와)	ㅙ(왜)
ㅚ(외)	ㅝ(워)	ㅞ(웨)	ㅟ(위)	ㅢ(의)

[붙임 2] 사전에 올릴 적의 자모 순서는 다음과 같이 정한다.

자 음: ㄱ ㄲ ㄴ ㄷ ㄸ ㄹ ㅁ ㅂ
　　　 ㅃ ㅅ ㅆ ㅇ ㅈ ㅉ ㅊ ㅋ
　　　 ㅌ ㅍ ㅎ

모음:	ㅏ	ㅐ	ㅑ	ㅒ	ㅓ	ㅔ	ㅕ	ㅖ
	ㅗ	ㅘ	ㅙ	ㅚ	ㅛ	ㅜ	ㅝ	ㅞ
	ㅟ	ㅠ	ㅡ	ㅢ	ㅣ			

제3장 소리에 관한 것

제1절 된소리

제5항 한 단어 안에서 뚜렷한 까닭 없이 나는 된소리는 다음 음절의 첫소리를 된소리로 적는다.

1. 두 모음 사이에서 나는 된소리

소쩍새	어깨	오빠	으뜸	아끼다
기쁘다	깨끗하다	어떠하다	해쓱하다	가끔
거꾸로	부썩	어찌	이따금	

2. 'ㄴ, ㄹ, ㅁ, ㅇ' 받침 뒤에서 나는 된소리

산뜻하다	잔뜩	살짝	훨씬	담뿍
움찔	몽땅	엉뚱하다		

다만, 'ㄱ, ㅂ' 받침 뒤에서 나는 된소리는, 같은 음절이나 비슷한 음절이 겹쳐 나는 경우가 아니면 된소리로 적지 아니한다.

국수	깍두기	딱지	색시	싹둑(～싹둑)
법석	갑자기	몹시		

제2절 구개음화

제6항 'ㄷ, ㅌ' 받침 뒤에 종속적 관계를 가진 '-이(-)'나 '-히-'가 올 적에는, 그 'ㄷ, ㅌ'이 'ㅈ, ㅊ'으로 소리나더라도[1] 'ㄷ, ㅌ'으로 적는다.(ㄱ을 취하고, ㄴ을 버림.)

---
1) '소리나다'는 '표준국어대사전'에 따르면 '소리 나다'로 띄어 써야 한다. 이하 같다.

ㄱ	ㄴ		ㄱ	ㄴ
맏이	마지		핥이다	할치다
해돋이	해도지		걷히다	거치다
굳이	구지		닫히다	다치다
같이	가치		묻히다	무치다
끝이	끄치			

제3절 'ㄷ' 소리 받침

제7항 'ㄷ' 소리로 나는 받침 중에서 'ㄷ'으로 적을 근거가 없는 것은 'ㅅ'으로 적는다.

덧저고리	돗자리	엇셈	웃어른	핫옷
무릇	사뭇	얼핏	자칫하면	뭇[衆]
옛	첫	헛		

제4절 모음

제8항 '계, 례, 몌, 폐, 혜'의 'ㅖ'는 'ㅔ'로 소리나는[2] 경우가 있더라도 'ㅖ'로 적는다.(ㄱ을 취하고, ㄴ을 버림.)

ㄱ	ㄴ		ㄱ	ㄴ
계수(桂樹)	게수		혜택(惠澤)	혜택
사례(謝禮)	사레		계집	게집
연몌(連袂)	연메		핑계	핑게
폐품(廢品)	페품		계시다	게시다

다만, 다음 말은 본음대로 적는다.

게송(偈頌)	게시판(揭示板)	휴게실(休憩室)

제9항 '의'나, 자음을 첫소리로 가지고 있는 음절의 'ㅢ'는 'ㅣ'로 소리나는[3] 경우가 있

---

2) 각주 1) 참조
3) 각주 1) 참조

더라도 '늬'로 적는다.(ㄱ을 취하고, ㄴ을 버림.)

ㄱ	ㄴ		ㄱ	ㄴ
의의(意義)	의이		닁큼	닁큼
본의(本義)	본이		띄어쓰기	띠어쓰기
무늬[紋]	무니		씌어	씨어
보늬	보니		틔어	티어
오늬	오니		희망(希望)	히망
하늬바람	하니바람		희다	히다
늴리리	닐리리		유희(遊戲)	유히

제5절 두음 법칙

제10항 한자음 '녀, 뇨, 뉴, 니'가 단어 첫머리에 올 적에는, 두음 법칙에 따라 '여, 요, 유, 이'로 적는다.(ㄱ을 취하고, ㄴ을 버림.)

ㄱ	ㄴ		ㄱ	ㄴ
여자(女子)	녀자		유대(紐帶)	뉴대
연세(年歲)	년세		이토(泥土)	니토
요소(尿素)	뇨소		익명(匿名)	닉명

다만, 다음과 같은 의존 명사에서는 '냐, 녀' 음을 인정한다.
    냥(兩)   냥쭝(兩-)   년(年)(몇 년)

[붙임 1] 단어의 첫머리 이외의 경우에는 본음대로 적는다.
    남녀(男女)   당뇨(糖尿)   결뉴(結紐)   은닉(隱匿)

[붙임 2] 접두사처럼 쓰이는 한자가 붙어서 된 말이나 합성어에서, 뒷말의 첫소리가 'ㄴ' 소리로 나더라도 두음 법칙에 따라 적는다.
    신여성(新女性)   공염불(空念佛)   남존여비(男尊女卑)

[붙임 3] 둘 이상의 단어로 이루어진 고유 명사를 붙여 쓰는 경우에도 붙임 2에 준하여 적는다.

한국여자대학   대한요소비료회사

제11항 한자음 '랴, 려, 례, 료, 류, 리'가 단어의 첫머리에 올 적에는, 두음 법칙에 따라 '야, 여, 예, 요, 유, 이'로 적는다.(ㄱ을 취하고, ㄴ을 버림.)

ㄱ	ㄴ		ㄱ	ㄴ
양심(良心)	량심	|	용궁(龍宮)	룡궁
역사(歷史)	력사	|	유행(流行)	류행
예의(禮儀)	례의	|	이발(理髮)	리발

다만, 다음과 같은 의존 명사는 본음대로 적는다.

리(里): 몇 리냐?

리(理): 그럴 리가 없다.

[붙임 1] 단어의 첫머리 이외의 경우에는 본음대로 적는다.

개량(改良)	선량(善良)	수력(水力)	협력(協力)
사례(謝禮)	혼례(婚禮)	와룡(臥龍)	쌍룡(雙龍)
하류(下流)	급류(急流)	도리(道理)	진리(眞理)

다만, 모음이나 'ㄴ' 받침 뒤에 이어지는 '렬, 률'은 '열, 율'로 적는다.(ㄱ을 취하고, ㄴ을 버림.)

ㄱ	ㄴ		ㄱ	ㄴ
나열(羅列)	나렬	|	분열(分裂)	분렬
치열(齒列)	치렬	|	선열(先烈)	선렬
비열(卑劣)	비렬	|	진열(陳列)	진렬
규율(規律)	규률	|	선율(旋律)	선률
비율(比率)	비률	|	전율(戰慄)	전률

| 실패율(失敗率) | 실패률 | | 백분율(百分率) | 백분률 |

[붙임 2] 외자로 된 이름을 성에 붙여 쓸 경우에도 본음대로 적을 수 있다.

신립(申砬)   최린(崔麟)   채륜(蔡倫)   하륜(河崙)

[붙임 3] 준말에서 본음으로 소리나는[4] 것은 본음대로 적는다.

국련(국제연합)   대한교련(대한교육연합회)

[붙임 4] 접두사처럼 쓰이는 한자가 붙어서 된 말이나 합성어에서, 뒷말의 첫소리가 'ㄴ' 또는 'ㄹ' 소리로 나더라도 두음 법칙에 따라 적는다.

역이용(逆利用)   연이율(年利率)   열역학(熱力學)
해외여행(海外旅行)

[붙임 5] 둘 이상의 단어로 이루어진 고유 명사를 붙여 쓰는 경우나 십진법에 따라 쓰는 수(數)도 붙임 4에 준하여 적는다.

서울여관   신흥이발관   육천육백육십육(六千六百六十六)

제12항   한자음 '라, 래, 로, 뢰, 루, 르'가 단어의 첫머리에 올 적에는, 두음 법칙에 따라 '나, 내, 노, 뇌, 누, 느'로 적는다. (ㄱ을 취하고, ㄴ을 버림.)

ㄱ	ㄴ		ㄱ	ㄴ
낙원(樂園)	락원		뇌성(雷聲)	뢰성
내일(來日)	래일		누각(樓閣)	루각
노인(老人)	로인		능묘(陵墓)	릉묘

[붙임 1] 단어의 첫머리 이외의 경우에는 본음대로 적는다.

쾌락(快樂)   극락(極樂)   거래(去來)   왕래(往來)
부로(父老)   연로(年老)   지뢰(地雷)   낙뢰(落雷)

---

4) 각주 1) 참조

고루(高樓)   광한루(廣寒樓)   동구릉(東九陵)   가정란(家庭欄)

[붙임 2] 접두사처럼 쓰이는 한자가 붙어서 된 단어는 뒷말을 두음 법칙에 따라 적는다.

내내월(來來月)   상노인(上老人)   중노동(重勞動)

비논리적(非論理的)

제6절 겹쳐 나는 소리

제13항   한 단어 안에서 같은 음절이나 비슷한 음절이 겹쳐 나는 부분은 같은 글자로 적는다.(ㄱ을 취하고, ㄴ을 버림.)

ㄱ	ㄴ		ㄱ	ㄴ
딱딱	딱닥		꼿꼿하다	꼿곳하다
쌕쌕	쌕색		놀놀하다	놀롤하다
씩씩	씩식		눅눅하다	눙눅하다
똑딱똑딱	똑닥똑닥		밋밋하다	민밋하다
쓱싹쓱싹	쓱삭쓱삭		싹싹하다	싹삭하다
연연불망(戀戀不忘)	연련불망		쌉쌀하다	쌉살하다
유유상종(類類相從)	유류상종		씁쓸하다	씁슬하다
누누이(屢屢−)	누루이		짭짤하다	짭잘하다

제4장 형태에 관한 것

제1절 체언과 조사

제14항   체언은 조사와 구별하여 적는다.

떡이	떡을	떡에	떡도	떡만
손이	손을	손에	손도	손만
팔이	팔을	팔에	팔도	팔만
밤이	밤을	밤에	밤도	밤만
집이	집을	집에	집도	집만

옷이	옷을	옷에	옷도	옷만
콩이	콩을	콩에	콩도	콩만
낮이	낮을	낮에	낮도	낮만
꽃이	꽃을	꽃에	꽃도	꽃만
밭이	밭을	밭에	밭도	밭만
앞이	앞을	앞에	앞도	앞만
밖이	밖을	밖에	밖도	밖만
넋이	넋을	넋에	넋도	넋만
흙이	흙을	흙에	흙도	흙만
삶이	삶을	삶에	삶도	삶만
여덟이	여덟을	여덟에	여덟도	여덟만
곬이	곬을	곬에	곬도	곬만
값이	값을	값에	값도	값만

제2절   어간과 어미

제15항   용언의 어간과 어미는 구별하여 적는다.

먹다	먹고	먹어	먹으니
신다	신고	신어	신으니
믿다	믿고	믿어	믿으니
울다	울고	울어	(우니)
넘다	넘고	넘어	넘으니
입다	입고	입어	입으니
웃다	웃고	웃어	웃으니
찾다	찾고	찾아	찾으니
좇다	좇고	좇아	좇으니
같다	같고	같아	같으니
높다	높고	높아	높으니
좋다	좋고	좋아	좋으니

깎다	깎고	깎아	깎으니
앉다	앉고	앉아	앉으니
많다	많고	많아	많으니
늙다	늙고	늙어	늙으니
젊다	젊고	젊어	젊으니
넓다	넓고	넓어	넓으니
훑다	훑고	훑어	훑으니
읊다	읊고	읊어	읊으니
옳다	옳고	옳아	옳으니
없다	없고	없어	없으니
있다	있고	있어	있으니

[붙임 1] 두 개의 용언이 어울려 한 개의 용언이 될 적에, 앞말의 본뜻이 유지되고 있는 것은 그 원형을 밝히어 적고, 그 본뜻에서 멀어진 것은 밝히어 적지 아니한다.

(1) 앞말의 본뜻이 유지되고 있는 것

넘어지다	늘어나다	늘어지다	돌아가다	되짚어가다
들어가다	떨어지다	벌어지다	엎어지다	접어들다
틀어지다	흩어지다			

(2) 본뜻에서 멀어진 것

드러나다	사라지다	쓰러지다

[붙임 2] 종결형에서 사용되는 어미 '-오'는 '요'로 소리나는[5] 경우가 있더라도 그 원형을 밝혀 '오'로 적는다.(ㄱ을 취하고, ㄴ을 버림.)

ㄱ	ㄴ
이것은 책이오.	이것은 책이요.
이리로 오시오.	이리로 오시요.

---

5) 각주 1) 참조

이것은 책이 아니오.　　　　　이것은 책이 아니요.

[붙임 3] 연결형에서 사용되는 '이요'는 '이요'로 적는다.(ㄱ을 취하고, ㄴ을 버림.)

　　　　　　ㄱ　　　　　　　　　　　　　　　　ㄴ

이것은 책이요, 저것은 붓이요,　｜　이것은 책이오, 저것은 붓이오,

또 저것은 먹이다.　　　　　　　｜　또 저것은 먹이다.

제16항　어간의 끝음절 모음이 'ㅏ, ㅗ'일 때에는 어미를 '-아'로 적고, 그 밖의 모음일 때에는 '-어'로 적는다.

1. '-아'로 적는 경우

나아	나아도	나아서
막아	막아도	막아서
얇아	얇아도	얇아서
돌아	돌아도	돌아서
보아	보아도	보아서

2. '-어'로 적는 경우

개어	개어도	개어서
겪어	겪어도	겪어서
되어	되어도	되어서
베어	베어도	베어서
쉬어	쉬어도	쉬어서
저어	저어도	저어서
주어	주어도	주어서
피어	피어도	피어서
희어	희어도	희어서

제17항　어미 뒤에 덧붙는 조사 '요'는 '요'로 적는다.

읽어	읽어요	
참으리	참으리요	
좋지	좋지요	

제18항 다음과 같은 용언들은 어미가 바뀔 경우, 그 어간이나 어미가 원칙에 벗어나면 벗어나는 대로 적는다.

1. 어간의 끝 'ㄹ'이 줄어질 적

갈다:	가니	간	갑니다	가시다	가오
놀다:	노니	논	놉니다	노시다	노오
불다:	부니	분	붑니다	부시다	부오
둥글다:	둥그니	둥근	둥급니다	둥그시다	둥그오
어질다:	어지니	어진	어집니다	어지시다	어지오

[붙임] 다음과 같은 말에서도 'ㄹ'이 준 대로 적는다.

마지못하다	마지않다	(하)다마다	(하)자마자
(하)지 마라	(하)지 마(아)		

2. 어간의 끝 'ㅅ'이 줄어질 적

긋다:	그어	그으니	그었다
낫다:	나아	나으니	나았다
잇다:	이어	이으니	이었다
짓다:	지어	지으니	지었다

3. 어간의 끝 'ㅎ'이 줄어질 적[6]

그렇다:	그러니	그럴	그러면	그러오
까맣다:	까마니	까말	까마면	까마오

---

[6] 고시본에서 보였던 용례 중 '그립니다, 까맙니다, 동그랍니다, 퍼럽니다, 하얍니다'는 1994년 12월 16일에 열린 국어 심의회에 따라 삭제하기로 하였다. '표준어 규정' 제17항이 자음 뒤의 '-습니다'를 표준어로 정함에 따라 '그렇습니다, 까맣습니다, 동그랗습니다, 퍼렇습니다, 하얗습니다'가 표준어가 되는 것과 상충하기 때문이다.

동그랗다:	동그라니	동그랄	동그라면	동그라오
퍼렇다:	퍼러니	퍼럴	퍼러면	퍼러오
하얗다:	하야니	하얄	하야면	하야오

4. 어간의 끝 'ㅜ, ㅡ'가 줄어질 적

푸다:	퍼	펐다		뜨다:	떠	떴다
끄다:	꺼	껐다		크다:	커	컸다
담그다:	담가	담갔다		고프다:	고파	고팠다
따르다:	따라	따랐다		바쁘다:	바빠	바빴다

5. 어간의 끝 'ㄷ'이 'ㄹ'로 바뀔 적

걷다[步]:	걸어	걸으니	걸었다
듣다[聽]:	들어	들으니	들었다
묻다[問]:	물어	물으니	물었다
싣다[載]:	실어	실으니	실었다

6. 어간의 끝 'ㅂ'이 'ㅜ'로 바뀔 적

깁다:	기워	기우니	기웠다
굽다[炙]:	구워	구우니	구웠다
가깝다:	가까워	가까우니	가까웠다
괴롭다:	괴로워	괴로우니	괴로웠다
맵다:	매워	매우니	매웠다
무겁다:	무거워	무거우니	무거웠다
밉다:	미워	미우니	미웠다
쉽다:	쉬워	쉬우니	쉬웠다

다만, '돕-, 곱-'과 같은 단음절 어간에 어미 '-아'가 결합되어 '와'로 소리나는[7] 것

---

7) 각주 1) 참조

은 '-와'로 적는다.

돕다[助]:	도와	도와서	도와도	도왔다
곱다[麗]:	고와	고와서	고와도	고왔다

7. '하다'의 활용에서 어미 '-아'가 '-여'로 바뀔 적

하다:	하여	하여서	하여도	하여라	하였다

8. 어간의 끝음절 '르' 뒤에 오는 어미 '-어'가 '-러'로 바뀔 적

이르다[至]:	이르러	이르렀다
노르다:	노르러	노르렀다
누르다:	누르러	누르렀다
푸르다:	푸르러	푸르렀다

9. 어간의 끝음절 '르'의 'ㅡ'가 줄고, 그 뒤에 오는 어미 '-아/-어'가 '-라/-러'로 바뀔 적

가르다:	갈라	갈랐다	│	부르다:	불러	불렀다
거르다:	걸러	걸렀다	│	오르다:	올라	올랐다
구르다:	굴러	굴렀다	│	이르다:	일러	일렀다
벼르다:	별러	별렀다	│	지르다:	질러	질렀다

제3절 접미사가 붙어서 된 말

제19항 어간에 '-이'나 '-음/-ㅁ'이 붙어서 명사로 된 것과 '-이'나 '-히'가 붙어서 부사로 된 것은 그 어간의 원형을 밝히어 적는다.

1. '-이'가 붙어서 명사로 된 것

길이	깊이	높이	다듬이	땀받이	달맞이
먹이	미닫이	벌이	벼훑이	살림살이	쇠붙이

2. '-음/-ㅁ'이 붙어서 명사로 된 것

걸음	묶음	믿음	얼음	엮음	울음
웃음	졸음	죽음	앎	만듦	

3. '-이'가 붙어서 부사로 된 것

같이	굳이	길이	높이	많이	실없이
좋이	짓궂이				

4. '-히'가 붙어서 부사로 된 것

밝히	익히	작히

　다만, 어간에 '-이'나 '-음'이 붙어서 명사로 바뀐 것이라도 그 어간의 뜻과 멀어진 것은 원형을 밝히어 적지 아니한다.

굽도리	다리[髢]	목거리(목병)	무녀리
코끼리	거름(비료)	고름[膿]	노름(도박)

[붙임] 어간에 '-이'나 '-음' 이외의 모음으로 시작된 접미사가 붙어서 다른 품사로 바뀐 것은 그 어간의 원형을 밝히어 적지 아니한다.

(1) 명사로 바뀐 것

귀머거리	까마귀	너머	뜨더귀	마감
마개	마중	무덤	비렁뱅이	쓰레기
올가미	주검			

(2) 부사로 바뀐 것

거뭇거뭇	너무	도로	뜨덤뜨덤	바투
불긋불긋	비로소	오긋오긋	자주	차마

(3) 조사로 바뀌어 뜻이 달라진 것

나마	부터	조차

제20항 명사 뒤에 '-이'가 붙어서 된 말은 그 명사의 원형을 밝히어 적는다.

  1. 부사로 된 것

      곳곳이   낱낱이   몫몫이   샅샅이   앞앞이   집집이

  2. 명사로 된 것

      곰배팔이   바둑이   삼발이   애꾸눈이   육손이

      절뚝발이/절름발이

[붙임] '-이' 이외의 모음으로 시작된 접미사가 붙어서 된 말은 그 명사의 원형을 밝히어 적지 아니한다.

      꼬락서니   끄트머리   모가치   바가지   바깥   사타구니

      싸라기   이파리   지붕   지푸라기   짜개

제21항 명사나 혹은 용언의 어간 뒤에 자음으로 시작된 접미사가 붙어서 된 말은 그 명사나 어간의 원형을 밝히어 적는다.

  1. 명사 뒤에 자음으로 시작된 접미사가 붙어서 된 것

      값지다   홑지다   넋두리   빛깔   옆댕이   잎사귀

  2. 어간 뒤에 자음으로 시작된 접미사가 붙어서 된 것

      낚시   늙정이   덮개   뜯게질

      갉작갉작하다   갉작거리다   뜯적거리다   뜯적뜯적하다   굵다랗다

      굵직하다   깊숙하다   넓적하다

      높다랗다   늙수그레하다   얽죽얽죽하다

다만, 다음과 같은 말은 소리대로 적는다.

⑴ 겹받침의 끝소리가 드러나지 아니하는 것

      할짝거리다   널따랗다   널찍하다   말끔하다   말쑥하다

      말짱하다   실쭉하다   실큼하다   얄따랗다   얄팍하다

짤따랗다   짤막하다   실컷

(2) 어원이 분명하지 아니하거나 본뜻에서 멀어진 것
　　넙치　　　　　　올무　　　　　　　골막하다　　　　　납작하다

제22항　용언의 어간에 다음과 같은 접미사들이 붙어서 이루어진 말들은 그 어간을 밝히
어 적는다.

1. '-기-, -리-, -이-, -히-, -구-, -우-, -추-, -으키-, -이키-, -애-'가 붙는
것

맡기다	옮기다	웃기다	쫓기다	뚫리다
울리다	낚이다	쌓이다	핥이다	굳히다
굽히다	넓히다	앉히다	얽히다	잡히다
돋구다	솟구다	돋우다	갖추다	곧추다
맞추다	일으키다	돌이키다	없애다	

다만, '-이-, -히-, -우-'가 붙어서 된 말이라도 본뜻에서 멀어진 것은 소리대로 적
는다.
　　도리다(칼로 ~)　　드리다(용돈을 ~)　고치다
　　바치다(세금을 ~)　부치다(편지를 ~)　거두다
　　미루다　　　　　　이루다

2. '-치-, -뜨리-, -트리-'가 붙는 것

놓치다	덮치다	떠받치다	받치다	밭치다
부딪치다	뻗치다	엎치다	부딪뜨리다/부딪트리다	
쏟뜨리다/쏟트리다		젖뜨리다/젖트리다		
찢뜨리다/찢트리다		흩뜨리다/흩트리다		

[붙임] '-업-, -읍-, -브-'가 붙어서 된 말은 소리대로 적는다.

4. 한글 맞춤법　**175**

미덥다   우습다   미쁘다

제23항 '-하다'나 '-거리다'가 붙는 어근에 '-이'가 붙어서 명사가 된 것은 그 원형을 밝히어 적는다.(ㄱ을 취하고, ㄴ을 버림.)

ㄱ	ㄴ		ㄱ	ㄴ
깔쭉이	깔쭈기	|	살살이	살사리
꿀꿀이	꿀꾸리	|	쌕쌕이	쌕쌔기
눈깜짝이	눈깜짜기	|	오뚝이	오뚜기
더펄이	더퍼리	|	코납작이	코납자기
배불뚝이	배불뚜기	|	푸석이	푸서기
삐죽이	삐주기	|	홀쭉이	홀쭈기

[붙임] '-하다'나 '-거리다'가 붙을 수 없는 어근에 '-이'나 또는 다른 모음으로 시작되는 접미사가 붙어서 명사가 된 것은 그 원형을 밝히어 적지 아니한다.

개구리	귀뚜라미	기러기	깍두기	꽹과리
날라리	누더기	동그라미	두드러기	딱따구리
매미	부스러기	뻐꾸기	얼루기	칼싹두기

제24항 '-거리다'가 붙을 수 있는 시늉말 어근에 '-이다'가 붙어서 된 용언은 그 어근을 밝히어 적는다.(ㄱ을 취하고, ㄴ을 버림.)

ㄱ	ㄴ		ㄱ	ㄴ
깜짝이다	깜짜기다	|	속삭이다	속사기다
꾸벅이다	꾸버기다	|	숙덕이다	숙더기다
끄덕이다	끄더기다	|	울먹이다	울머기다
뒤척이다	뒤처기다	|	움직이다	움지기다
들먹이다	들머기다	|	지껄이다	지꺼리다
망설이다	망서리다	|	퍼덕이다	퍼더기다
번득이다	번드기다	|	허덕이다	허더기다

번쩍이다　　번쩌기다　　|　　헐떡이다　　헐떠기다

제25항　'-하다'가 붙는 어근에 '-히'나 '-이'가 붙어서 부사가 되거나, 부사에 '-이'가 붙어서 뜻을 더하는 경우에는 그 어근이나 부사의 원형을 밝히어 적는다.
　1. '-하다'가 붙는 어근에 '-히'나 '-이'가 붙는 경우
　　　급히　　　　꾸준히　　　도저히　　　딱히　　　어렴풋이　　　깨끗이

　[붙임] '-하다'가 붙지 않는 경우에는 소리대로 적는다.
　　　갑자기　　　반드시(꼭)　　슬며시

　2. 부사에 '-이'가 붙어서 역시 부사가 되는 경우
　　　곰곰이　　　더욱이　　　생긋이　　　오뚝이　　　일찍이　　　해죽이

제26항　'-하다'나 '-없다'가 붙어서 된 용언은 그 '-하다'나 '-없다'를 밝히어 적는다.
　1. '-하다'가 붙어서 용언이 된 것
　　　딱하다　　　숱하다　　　착하다　　　텁텁하다　　　푹하다

　2. '-없다'가 붙어서 용언이 된 것
　　　부질없다　　　상없다　　　시름없다　　　열없다　　　하염없다

　제4절　합성어 및 접두사가 붙은 말
제27항　둘 이상의 단어가 어울리거나 접두사가 붙어서 이루어진 말은 각각 그 원형을 밝히어 적는다.
　　　국말이　　　꺾꽂이　　　꽃잎　　　끝장　　　물난리
　　　밑천　　　부엌일　　　싫증　　　옷안　　　웃옷
　　　젖몸살　　　첫아들　　　칼날　　　팥알　　　헛웃음
　　　홀아비　　　홑몸　　　흙내
　　　값없다　　　겉늙다　　　굶주리다　　　낮잡다　　　맞먹다

받내다	벋놓다	빗나가다	빛나다	새파랗다
샛노랗다	시꺼멓다	싯누렇다	엇나가다	엎누르다
엿듣다	옻오르다	짓이기다	헛되다	

[붙임 1] 어원은 분명하나 소리만 특이하게 변한 것은 변한 대로 적는다.

     할아버지   할아범

[붙임 2] 어원이 분명하지 아니한 것은 원형을 밝히어 적지 아니한다.

골병	골탕	끌탕	며칠	아재비
오라비	업신여기다	부리나케		

[붙임 3] '이[齒, 虱]'가 합성어나 이에 준하는 말에서 '니' 또는 '리'로 소리날[8] 때에는 '니'로 적는다.

간니	덧니	사랑니	송곳니	앞니
어금니	윗니	젖니	톱니	틀니
가랑니	머릿니			

제28항 끝소리가 'ㄹ'인 말과 딴 말이 어울릴 적에 'ㄹ' 소리가 나지 아니하는 것은 아니 나는 대로 적는다.

     다달이(달-달-이)   따님(딸-님)   마되(말-되)

     마소(말-소)   무자위(물-자위)   바느질(바늘-질)

     부나비(불-나비)   부삽(불-삽)   부손(불-손)

     소나무(솔-나무)   싸전(쌀-전)   여닫이(열-닫이)

     우짖다(울-짖다)   화살(활-살)

제29항 끝소리가 'ㄹ'인 말과 딴 말이 어울릴 적에 'ㄹ' 소리가 'ㄷ' 소리로 나는 것은 'ㄷ'으로 적는다.

---

8) 각주 1) 참조

반짇고리(바느질~)　사흘날(사흘~)　삼짇날(삼질~)
섣달(설~)　　　　숟가락(술~)　　이튿날(이틀~)
잗주름(잘~)　　　푿소(풀~)　　　섣부르다(설~)
잗다듬다(잘~)　　잗다랗다(잘~)

제30항　사이시옷은 다음과 같은 경우에 받치어 적는다.

　1. 순 우리말로 된 합성어로서 앞말이 모음으로 끝난 경우

　(1) 뒷말의 첫소리가 된소리로 나는 것

고랫재	귓밥	나룻배	나뭇가지	냇가
댓가지	뒷갈망	맷돌	머릿기름	모깃불
못자리	바닷가	뱃길	볏가리	부싯돌
선짓국	쇳조각	아랫집	우렁잇속	잇자국
잿더미	조갯살	찻집	쳇바퀴	킷값
핏대	햇볕	혓바늘		

　(2) 뒷말의 첫소리 'ㄴ, ㅁ' 앞에서 'ㄴ' 소리가 덧나는 것

멧나물	아랫니	텃마당	아랫마을	뒷머리
잇몸	깻묵	냇물	빗물	

　(3) 뒷말의 첫소리 모음 앞에서 'ㄴㄴ' 소리가 덧나는 것

도리깻열	뒷윷	두렛일	뒷일	뒷입맛
베갯잇	욧잇	깻잎	나뭇잎	댓잎

　2. 순 우리말과 한자어로 된 합성어로서 앞말이 모음으로 끝난 경우

　(1) 뒷말의 첫소리가 된소리로 나는 것

귓병	머릿방	뱃병	봇둑	사잣밥
샛강	아랫방	자릿세	전셋집	찻잔
찻종	촛국	콧병	탯줄	텃세

핏기   햇수   횟가루   횟배

(2) 뒷말의 첫소리 'ㄴ, ㅁ' 앞에서 'ㄴ' 소리가 덧나는 것
  곗날   제삿날   훗날   툇마루   양칫물

(3) 뒷말의 첫소리 모음 앞에서 'ㄴㄴ' 소리가 덧나는 것
  가욋일   사삿일   예삿일   훗일

3. 두 음절로 된 다음 한자어
  곳간(庫間)   셋방(貰房)   숫자(數字)   찻간(車間)   툇간(退間)
  횟수(回數)

제31항   두 말이 어울릴 적에 'ㅂ' 소리나 'ㅎ' 소리가 덧나는 것은 소리대로 적는다.
  1. 'ㅂ' 소리가 덧나는 것
    댑싸리(대ㅂ싸리)   멥쌀(메ㅂ쌀)   볍씨(벼ㅂ씨)
    입때(이ㅂ때)   입쌀(이ㅂ쌀)   접때(저ㅂ때)
    좁쌀(조ㅂ쌀)   햅쌀(해ㅂ쌀)

  2. 'ㅎ' 소리가 덧나는 것
    머리카락(머리ㅎ가락)   살코기(살ㅎ고기)   수캐(수ㅎ개)
    수컷(수ㅎ것)   수탉(수ㅎ닭)   안팎(안ㅎ밖)
    암캐(암ㅎ개)   암컷(암ㅎ것)   암탉(암ㅎ닭)

제5절   준 말
제32항   단어의 끝모음이 줄어지고 자음만 남은 것은 그 앞의 음절에 받침으로 적는다.
    (본말)   (준말)
    기러기야   기럭아

---

9) 고시본에서 보였던 '온갖, 온가지' 중 '온가지'는 '표준어 규정' 제14항에서 비표준어로 처리하였으므로 삭제하였다.

어제그저께[10]	엊그저께
어제저녁	엊저녁
가지고, 가지지	갖고, 갖지
디디고, 디디지	딛고, 딛지

제33항 체언과 조사가 어울려 줄어지는 경우에는 준 대로 적는다.

(본말)	(준말)
그것은	그건
그것이	그게
그것으로	그걸로
나는	난
나를	날
너는	넌
너를	널
무엇을	뭣을/무얼/뭘
무엇이	뭣이/무에

제34항 모음 'ㅏ, ㅓ'로 끝난 어간에 '-아/-어, -았-/-었-'이 어울릴 적에는 준 대로 적는다.

(본말)	(준말)		(본말)	(준말)
가아	가		가았다	갔다
나아	나		나았다	났다
타아	타		타았다	탔다
서어	서		서었다	섰다
켜어	켜		켜었다	켰다
펴어	펴		펴었다	폈다

---

10) '어제그저께'는 '표준국어대사전'에 따르면 '어제 그저께'로 띄어 써야 한다.

[붙임 1] 'ㅐ, ㅔ' 뒤에 '-어, -었-'이 어울려 줄 적에는 준 대로 적는다.

(본말)	(준말)		(본말)	(준말)
개어	개		개었다	갰다
내어	내		내었다	냈다
베어	베		베었다	벴다
세어	세		세었다	셌다

[붙임 2] '하여'가 한 음절로 줄어서 '해'로 될 적에는 준 대로 적는다.

(본말)	(준말)		(본말)	(준말)
하여	해		하였다	했다
더하여	더해		더하였다	더했다
흔하여	흔해		흔하였다	흔했다

제35항 모음 'ㅗ, ㅜ'로 끝난 어간에 '-아/-어, -았-/-었-'이 어울려 'ㅘ/ㅝ, 왔/웠'으로 될 적에는 준 대로 적는다.

(본말)	(준말)		(본말)	(준말)
꼬아	꽈		꼬았다	꽜다
보아	봐		보았다	봤다
쏘아	쏴		쏘았다	쐈다
두어	둬		두었다	뒀다
쑤어	쒀		쑤었다	쒔다
주어	줘		주었다	줬다

[붙임 1] '놓아'가 '놔'로 줄 적에는 준 대로 적는다.

[붙임 2] 'ㅚ' 뒤에 '-어, -었-'이 어울려 'ㅙ, 왜'으로 될 적에도 준 대로 적는다.

(본말)	(준말)		(본말)	(준말)
괴어	괘		괴었다	괬다

되어	돼		되었다	됐다
뵈어	봬		뵈었다	뵀다
쇠어	쇄		쇠었다	쇘다
쐬어	쐐		쐬었다	쐤다

제36항 'ㅣ' 뒤에 '-어'가 와서 'ㅕ'로 줄 적에는 준 대로 적는다.

(본말)	(준말)		(본말)	(준말)
가지어	가져		가지었다	가졌다
견디어	견뎌		견디었다	견뎠다
다니어	다녀		다니었다	다녔다
막히어	막혀		막히었다	막혔다
버티어	버텨		버티었다	버텼다
치이어	치여		치이었다	치였다

제37항 'ㅏ, ㅕ, ㅗ, ㅜ, ㅡ'로 끝난 어간에 '-이-'가 와서 각각 'ㅐ, ㅖ, ㅚ, ㅟ, ㅢ'로 줄 적에는 준 대로 적는다.

(본말)	(준말)		(본말)	(준말)
싸이다	쌔다		누이다	뉘다
펴이다	폐다		뜨이다	띄다
보이다	뵈다		쓰이다	씌다

제38항 'ㅏ, ㅗ, ㅜ, ㅡ' 뒤에 '-이어'가 어울려 줄어질 적에는 준 대로 적는다.

(본말)	(준말)		(본말)	(준말)
싸이어	쌔어 싸여		뜨이어	띄어
보이어	뵈어 보여		쓰이어	씌어 쓰여
쏘이어	쐬어 쏘여		트이어	틔어 트여
누이어	뉘어 누여			

제39항 어미 '-지' 뒤에 '않-'이 어울려 '-잖-'이 될 적과 '-하지' 뒤에 '않-'이 어울려 '-찮-'이 될 적에는 준 대로 적는다.

(본말)	(준말)		(본말)	(준말)
그렇지 않은	그렇잖은		만만하지 않다	만만찮다
적지 않은	적잖은		변변하지 않다	변변찮다

제40항 어간의 끝음절 '하'의 'ㅏ'가 줄고 'ㅎ'이 다음 음절의 첫소리와 어울려 거센소리로 될 적에는 거센소리로 적는다.

(본말)	(준말)		(본말)	(준말)
간편하게	간편케		다정하다	다정타
연구하도록	연구토록		정결하다	정결타
가하다	가타		흔하다	흔타

[붙임 1] 'ㅎ'이 어간의 끝소리로 굳어진 것은 받침으로 적는다.

않다	않고	않지	않든지
그렇다	그렇고	그렇지	그렇든지
아무렇다	아무렇고	아무렇지	아무렇든지
어떻다	어떻고	어떻지	어떻든지
이렇다	이렇고	이렇지	이렇든지
저렇다	저렇고	저렇지	저렇든지

[붙임 2] 어간의 끝음절 '하'가 아주 줄 적에는 준 대로 적는다.

(본말)	(준말)		(본말)	(준말)
거북하지	거북지		넉넉하지 않다	넉넉지 않다
생각하건대	생각건대		못하지 않다	못지않다
생각하다 못해	생각다 못해		섭섭하지 않다	섭섭지 않다
깨끗하지 않다	깨끗지 않다		익숙하지 않다	익숙지 않다

[붙임 3] 다음과 같은 부사는 소리대로 적는다.

| 결단코 | 결코 | 기필코 | 무심코 | 아무튼 | 요컨대 |
| 정녕코 | 필연코 | 하마터면 | 하여튼 | 한사코 | |

제5장 띄어쓰기

제1절 조 사

제41항 조사는 그 앞말에 붙여 쓴다.

꽃이	꽃마저	꽃밖에	꽃에서부터	꽃으로만
꽃이나마	꽃이다	꽃입니다	꽃처럼	어디까지나
거기도	멀리는	웃고만		

제2절 의존 명사, 단위를 나타내는 명사 및 열거하는 말 등

제42항 의존 명사는 띄어 쓴다.

아는 것이 힘이다.	나도 할 수 있다.
먹을 만큼 먹어라.	아는 이를 만났다.
네가 뜻한 바를 알겠다.	그가 떠난 지가 오래다.

제43항 단위를 나타내는 명사는 띄어 쓴다.

한 개	차 한 대	금 서 돈	소 한 마리
옷 한 벌	열 살	조기 한 손	연필 한 자루
버선 한 죽	집 한 채	신 두 켤레	북어 한 쾌

다만, 순서를 나타내는 경우나 숫자와 어울리어 쓰이는 경우에는 붙여 쓸 수 있다.

두시 삼십분 오초	제일과	삼학년
육층	1446년 10월 9일	2대대
16동 502호	제1실습실	80원
10개	7미터	

제44항 수를 적을 적에는 '만(萬)' 단위로 띄어 쓴다.

십이억 삼천사백오십육만 칠천팔백구십팔

12억 3456만 7898

제45항 두 말을 이어 주거나 열거할 적에 쓰이는 다음의 말들은 띄어 쓴다.

국장 겸 과장	열 내지 스물	청군 대 백군
책상, 걸상 등이 있다	이사장 및 이사들	사과, 배, 귤 등등
사과, 배 등속	부산, 광주 등지	

제46항 단음절로 된 단어가 연이어 나타날 적에는 붙여 쓸 수 있다.

그때 그곳   좀더 큰것   이말 저말   한잎 두잎

제3절 보조 용언

제47항 보조 용언은 띄어 씀을 원칙으로 하되, 경우에 따라 붙여 씀도 허용한다.(ㄱ을 원칙으로 하고, ㄴ을 허용함.)

ㄱ	ㄴ
불이 꺼져 간다.	불이 꺼져간다.
내 힘으로 막아 낸다.	내 힘으로 막아낸다.
어머니를 도와 드린다.	어머니를 도와드린다.
그릇을 깨뜨려 버렸다.	그릇을 깨뜨려버렸다.
비가 올 듯하다.	비가 올듯하다.
그 일은 할 만하다.	그 일은 할만하다.
일이 될 법하다.	일이 될법하다.
비가 올 성싶다.	비가 올성싶다.
잘 아는 척한다.	잘 아는척한다.

다만, 앞말에 조사가 붙거나 앞말이 합성 동사인 경우, 그리고 중간에 조사가 들어갈 적에는 그 뒤에 오는 보조 용언은 띄어 쓴다.

잘도 놀아만 나는구나! 책을 읽어도 보고…….

네가 덤벼들어 보아라. 강물에 떠내려가 버렸다.

그가 올 듯도 하다. 잘난 체를 한다.

제4절 고유 명사 및 전문 용어

제48항 성과 이름, 성과 호 등은 붙여 쓰고, 이에 덧붙는 호칭어, 관직명 등은 띄어 쓴다.

김양수(金良洙) 서화담(徐花潭) 채영신 씨

최치원 선생 박동식 박사 충무공 이순신 장군

다만, 성과 이름, 성과 호를 분명히 구분할 필요가 있을 경우에는 띄어 쓸 수 있다.

남궁억/남궁 억 독고준/독고 준

황보지봉(皇甫芝峰)/황보 지봉

제49항 성명 이외의 고유 명사는 단어별로 띄어 씀을 원칙으로 하되, 단위별로 띄어 쓸 수 있다.(ㄱ을 원칙으로 하고, ㄴ을 허용함.)

ㄱ	ㄴ
대한 중학교	대한중학교
한국 대학교 사범 대학	한국대학교 사범대학

제50항 전문 용어는 단어별로 띄어 씀을 원칙으로 하되, 붙여 쓸 수 있다.(ㄱ을 원칙으로 하고, ㄴ을 허용함.)

ㄱ	ㄴ
만성 골수성 백혈병	만성골수성백혈병
중거리 탄도 유도탄	중거리탄도유도탄

제6장 그 밖의 것

제51항 부사의 끝음절이 분명히 '이'로만 나는 것은 '-이'로 적고, '히'로만 나거나

'이'나 '히'로 나는 것은 '-히'로 적는다.

1. '이'로만 나는 것

가붓이	깨끗이	나붓이	느긋이	둥긋이	따뜻이	반듯이
버젓이	산뜻이	의젓이	가까이	고이	날카로이	대수로이
번거로이	많이	적이	헛되이	겹겹이	번번이	일일이
집집이	틈틈이					

2. '히'로만 나는 것

극히	급히	딱히	속히	작히
족히	특히	엄격히	정확히	

3. '이, 히'로 나는 것

솔직히	가만히	간편히	나른히	무단히
각별히	소홀히	쓸쓸히	정결히	과감히
꼼꼼히	심히	열심히	급급히	답답히
섭섭히	공평히	능히	당당히	분명히
상당히	조용히	간소히	고요히	도저히

제52항 한자어에서 본음으로도 나고 속음으로도 나는 것은 각각 그 소리에 따라 적는다.

(본음으로 나는 것)	(속음으로 나는 것)
승낙(承諾)	수락(受諾), 쾌락(快諾), 허락(許諾)
만난(萬難)	곤란(困難), 논란(論難)
안녕(安寧)	의령(宜寧), 회령(會寧)
분노(忿怒)	대로(大怒), 희로애락(喜怒哀樂)
토론(討論)	의논(議論)
오륙십(五六十)	오뉴월, 유월(六月)
목재(木材)	모과(木瓜)

십일(十日)	시방정토(十方淨土), 시왕(十王), 시월(十月)
팔일(八日)	초파일(初八日)

제53항 다음과 같은 어미는 예사소리로 적는다.(ㄱ을 취하고, ㄴ을 버림.)

ㄱ	ㄴ
-(으)ㄹ거나	-(으)ㄹ꺼나
-(으)ㄹ걸	-(으)ㄹ껄
-(으)ㄹ게	-(으)ㄹ께
-(으)ㄹ세	-(으)ㄹ쎄
-(으)ㄹ세라	-(으)ㄹ쎄라
-(으)ㄹ수록	-(으)ㄹ쑤록
-(으)ㄹ시	-(으)ㄹ씨
-(으)ㄹ지	-(으)ㄹ찌
-(으)ㄹ지니라	-(으)ㄹ찌니라
-(으)ㄹ지라도	-(으)ㄹ찌라도
-(으)ㄹ지어다	-(으)ㄹ찌어다
-(으)ㄹ지언정	-(으)ㄹ찌언정
-(으)ㄹ진대	-(으)ㄹ찐대
-(으)ㄹ진저	-(으)ㄹ찐저
-올시다	-올씨다

다만, 의문을 나타내는 다음 어미들은 된소리로 적는다.

-(으)ㄹ까?	-(으)ㄹ꼬?	-(스)ㅂ니까?
-(으)리까?	-(으)ㄹ쏘냐?	

제54항 다음과 같은 접미사는 된소리로 적는다.(ㄱ을 취하고, ㄴ을 버림.)

ㄱ	ㄴ		ㄱ	ㄴ
심부름꾼	심부름군	|	귀때기	귓대기

익살꾼	익살군	볼때기	볼대기
일꾼	일군	판자때기	판잣대기
장꾼	장군	뒤꿈치	뒷굼치
장난꾼	장난군	팔꿈치	팔굼치
지게꾼	지겟군	이마빼기	이맛배기
때깔	땟갈	코빼기	콧배기
빛깔	빛갈	객쩍다	객적다
성깔	성갈	겸연쩍다	겸연적다

제55항 두 가지로 구별하여 적던 다음 말들은 한 가지로 적는다.(ㄱ을 취하고, ㄴ을 버림.)

ㄱ	ㄴ
맞추다(입을 맞춘다. 양복을 맞춘다.)	마추다
뻗치다(다리를 뻗친다. 멀리 뻗친다.)	뻐치다

제56항 ‘-더라, -던’과 ‘-든지’는 다음과 같이 적는다.

1. 지난 일을 나타내는 어미는 ‘-더라, -던’으로 적는다.(ㄱ을 취하고, ㄴ을 버림.)

ㄱ	ㄴ
지난 겨울[11]은 몹시 춥더라.	지난 겨울[12]은 몹시 춥드라.
깊던 물이 얕아졌다.	깊든 물이 얕아졌다.
그렇게 좋던가?	그렇게 좋든가?
그 사람 말 잘하던데!	그 사람 말 잘하든데!
얼마나 놀랐던지 몰라.	얼마나 놀랐든지 몰라.

2. 물건이나 일의 내용을 가리지 아니하는 뜻을 나타내는 조사와 어미는 ‘(-)든지’로 적는다.(ㄱ을 취하고, ㄴ을 버림.)

---

11) ‘지난 겨울’은 ‘표준국어대사전’에 따르면 ‘지난겨울’과 같이 붙여 써야 한다. 이하 같다.
12) 각주 11) 참조

ㄱ   ㄴ

배든지 사과든지 마음대로 먹어라.   배던지 사과던지 마음대로 먹어라.

가든지 오든지 마음대로 해라.   가던지 오던지 마음대로 해라.

제57항 다음 말들은 각각 구별하여 적는다.

가름	둘로 가름.
갈음	새 책상으로 갈음하였다.
거름	풀을 썩인[13] 거름.
걸음	빠른 걸음.
거치다	영월을 거쳐 왔다.
걷히다	외상값이 잘 걷힌다.
걷잡다	걷잡을 수 없는 상태.
겉잡다	겉잡아서 이틀 걸릴 일.
그러므로(그러니까)	그는 부지런하다. 그러므로 잘 산다.
그럼으로(써)	그는 열심히 공부한다. 그럼으로(써)
(그렇게 하는 것으로)	은혜에 보답한다.
노름	노름판이 벌어졌다.
놀음(놀이)	즐거운 놀음.
느리다	진도가 너무 느리다.
늘이다	고무줄을 늘인다.
늘리다	수출량을 더 늘린다.

---

13) '표준국어대사전'에 따르면 '썩힌'으로 써야 한다. '썩이다'는 '속을 썩이다, 가슴을 썩이다'로 쓸 수 있다.

다리다	옷을 다린다.
달이다	약을 달인다.
다치다	부주의로 손을 다쳤다.
닫히다	문이 저절로 닫혔다.
닫치다	문을 힘껏 닫쳤다.
마치다	벌써 일을 마쳤다.
맞히다	여러 문제를 더 맞혔다.
목거리	목거리가 덧났다.
목걸이	금 목걸이, 은 목걸이.[14]
바치다	나라를 위해 목숨을 바쳤다.
받치다	우산을 받치고 간다.
	책받침을 받친다.
받히다	쇠뿔에 받혔다.
밭치다	술을 체에 밭친다.
반드시	약속은 반드시 지켜라.
반듯이	고개를 반듯이 들어라.
부딪치다	차와 차가 마주 부딪쳤다.
부딪히다	마차가 화물차에 부딪혔다.
부치다	힘이 부치는 일이다.
	편지를 부친다.

---

14) '금 목걸이', '은 목걸이'는 '표준국어대사전'에 따르면 '금목걸이', '은목걸이'와 같이 붙여 써야 한다.

	논밭을 부친다.
	빈대떡을 부친다.
	식목일에 부치는 글.
	회의에 부치는 안건.
	인쇄에 부치는 원고.
	삼촌 집에 숙식을 부친다.
붙이다	우표를 붙인다.
	책상을 벽에 붙였다.
	흥정을 붙인다.
	불을 붙인다.
	감시원을 붙인다.
	조건을 붙인다.
	취미를 붙인다.
	별명을 붙인다.
시키다	일을 시킨다.
식히다	끓인 물을 식힌다.
아름	세 아름 되는 둘레.
알음	전부터 알음이 있는 사이.
앎	앎이 힘이다.
안치다	밥을 안친다.
앉히다	윗자리에 앉힌다.
어름	두 물건의 어름에서 일어난 현상.
얼음	얼음이 얼었다.

이따가	이따가 오너라.
있다가	돈은 있다가도 없다.
저리다	다친 다리가 저린다.[15)
절이다	김장 배추를 절인다.
조리다	생선을 조린다. 통조림, 병조림.
졸이다	마음을 졸인다.
주리다	여러 날을 주렸다.
줄이다	비용을 줄인다.
하노라고	하노라고 한 것이 이 모양이다.
하느라고	공부하느라고 밤을 새웠다.
-느니보다(어미)	나를 찾아오느니보다 집에 있거라.[16)
-는 이보다(의존 명사)	오는 이가 가는 이보다 많다.
-(으)리만큼(어미)	나를 미워하리만큼 그에게 잘못한 일이 없다.
-(으)ㄹ 이만큼(의존 명사)	찬성할 이도 반대할 이만큼이나 많을 것이다.
-(으)러(목적)	공부하러 간다.
-(으)려(의도)	서울 가려 한다.
-(으)로서(자격)	사람으로서 그럴 수는 없다.

---

15) '표준국어대사전'에 따르면 '저리다'로 써야 한다. '저리다'(뼈마디나 몸의 일부가 오래 눌려서 피가 잘 통하지 못하여 감각이 둔하고 아리다.)는 형용사이므로 종결 어미 '-ㄴ다'가 연결될 수 없다.

16) '표준국어대사전'에 따르면 '있어라'로 써야 한다. '-거라'는 '가다'와 '가다'로 끝나는 동사 어간 뒤에 붙으므로 '있다'에는 '-거라'가 붙을 수 없다.

-(으)로써(수단)　　　　　　　　　닭으로써 꿩을 대신했다.

-(으)므로(어미)　　　　　　　　　그가 나를 믿으므로 나도 그를 믿는다.
(-ㅁ, -음)으로(써)(조사)　　　　　그는 믿음으로(써) 산 보람을 느꼈다.

문화체육관광부
2014. 10. 27. 고시
2015. 1. 1. 시행

5. 「한글 맞춤법」 일부 개정안

〈제1장〉~〈제6장〉 현행과 같음.

부칙

　이 규정은 2015년 1월 1일부터 시행한다.

■ 부록

문장 부호

　문장 부호는 글에서 문장의 구조를 드러내거나 글쓴이의 의도를 전달하기 위하여 사용하는 부호이다. 문장 부호의 이름과 사용법은 다음과 같이 정한다.

1. 마침표(.)

　(1) 서술, 명령, 청유 등을 나타내는 문장의 끝에 쓴다.

　　예 젊은이는 나라의 기둥입니다.　　예 제 손을 꼭 잡으세요.

　　예 집으로 돌아갑시다.　　예 가는 말이 고와야 오는 말이 곱다.

　[붙임 1] 직접 인용한 문장의 끝에는 쓰는 것을 원칙으로 하되, 쓰지 않는 것을 허용한다.(ㄱ을 원칙으로 하고, ㄴ을 허용함.)

　　예 ㄱ. 그는 "지금 바로 떠나자."라고 말하며 서둘러 짐을 챙겼다.

　　　　ㄴ. 그는 "지금 바로 떠나자"라고 말하며 서둘러 짐을 챙겼다.

　[붙임 2] 용언의 명사형이나 명사로 끝나는 문장에는 쓰는 것을 원칙으로 하되, 쓰지 않는 것을 허용한다.(ㄱ을 원칙으로 하고, ㄴ을 허용함.)

예 ㄱ. 목적을 이루기 위하여 몸과 마음을 다하여 애를 씀.

　 ㄴ. 목적을 이루기 위하여 몸과 마음을 다하여 애를 씀

예 ㄱ. 결과에 연연하지 않고 끝까지 최선을 다하기.

　 ㄴ. 결과에 연연하지 않고 끝까지 최선을 다하기

예 ㄱ. 신입 사원 모집을 위한 기업 설명회 개최.

　 ㄴ. 신입 사원 모집을 위한 기업 설명회 개최

예 ㄱ. 내일 오전까지 보고서를 제출할 것.

　 ㄴ. 내일 오전까지 보고서를 제출할 것

다만, 제목이나 표어에는 쓰지 않음을 원칙으로 한다.

예 압록강은 흐른다　　　　예 꺼진 불도 다시 보자

예 건강한 몸 만들기

(2) 아라비아 숫자만으로 연월일을 표시할 때 쓴다.

예 1919. 3. 1.　　　　　예 10. 1.～10. 12.

(3) 특정한 의미가 있는 날을 표시할 때 월과 일을 나타내는 아라비아 숫자 사이에 쓴다.

예 3.1 운동　　　　　　예 8.15 광복

[붙임] 이때는 마침표 대신 가운뎃점을 쓸 수 있다.

예 3 · 1 운동　　　　　예 8 · 15 광복

(4) 장, 절, 항 등을 표시하는 문자나 숫자 다음에 쓴다.

예 가. 인명　　　　　　예 ㄱ. 머리말

예 Ⅰ. 서론　　　　　　예 1. 연구 목적

[붙임] '마침표' 대신 '온점'이라는 용어를 쓸 수 있다.

2. 물음표(?)

(1) 의문문이나 의문을 나타내는 어구의 끝에 쓴다.

예 점심 먹었어?　　　　　　　예 이번에 가시면 언제 돌아오세요?

예 제가 부모님 말씀을 따르지 않을 리가 있겠습니까?

예 남북이 통일되면 얼마나 좋을까?

예 다섯 살짜리 꼬마가 이 멀고 험한 곳까지 혼자 왔다?

예 지금?　　　　　　　　　　예 뭐라고?

예 네?

[붙임 1] 한 문장 안에 몇 개의 선택적인 물음이 이어질 때는 맨 끝의 물음에만 쓰고 각 물음이 독립적일 때는 각 물음의 뒤에 쓴다.

예 너는 중학생이냐, 고등학생이냐?

예 너는 여기에 언제 왔니? 어디서 왔니? 무엇하러 왔니?

[붙임 2] 의문의 정도가 약할 때는 물음표 대신 마침표를 쓸 수 있다.

예 도대체 이 일을 어쩐단 말이냐.

예 이것이 과연 내가 찾던 행복일까.

다만, 제목이나 표어에는 쓰지 않음을 원칙으로 한다.

예 역사란 무엇인가　　　　　예 아직도 담배를 피우십니까

(2) 특정한 어구의 내용에 대하여 의심, 빈정거림 등을 표시할 때, 또는 적절한 말을 쓰기 어려울 때 소괄호 안에 쓴다.

예 우리와 의견을 같이할 사람은 최 선생(?) 정도인 것 같다.

예 30점이라, 거참 훌륭한(?) 성적이군.

예 우리 집 강아지가 가출(?)을 했어요.

(3) 모르거나 불확실한 내용임을 나타낼 때 쓴다.

예 최치원(857~?)은 통일 신라 말기에 이름을 떨쳤던 학자이자 문장가이다.

예 조선 시대의 시인 강백(1690?~1777?)의 자는 자청이고, 호는 우곡이다.

3. 느낌표(!)

(1) 감탄문이나 감탄사의 끝에 쓴다.

예 이거 정말 큰일이 났구나!　　　예 어머!

[붙임] 감탄의 정도가 약할 때는 느낌표 대신 쉼표나 마침표를 쓸 수 있다.

예 어, 벌써 끝났네.　　　예 날씨가 참 좋군.

(2) 특별히 강한 느낌을 나타내는 어구, 평서문, 명령문, 청유문에 쓴다.

예 청춘! 이는 듣기만 하여도 가슴이 설레는 말이다.

예 이야, 정말 재밌다!　　　예 지금 즉시 대답해!

예 앞만 보고 달리자!

(3) 물음의 말로 놀람이나 항의의 뜻을 나타내는 경우에 쓴다.

예 이게 누구야!　　　예 내가 왜 나빠!

(4) 감정을 넣어 대답하거나 다른 사람을 부를 때 쓴다.

예 네!　　　예 네, 선생님!

예 흥부야!　　　예 언니!

4. 쉼표(,)

(1) 같은 자격의 어구를 열거할 때 그 사이에 쓴다.

예 근면, 검소, 협동은 우리 겨레의 미덕이다.

예 충청도의 계룡산, 전라도의 내장산, 강원도의 설악산은 모두 국립공원이다.

예 집을 보러 가면 그 집이 내가 원하는 조건에 맞는지, 살기에 편한지, 망가진 곳은 없는지 확인해야 한다.

[예] 5보다 작은 자연수는 1, 2, 3, 4이다.

다만, (가) 쉼표 없이도 열거되는 사항임이 쉽게 드러날 때는 쓰지 않을 수 있다.

　[예] 아버지 어머니께서 함께 오셨어요.

　[예] 네 돈 내 돈 다 합쳐 보아야 만 원도 안 되겠다.

　(나) 열거할 어구들을 생략할 때 사용하는 줄임표 앞에는 쉼표를 쓰지 않는다.

　　[예] 광역시: 광주, 대구, 대전……

(2) 짝을 지어 구별할 때 쓴다.

　[예] 닭과 지네, 개와 고양이는 상극이다.

(3) 이웃하는 수를 개략적으로 나타낼 때 쓴다.

　[예] 5, 6세기　　　　　　　　　　　[예] 6, 7, 8개

(4) 열거의 순서를 나타내는 어구 다음에 쓴다.

　[예] 첫째, 몸이 튼튼해야 한다.

　[예] 마지막으로, 무엇보다 마음이 편해야 한다.

(5) 문장의 연결 관계를 분명히 하고자 할 때 절과 절 사이에 쓴다.

　[예] 콩 심은 데 콩 나고, 팥 심은 데 팥 난다.

　[예] 저는 신뢰와 정직을 생명과 같이 여기고 살아온바, 이번 비리 사건과는 무관하다는 점을 분명히 밝힙니다.

　[예] 떡국은 설날의 대표적인 음식인데, 이걸 먹어야 비로소 나이도 한 살 더 먹는다고 한다.

(6) 같은 말이 되풀이되는 것을 피하기 위하여 일정한 부분을 줄여서 열거할 때 쓴다.

　[예] 여름에는 바다에서, 겨울에는 산에서 휴가를 즐겼다.

(7) 부르거나 대답하는 말 뒤에 쓴다.

　예 지은아, 이리 좀 와 봐.　　　예 네, 지금 가겠습니다.

(8) 한 문장 안에서 앞말을 '곧', '다시 말해' 등과 같은 어구로 다시 설명할 때 앞말 다음에 쓴다.

　예 책의 서문, 곧 머리말에는 책을 지은 목적이 드러나 있다.

　예 원만한 인간관계는 말과 관련한 예의, 즉 언어 예절을 갖추는 것에서 시작된다.

　예 호준이 어머니, 다시 말해 나의 누님은 올해로 결혼한 지 20년이 된다.

　예 나에게도 작은 소망, 이를테면 나만의 정원을 가졌으면 하는 소망이 있어.

(9) 문장 앞부분에서 조사 없이 쓰인 제시어나 주제어의 뒤에 쓴다.

　예 돈, 돈이 인생의 전부이더냐?

　예 열정, 이것이야말로 젊은이의 가장 소중한 자산이다.

　예 지금 네가 여기 있다는 것, 그것만으로도 나는 충분히 행복해.

　예 저 친구, 저러다가 큰일 한번 내겠어.

　예 그 사실, 넌 알고 있었지?

(10) 한 문장에 같은 의미의 어구가 반복될 때 앞에 오는 어구 다음에 쓴다.

　예 그의 애국심, 몸을 사리지 않고 국가를 위해 헌신한 정신을 우리는 본받아야 한다.

(11) 도치문에서 도치된 어구들 사이에 쓴다.

　예 이리 오세요, 어머님.　　　예 다시 보자, 한강수야.

(12) 바로 다음 말과 직접적인 관계에 있지 않음을 나타낼 때 쓴다.

　예 갑돌이는, 울면서 떠나는 갑순이를 배웅했다.

　예 철원과, 대관령을 중심으로 한 강원도 산간 지대에 예년보다 일찍 첫눈이 내렸습니다.

⒀ 문장 중간에 끼어든 어구의 앞뒤에 쓴다.

  예 나는, 솔직히 말하면, 그 말이 별로 탐탁지 않아.

  예 영호는 미소를 띠고, 속으로는 화가 치밀어 올라 잠시라도 견딜 수 없을 만큼 괴로
  웠지만, 그들을 맞았다.

  [붙임 1] 이때는 쉼표 대신 줄표를 쓸 수 있다.

  예 나는 ― 솔직히 말하면 ― 그 말이 별로 탐탁지 않아.

  예 영호는 미소를 띠고 ― 속으로는 화가 치밀어 올라 잠시라도 견딜 수 없을 만큼
  괴로웠지만 ― 그들을 맞았다.

  [붙임 2] 끼어든 어구 안에 다른 쉼표가 들어 있을 때는 쉼표 대신 줄표를 쓴다.

  예 이건 내 것이니까 ― 아니, 내가 처음 발견한 것이니까 ― 절대로 양보할 수 없
  다.

⒁ 특별한 효과를 위해 끊어 읽는 곳을 나타낼 때 쓴다.

  예 내가, 정말 그 일을 오늘 안에 해낼 수 있을까?

  예 이 전투는 바로 우리가, 우리만이, 승리로 이끌 수 있다.

⒂ 짧게 더듬는 말을 표시할 때 쓴다.

  예 선생님, 부, 부정행위라니요? 그런 건 새, 생각조차 하지 않았습니다.

  [붙임] '쉼표' 대신 '반점'이라는 용어를 쓸 수 있다.

5. 가운뎃점(·)

⑴ 열거할 어구들을 일정한 기준으로 묶어서 나타낼 때 쓴다.

  예 민수 · 영희, 선미 · 준호가 서로 짝이 되어 윷놀이를 하였다.

  예 지금의 경상남도 · 경상북도, 전라남도 · 전라북도, 충청남도 · 충청북도 지역을 예
  부터 삼남이라 일러 왔다.

(2) 짝을 이루는 어구들 사이에 쓴다.

예 한(韓)·이(伊) 양국 간의 무역량이 늘고 있다.

예 우리는 그 일의 참·거짓을 따질 겨를도 없었다.

예 하천 수질의 조사·분석

예 빨강·초록·파랑이 빛의 삼원색이다.

다만, 이때는 가운뎃점을 쓰지 않거나 쉼표를 쓸 수도 있다.

예 한(韓), 이(伊) 양국 간의 무역량이 늘고 있다.

예 우리는 그 일의 참, 거짓을 따질 겨를도 없었다.

예 하천 수질의 조사, 분석

예 빨강, 초록, 파랑이 빛의 삼원색이다.

(3) 공통 성분을 줄여서 하나의 어구로 묶을 때 쓴다.

예 상·중·하위권   예 금·은·동메달

예 통권 제54·55·56호

[붙임] 이때는 가운뎃점 대신 쉼표를 쓸 수 있다.

예 상, 중, 하위권   예 금, 은, 동메달

예 통권 제54, 55, 56호

6. 쌍점(:)

(1) 표제 다음에 해당 항목을 들거나 설명을 붙일 때 쓴다.

예 문방사우: 종이, 붓, 먹, 벼루

예 일시: 2014년 10월 9일 10시

예 흔하진 않지만 두 자로 된 성씨도 있다.(예: 남궁, 선우, 황보)

예 올림표(#): 음의 높이를 반음 올릴 것을 지시한다.

(2) 희곡 등에서 대화 내용을 제시할 때 말하는 이와 말한 내용 사이에 쓴다.

〔예〕 김 과장: 난 못 참겠다.

〔예〕 아들: 아버지, 제발 제 말씀 좀 들어 보세요.

(3) 시와 분, 장과 절 등을 구별할 때 쓴다.

〔예〕 오전 10:20(오전 10시 20분)

〔예〕 두시언해 6:15(두시언해 제6권 제15장)

(4) 의존명사 '대'가 쓰일 자리에 쓴다.

〔예〕 65:60(65 대 60)   〔예〕 청군:백군(청군 대 백군)

[붙임] 쌍점의 앞은 붙여 쓰고 뒤는 띄어 쓴다. 다만, (3)과 (4)에서는 쌍점의 앞뒤를 붙여 쓴다.

7. 빗금(/)

(1) 대비되는 두 개 이상의 어구를 묶어 나타낼 때 그 사이에 쓴다.

〔예〕 먹이다/먹히다   〔예〕 남반구/북반구

〔예〕 금메달/은메달/동메달

〔예〕 ( )이/가 우리나라의 보물 제1호이다.

(2) 기준 단위당 수량을 표시할 때 해당 수량과 기준 단위 사이에 쓴다.

〔예〕 100미터/초   〔예〕 1,000원/개

(3) 시의 행이 바뀌는 부분임을 나타낼 때 쓴다.

〔예〕 산에 / 산에 / 피는 꽃은 / 저만치 혼자서 피어 있네

다만, 연이 바뀜을 나타낼 때는 두 번 겹쳐 쓴다.

〔예〕 산에는 꽃 피네 / 꽃이 피네 / 갈 봄 여름 없이 / 꽃이 피네 // 산에 / 산에 / 피는 꽃은 / 저만치 혼자서 피어 있네

[붙임] 빗금의 앞뒤는 (1)과 (2)에서는 붙여 쓰며, (3)에서는 띄어 쓰는 것을 원칙으로

하되 붙여 쓰는 것을 허용한다. 단, (1)에서 대비되는 어구가 두 어절 이상인 경우에는 빗금의 앞뒤를 띄어 쓸 수 있다.

8. 큰따옴표(" ")

(1) 글 가운데에서 직접 대화를 표시할 때 쓴다.

예 "어머니, 제가 가겠어요."

"아니다. 내가 다녀오마."

(2) 말이나 글을 직접 인용할 때 쓴다.

예 나는 "어, 광훈이 아니냐?" 하는 소리에 깜짝 놀랐다.

예 밤하늘에 반짝이는 별들을 보면서 "나는 아무 걱정도 없이 가을 속의 별들을 다 헬 듯합니다."라는 시구를 떠올렸다.

예 편지의 끝머리에는 이렇게 적혀 있었다.

"할머니, 편지에 사진을 동봉했다고 하셨지만 봉투 안에는 아무것도 없었어요."

9. 작은따옴표(' ')

(1) 인용한 말 안에 있는 인용한 말을 나타낼 때 쓴다.

예 그는 "여러분! '시작이 반이다.' 라는 말 들어 보셨죠?"라고 말하며 강연을 시작했다.

(2) 마음속으로 한 말을 적을 때 쓴다.

예 나는 '일이 다 틀렸나 보군.' 하고 생각하였다.

예 '이번에는 꼭 이기고야 말겠어.' 호연이는 마음속으로 몇 번이나 그렇게 다짐하며 주먹을 불끈 쥐었다.

10. 소괄호(( ))

(1) 주석이나 보충적인 내용을 덧붙일 때 쓴다.

예 니체(독일의 철학자)의 말을 빌리면 다음과 같다.

예 2014. 12. 19.(금)

예 문인화의 대표적인 소재인 사군자(매화, 난초, 국화, 대나무)는 고결한 선비 정신을 상징한다.

(2) 우리말 표기와 원어 표기를 아울러 보일 때 쓴다.

예 기호(嗜好), 자세(姿勢)   예 커피(coffee), 에티켓(étiquette)

(3) 생략할 수 있는 요소임을 나타낼 때 쓴다.

예 학교에서 동료 교사를 부를 때는 이름 뒤에 '선생(님)'이라는 말을 덧붙인다.

예 광개토(대)왕은 고구려의 전성기를 이끌었던 임금이다.

(4) 희곡 등 대화를 적은 글에서 동작이나 분위기, 상태를 드러낼 때 쓴다.

예 현우: (가쁜 숨을 내쉬며) 왜 이렇게 빨리 뛰어?

예 "관찰한 것을 쓰는 것이 습관이 되었죠. 그러다 보니, 상상력이 생겼나 봐요." (웃음)

(5) 내용이 들어갈 자리임을 나타낼 때 쓴다.

예 우리나라의 수도는 (   )이다.

예 다음 빈칸에 알맞은 조사를 쓰시오.

민수가 할아버지(   ) 꽃을 드렸다.

(6) 항목의 순서나 종류를 나타내는 숫자나 문자 등에 쓴다.

예 사람의 인격은 (1) 용모, (2) 언어, (3) 행동, (4) 덕성 등으로 표현된다.

예 (가) 동해, (나) 서해, (다) 남해

11. 중괄호({ })

(1) 같은 범주에 속하는 여러 요소를 세로로 묶어서 보일 때 쓴다.

예 주격 조사 $\begin{Bmatrix} 이 \\ 가 \end{Bmatrix}$

예 국가의 성립 요소 ⎰영토⎱
⎰국민⎱
⎰주권⎱

(2) 열거된 항목 중 어느 하나가 자유롭게 선택될 수 있음을 보일 때 쓴다.

예 아이들이 모두 학교{에, 로, 까지} 갔어요.

12. 대괄호([ ])

(1) 괄호 안에 또 괄호를 쓸 필요가 있을 때 바깥쪽의 괄호로 쓴다.

예 어린이날이 새로 제정되었을 당시에는 어린이들에게 경어를 쓰라고 하였다.[윤석중 전집(1988), 70쪽 참조]

예 이번 회의에는 두 명[이혜정(실장), 박철용(과장)]만 빼고 모두 참석했습니다.

(2) 고유어에 대응하는 한자어를 함께 보일 때 쓴다.

예 나이[年歲]   예 낱말[單語]

예 손발[手足]

(3) 원문에 대한 이해를 돕기 위해 설명이나 논평 등을 덧붙일 때 쓴다.

예 그것[한글]은 이처럼 정보화 시대에 알맞은 과학적인 문자이다.

예 신경준의 ≪여암전서≫에 "삼각산은 산이 모두 돌 봉우리인데, 그 으뜸 봉우리를 구름 위에 솟아 있다고 백운(白雲)이라 하며 [이하 생략]"

예 그런 일은 결코 있을 수 없다.[원문에는 '업다' 임.]

13. 겹낫표(예 예)와 겹화살괄호(≪ ≫)

책의 제목이나 신문 이름 등을 나타낼 때 쓴다.

예 우리나라 최초의 민간 신문은 1896년에 창간된 『독립신문』이다.

예 『훈민정음』은 1997년에 유네스코 세계 기록 유산으로 지정되었다.

예 ≪한성순보≫는 우리나라 최초의 근대 신문이다.

예 윤동주의 유고 시집인 ≪하늘과 바람과 별과 시≫에는 31편의 시가 실려 있다.

[붙임] 겹낫표나 겹화살괄호 대신 큰따옴표를 쓸 수 있다.

　예 우리나라 최초의 민간 신문은 1896년에 창간된 "독립신문"이다.

　예 윤동주의 유고 시집인 "하늘과 바람과 별과 시"에는 31편의 시가 실려 있다.

14. 홑낫표(「 」)와 홑화살괄호(〈 〉)

소제목, 그림이나 노래와 같은 예술 작품의 제목, 상호, 법률, 규정 등을 나타낼 때 쓴다.

　예 「국어 기본법 시행령」은 「국어 기본법」에서 위임된 사항과 그 시행에 필요한 사항을 규정함을 목적으로 한다.

　예 이 곡은 베르디가 작곡한 「축배의 노래」이다.

　예 사무실 밖에 「해와 달」이라고 쓴 간판을 달았다.

　예 〈한강〉은 사진집 ≪아름다운 땅≫에 실린 작품이다.

　예 백남준은 2005년에 〈엄마〉라는 작품을 선보였다.

[붙임] 홑낫표나 홑화살괄호 대신 작은따옴표를 쓸 수 있다.

　예 사무실 밖에 '해와 달'이라고 쓴 간판을 달았다.

　예 '한강'은 사진집 "아름다운 땅"에 실린 작품이다.

15. 줄표(—)

제목 다음에 표시하는 부제의 앞뒤에 쓴다.

　예 이번 토론회의 제목은 '역사 바로잡기 — 근대의 설정 —'이다.

　예 '환경 보호 — 숲 가꾸기 —'라는 제목으로 글짓기를 했다.

다만, 뒤에 오는 줄표는 생략할 수 있다.

　예 이번 토론회의 제목은 '역사 바로잡기 — 근대의 설정'이다.

　예 '환경 보호 — 숲 가꾸기'라는 제목으로 글짓기를 했다.

[붙임] 줄표의 앞뒤는 띄어 쓰는 것을 원칙으로 하되, 붙여 쓰는 것을 허용한다.

16. 붙임표(-)

(1) 차례대로 이어지는 내용을 하나로 묶어 열거할 때 각 어구 사이에 쓴다.

예 멀리뛰기는 도움닫기-도약-공중 자세-착지의 순서로 이루어진다.

예 김 과장은 기획-실무-홍보까지 직접 발로 뛰었다.

(2) 두 개 이상의 어구가 밀접한 관련이 있음을 나타내고자 할 때 쓴다.

예 드디어 서울-북경의 항로가 열렸다.

예 원-달러 환율   예 남한-북한-일본 삼자 관계

17. 물결표(~)

기간이나 거리 또는 범위를 나타낼 때 쓴다.

예 9월 15일~9월 25일   예 김정희(1786~1856)

예 서울~천안 정도는 출퇴근이 가능하다.

예 이번 시험의 범위는 3~78쪽입니다.

[붙임] 물결표 대신 붙임표를 쓸 수 있다.

예 9월 15일-9월 25일   예 김정희(1786-1856)

예 서울-천안 정도는 출퇴근이 가능하다.

예 이번 시험의 범위는 3-78쪽입니다.

18. 드러냄표(˙)와 밑줄(___)

문장 내용 중에서 주의가 미쳐야 할 곳이나 중요한 부분을 특별히 드러내 보일 때 쓴다.

예 한글의 본디 이름은 훈민정음이다.

예 중요한 것은 왜 사느냐가 아니라 어떻게 사느냐이다.

예 지금 필요한 것은 지식이 아니라 실천입니다.

예 다음 보기에서 명사가 아닌 것은?

[붙임] 드러냄표나 밑줄 대신 작은따옴표를 쓸 수 있다.

예 한글의 본디 이름은 '훈민정음'이다.

예 중요한 것은 '왜 사느냐'가 아니라 '어떻게 사느냐'이다.

예 지금 필요한 것은 '지식'이 아니라 '실천'입니다.

예 다음 보기에서 명사가 '아닌' 것은?

19. 숨김표(○, ×)

(1) 금기어나 공공연히 쓰기 어려운 비속어임을 나타낼 때, 그 글자의 수효만큼 쓴다.

예 배운 사람 입에서 어찌 ○○○란 말이 나올 수 있느냐?

예 그 말을 듣는 순간 ×××란 말이 목구멍까지 치밀었다.

(2) 비밀을 유지해야 하거나 밝힐 수 없는 사항임을 나타낼 때 쓴다.

예 1차 시험 합격자는 김○영, 이○준, 박○순 등 모두 3명이다.

예 육군 ○○ 부대 ○○○ 명이 작전에 참가하였다.

예 그 모임의 참석자는 김×× 씨, 정×× 씨 등 5명이었다.

20. 빠짐표(□)

(1) 옛 비문이나 문헌 등에서 글자가 분명하지 않을 때 그 글자의 수효만큼 쓴다.

예 大師爲法主□□賴之大□薦

(2) 글자가 들어가야 할 자리를 나타낼 때 쓴다.

예 훈민정음의 초성 중에서 아음(牙音)은 □□□의 석 자다.

21. 줄임표(……)

(1) 할 말을 줄였을 때 쓴다.

예 "어디 나하고 한번……." 하고 민수가 나섰다.

(2) 말이 없음을 나타낼 때 쓴다.

예 "빨리 말해!"

　　"……."

(3) 문장이나 글의 일부를 생략할 때 쓴다.

　예 '고유'라는 말은 문자 그대로 본디부터 있었다는 뜻은 아닙니다. …… 같은 역사
　　적 환경에서 공동의 집단생활을 영위해 오는 동안 공동으로 발견된, 사물에 대한
　　공동의 사고방식을 우리는 한국의 고유 사상이라 부를 수 있다는 것입니다.

(4) 머뭇거림을 보일 때 쓴다.

　예 "우리는 모두…… 그러니까…… 예외 없이 눈물만…… 흘렸다."

　[붙임 1] 점은 가운데에 찍는 대신 아래쪽에 찍을 수도 있다.

　　예 "어디 나하고 한번.......", 하고 민수가 나섰다.

　　예 "실은...... 저 사람...... 우리 아저씨일지 몰라."

　[붙임 2] 점은 여섯 점을 찍는 대신 세 점을 찍을 수도 있다.

　　예 "어디 나하고 한번…." 하고 민수가 나섰다.

　　예 "실은... 저 사람... 우리 아저씨일지 몰라."

　[붙임 3] 줄임표는 앞말에 붙여 쓴다. 다만, (3)에서는 줄임표의 앞뒤를 띄어 쓴다.

6. 교과용 도서 편찬을 위한 '한글 맞춤법' 적용 준칙

가. 준칙 제정의 배경

　교과용 도서의 정확한 표현과 표기는 성장기의 학생들에게 '언어 규범'을 계획적으로 교육하여 일상생활에서 언어를 바르게 사용하게 하고, 나아가 국어 표현과 표기의 표준을 제공함으로써 창조적인 국어 문화를 창달하게 하며, 국어의 세계화에 기여하게 한다는 점에서 매우 중요한 의미를 지닌다.

　교육과학기술부(교육부)는 이러한 중요성을 인식하여, 1964년에 "교정 편람"을 만들었고, 1989년에는 개정, 고시된 '어문 규정(한글 맞춤법, 표준어 규정 등)'에 따라 "편수 자료"를 수정, 보완하여 교과용 도서 편찬에 적용함으로써 표현과 표기의 일관성과 통일성 유지에 노력해 왔다.

　1999년에 국립국어원이 "표준국어대사전"을 발간함에 따라 지금까지 교과용 도서의 편찬에 적용해 오던 띄어쓰기와 사이시옷 표기에 일관성을 유지하고, 장기적으로는 어문 규정의 해석에 통일을 기하며, 이를 교과용 도서에 일관성 있게 적용하기 위한 구체적인 방안을 마련할 필요성이 제기되었다. 이에 교과용 도서 편찬을 위한 '한글 맞춤법' 적용 준칙('띄어쓰기'와 '사이시옷' 관련)을 제정하게 되었다.

나. 준칙 내용

(1) 띄어쓰기

① 교과용 도서의 띄어쓰기는 '한글 맞춤법' 제5장 '띄어쓰기' 규정을 따르되, 원칙과 허용 조항이 있는 경우, 교과용 도서 편찬의 일관성을 유지하기 위하여 다음 사항을 적용한다.

(가) 보조 용언

㉮ 보조 용언은 띄어 쓴다. (ㄱ을 취하고, ㄴ을 버림.)

(한글 맞춤법 제47항의 원칙 조항과 허용 조항 중 일관성을 유지하기 위해 원칙 조항을 우선함).

ㄱ	ㄴ
불이 꺼져 간다.	불이 꺼져간다.
내 흠으로 막아 낸다.	내 힘으로 막아낸다.
어머니를 도와 드린다.	어머니를 도와드린다.
그릇을 깨뜨려 버렸다.	그릇을 깨뜨려버렸다.
비가 올 듯하다.	비가 올듯하다.
그 일은 할 만하다.	그 일은 할만하다.
일이 될 법하다.	일이 될법하다.
비가 올 성싶다.	비가 올성싶다.
잘 아는 척한다.	잘 아는척한다.

(나) 고유 명사 및 전문 용어

㉮ 성과 이름, 성과 호 등은 붙여 쓰고, 이에 덧붙는 호칭어, 관직명 등은 띄어 쓴다(한글 맞춤법 제48항).

김양수(金良洙)	서화담(徐花潭)	채영신 씨
최치원 선생	박동식 박사	충무공 이순신 장군

다만, 성과 이름, 성과 호를 분명히 구분할 필요가 있을 경우에는 띄어 쓸 수 있다.

남궁억/남궁 억	독고준/독고 준	황보지봉(皇甫芝峯)/황보 지봉

㉯ 성명 이외의 고유 명사(기관명, 단체명 등)는 단위별로 띄어 쓴다(ㄱ을 우선적으로 적용하고, ㄴ을 필요시 허용함.)(한글 맞춤법 제49항의 원칙 조항과 허용 조항 중 현실성을 고려하고 일관성을 유지하기 위해 허용 조항을 우선함).

ㄱ	ㄴ
대한중학교	대한 중학교
한국대학교 사범대학	한국 대학교 사범 대학

㉰ 전문 용어는 단어별로 띄어 씀을 원칙으로 하되, 붙여 쓸 수 있다(ㄱ을 원칙으로 하고, ㄴ을 허용함.)(한글 맞춤법 제50항).

ㄱ	ㄴ
만성 골수성 백혈병	만성골수성백혈병
중거리 탄도 유도탄	중거리탄도유도탄

② 교과용 도서의 띄어쓰기는 "표준국어대사전"(국립국어원 발간)을 따름을 원칙으로 하되, 사전을 참고할 수 없는 경우에는 어문 규정에 따른다.

(2) 사이시옷

① 교과용 도서의 사이시옷 표기는 '한글 맞춤법'의 사이시옷 규정에 따른다.

사이시옷은 다음과 같은 경우에 받치어 적는다(한글맞춤법 제30항).

1. 순우리말로 된 합성어로서 앞말이 모음으로 끝난 경우

(1) 뒷말의 첫소리가 된소리로 나는 것

고랫재	귓밥	나룻배	나뭇가지	냇가
댓가지	뒷갈망	맷돌	머릿기름	모깃불
못자리	바닷가	뱃길	볏가리	부싯돌
선짓국	쇳조각	아랫집	우렁잇속	잇자국
잿더미	조갯살	찻집	쳇바퀴	킷값
핏대	햇볕	혓바늘		

(2) 뒷말의 첫소리 'ㄴ, ㅁ' 앞에서 'ㄴ' 소리가 덧나는 것

멧나물	아랫니	텃마당	아랫마을	뒷머리
잇몸	깻묵	냇물	빗물	

(3) 뒷말의 첫소리 모음 앞에서 'ㄴㄴ' 소리가 덧나는 것

도리깻열	뒷윷	두렛일	뒷일	뒷입맛
베갯잇	욧잇	깻잎	나뭇잎	댓잎

2. 순우리말과 한자어로 된 합성어로서 앞말이 모음으로 끝난 경우

(1) 뒷말의 첫소리가 된소리로 나는 것

귓병	머릿방	뱃병	봇둑	사잣밥
샛강	아랫방	자릿세	전셋집	찻잔
찻종	촛국	콧병	탯줄	텃세
핏기	햇수	횟가루	횟배	

(2) 뒷말의 첫소리 'ㄴ, ㅁ' 앞에서 'ㄴ' 소리가 덧나는 것

    곗날   제삿날   홋날   툇마루   양칫물

(3) 뒷말의 첫소리 모음 앞에서 'ㄴㄴ' 소리가 덧나는 것

    가윗일   사삿일   예삿일   홋일

3. 두 음절로 된 다음 한자어

    곳간(庫間)   셋방(貰房)   숫자(數字)   찻간(車間)   툇간(退間)

    횟수(回數)

② 교과용 도서에 사용하는 사이시옷은 "표준국어대사전"을 따름을 원칙으로 하되, 이 사전을 참고할 수 없는 경우에는 어문 규정에 따른다.

7. 실용 띄어쓰기

원칙과 그 실례

(1) 조사는 그 앞말에 붙여 쓴다. (한글 맞춤법 제41항)

> 조사는 주로 체언이나 부사, 어미 따위에 붙어 그 말과 다른 말과의 문법적 관계를 나타내어 주거나 그 말의 어떤 특별한 뜻을 더해 주는 단어를 말한다. 조사는 주로 체언 뒤에 오지만 용언이나 부사에 결합되기도 하고, 어말 어미 뒤에 결합되기도 한다.

부산**까지**

황소**같이**

그**나마**

먹기는**커녕**

멋**대로***

너**더러**

퍽**도**

배추**든지** 무**든지**

너**라야만**

사람**마다**

그 사람 말**마따나**

그것**마저**

이**만큼***

그것**말고** 저것

너**밖에**, 할 수밖에

돈**보다** 신의

그 아이**서껀**

서울**에서부터** 부산**까지**

방**에설랑** 뛰지 마라.

너**야말로**

사랑하는 임**이시여**

통일**이야말로**

일**인즉슨**

너**조차**

저**처럼**

학생**치고서**

밥**커녕** 죽도 못 먹는다.

붓**하고** 책**하고**

선생님**한테**

너**만**

실력**뿐이다***

조금**이나마**

꽃**이다**

꽃**입니다**

거기**도**

멀리**는**

웃고**만**

붙임 1. 조사가 둘 이상 겹치거나 조사가 어미 뒤에 붙는 경우에도 붙여 쓴다.

집**에서처럼**　　　　　학교**에서만이라도**　　　　여기서**부터입니다**

어디**까지인가**　　　　　나가면서**까지도**　　　　　들어가기**는커녕**

놀지**마는**　　　　　　　먹습니다**그려**　　　　　　"알았다."**라고**

붙임 2. 이 중에서 용언의 관형사형 뒤에 붙는 것은 의존 명사이므로 띄어 쓴다.

될 수 있는 **대로***　　　　먹을 **만큼***(분량, 정도)　　　웃고 있을 **뿐***

○ 그러나 어미 '-이다' 또는 어간 뒤에 오는 '니만큼'은 뒷말의 원인이나 근거가 됨을 나타내는 연결 어미이므로 붙여 쓴다.

문학 형식이니**만큼**(원인, 근거)

(2) 용언의 어미는 붙여 쓴다.

동사와 형용사를 묶어서 용언이라고 한다. 용언에서 고정된 부분을 어간(語幹)이라고 하고, 그 뒤에 붙어서 변화하는 부분을 어미(語尾)라고 한다. 어간에 여러 어미가 결합하는 현상을 활용(活用)이라고 한다.

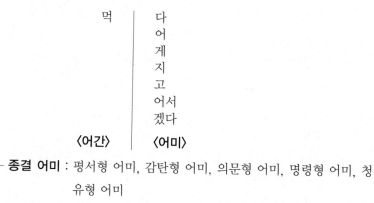

밥은 있는데* 반찬이……	그냥 갈쏘냐?
얼마나 먹었는지*	그 꼴을 볼작시면
집을 두 채 지었던바*, 그 한 채는	배운 것은 없을망정
돈을 물 쓰듯이 한다.	놀지언정
보다시피	하자마자

붙임 1. 다음과 같이 용언의 관형사형 다음에 와서 의존 명사로 쓰이는 경우는 띄어 쓴다.

하는 듯   좋을 듯   밥을 먹을 듯이

【참고 1】 '-ㄴ바, ㄴ 바', '-ㄴ데, ㄴ 데', '-ㄴ지, ㄴ 지', '∨만, -만'은 다음과 같이 구별한다.

금강산에 가 본바 과연 절경이더군. ('-ㄴ바'는 어미이므로 조사가 결합할 수 없음.)
생각하는 바가 같다. ('바'는 의존 명사이므로 조사가 결합할 수 있음.)

키는 큰데, 힘이 없다. ('-ㄴ데'는 어미이므로 조사가 결합할 수 없음.)
이 일을 하는 데(에) 며칠이 걸렸다.(이 '데'는 '것'의 뜻을 나타내는 의존 명사이므로 조사가 결합할 수 있음.)
어디 갈 데가 있어야지. (이 '데'는 처소를 나타내는 의존 명사이므로 조사가 결합할 수 있음.)

누구인지 아니? ('-ㄴ지'는 '막연한 의문'을 나타내는 어미임.)
떠난 지 닷새가 되었다. ('지'는 '시간의 경과'를 나타내는 의존 명사임.)
일만 한다. (이 '만'은 한정하는 조사임.)
내가 너만 못하겠니? (이 '만'은 비교하는 조사임.)
닷새 만에 소식이 왔다. (이 '만'은 '시간의 경과'를 나타내는 의존 명사임.)

(3) 의존 명사는 띄어 쓴다. (한글 맞춤법 제42항)

의존 명사는 자립적으로 쓰이지 못하고 언제나 다른 요소에 의존하는 특징이 있어서 붙여 써야 한다고 생각할 수 있다. 그렇지만 문장에서 하는 구실이 명사와 다르지 않으므로 명사의 띄어쓰기에 준해서 띄어 쓴다.

한 **가지**

그 **건**(件)에 대해서는

우는 **것***이

어린이 **나름**대로의

말할 **나위** 없이

가는 **데**가

내가 옳다는 **둥**, 제가 옳다는 **둥**

배, 사과, 감 **들***

꺼지는 **듯**

어찌할 **바**를 모르고

하라는 **바람**에

적삼 **바람**으로

한 **번***, 두 **번**

훌륭한 **분**

앞으로 나아갈 **뿐***

할 **수** 없다.

학자인 **양**

키 큰 **이***

어떤 **자**가

시집 올 **적**

보는 **족족**

떠난 **지**

할 **짓**이냐?

미국, 영국, 프랑스 **등** 열국

부산, 대구, 대전 **등지**……

앞으로 나아갈 **따름**

제 **딴**에는

그럴 **리**가 있나?

할 **줄** 안다.

열흘 **만**에

먹을 **만큼**

할 **무렵**

그 **즈음**

멀리 보이는 **쪽***

마침 놀던 **차**

먹을 **참**이었다.

벗은 **채**

있는 **척**

아는 **체**

술 먹는 **축**

잘못한 **탓**

갈 **터**이다.

그럴 **턱**이 있나?

싸우는 **통**

노는 **판**

어느 **편***

붙임 1. 다음의 경우와 같은 의존 명사는 앞말과 굳어 버린 것으로 보아 붙여 쓴다.

이것	그것	저것	아무것	날것[未熟物]
들것[擔架]	별것	생것	탈것[車]	
동쪽	서쪽	남쪽	북쪽	
위쪽	아래쪽	앞쪽	뒤쪽	양쪽
한쪽[一方]	반대쪽	오른쪽	왼쪽	맞은쪽
바깥쪽	안쪽	옆쪽		
이번	저번	요번		
이편[自己, 我方人]	저편[彼方人]	그이(그분)	이이(이분)	저이(저분)
늙은이	젊은이	어린이		

※ 대괄호[ ]는 안의 말과 바깥 말과 음이 다를 때 씀.

붙임 2. 체언에 붙는 '뿐'은 조사이므로 붙여 쓰고, 용언에 붙는 '뿐'은 의존 명사이므로 띄어 쓴다.

　　　이것뿐이다　　　할 뿐

【참고 1】 '우리들', '사람들'에서 '들'은 복수를 나타내는 접미사이므로 붙여 쓰고, 어떤 명사를 나열하고 그 말 끝에 붙어서 그 개개를 나타내거나 그 밖에 더 있음을 나타낼 때에는 의존 명사이므로 띄어 쓴다.

　　　우리**들**

　　　감, 배, 포도 **들**은 과일이다.

(4) 단위를 나타내는 명사는 띄어 쓴다. (한글 맞춤법 제43항)

> 단위를 나타내는 명사에는 아래에 열거된 것 외에도 수학, 물리, 화학 및 공학에서 사용하는 수많은 단위가 있는데, 이러한 단위들에는 기본 단위 외에 보조 단위, 유도 단위, 병용되는 단위, 사용이 허용되는 단위 등이 있다.

　　　두 **개**　　　　　　　　　　│　　　한 **바람**의 새끼

오이 한 **거리**

한 **끼**를 굶었다.

오전 **나절**

두 **냥**

바느질실 한 **님**

가마 한 **닢**

한 **다발**

나무 두 **단**

한 **달** 봉급

자동차 한 **대**

섭씨 십 **도**

금 서 **돈**

명주 네 **동**

닷 **되** 서 **홉**

소 한 **마리**

논 두 **마지기**

콩 너 **말**

한 **모금**의 물

대포 한 **문**(門)

청어 한 **뭇**

일 **미터**

흙 한 **줌**

사과 여섯 **쪽**

집 한 **채**

배 한 **척**

오징어 한 **축**

신 두 **켤레**

마차 한 **바리**

노끈 두 **발**

열 **밤** 자고

대포 한 **방**

옷 한 **벌**

나무 한 **그루**

고기 두 **근**

열 **길** 물 속

삼 **분** 삼십 **초**

국수 한 **사리**

열 **살**

석 **새** 삼베

백 **석**

한 **섬** 쌀

조기 한 **손**

시 한 **수**(首)

밥 한 **술**

연필 한 **자루**

술 한 **잔**

백지 한 **장**

저고리 한 **죽**

북어 한 **쾌**

밤 한 **톨**

김 네 **톳**

풀 한 **포기**

서 **푼**

양단 세 **필**

다만, 순서(順序)를 나타내는 경우나 숫자와 어울리는 경우에는 붙여 쓴다.

제1과	3학년	16동 502호
6층 2대대	10개	
80원	7미터	

붙임 1. 연월일 등은 붙여 쓰고, 숫자 다음의 시·분·초도 붙여 쓴다. 다만, 시·분·초 앞에 한글 수사를 쓸 때에는 띄어 쓴다.

갑자년	1936년 1월 16일	2시 30분 5초(두 시 삼십 분 오 초)

붙임 2. 숫자 다음의 '개년, 개월, 년간, 분간, 주간, 초간, 일간'은 붙여 쓴다.

1개년	1개월	1년간
1분간	1주간	1초간	1일간

(5) 수를 적을 적에는 '만(萬)' 단위로 띄어 쓴다. (한글 맞춤법 제44항)

십이억 삼천사백오십육만 칠천팔백구십팔

12억 3456만 7898

다만, 금액을 적을 때에는 사고를 방지하기 위하여 붙여 쓸 수 있다.

일금 : 삼십일만오천육백칠십팔원정.

※ '-정(整)' : 금액을 나타내는 명사구 뒤에 붙어, '그 금액에 한정됨'의 뜻을 더하는 접미사.

돈 : 일백칠십육만오천원임.

(6) 두 말을 이어 주거나 열거할 적에 쓰이는 말들은 띄어 쓴다. (한글 맞춤법 제45항)

국장 **겸** 과장	열 **내지** 스물	청군 **대** 백군
책상, 걸상 **등**이 있다.	이사장 **및** 이사들	사과, 배, 귤 **등등**
사과, 배 **등속**	부산, 광주 **등지**	

(7) 단음절로 된 단어가 연이어 나타날 적에는 붙여 쓸 수 있다. (한글 맞춤법 제46항)

| 좀더 큰것 | 이말 저말 | 한잎 두잎 |
| 내것 네것 | 이집 저집 | 한잔 술 |

다만, '이때', '이곳', '그때', '그곳', '접때', '저곳', '이곳저곳'은 "표준국어대사전"에서 한 단어로 보아 표제어로 올렸으므로 항상 붙여 쓴다.

(8) 보조 용언은 띄어 씀을 원칙으로 하되, 경우에 따라 붙여 씀도 허용한다(한글 맞춤법 제47항). 다만, 이 조항은 교육상 일관성을 유지하기 위하여 원칙 조항만을 적용한다.

〈취　함〉	〈버　림〉
영어를 배워 **가지고**	영어를 배워**가지고**
불이 꺼져 **간다.**	불이 꺼져**간다.**
견디어 **내다.**	견디어**내다.**
논을 갈아 **놓다.**	논을 갈아**놓다.**
자꾸 먹어 **댄다.**	자꾸 먹어**댄다.**
이만 말해 **두겠다.**	이만 말해**두겠다.**
신문을 읽어 **드리다.**	신문을 읽어**드리다.**
할 **만하다.**	할**만하다.**
갈 **만하다.**	갈**만하다.**
썩어 **빠지다.**	썩어**빠지다.**
먹어 **버리다.**	먹어**버리다.**
죽을 **뻔하였다.**	죽을**뻔하였다.**
읽어 **보아라.**	읽어**보아라.**
웃어 **쌓다.**	웃어**쌓다.**
날이 밝아 **오다.**	날이 밝아**오다.**
때려 **주다.**	때려**주다.**
잘난 **척하다.**	잘난**척하다.**
그럴 **법하다.**	그럴**법하다.**
좋은가 **보다.**	좋은가**보다.**

일이 될 **성싶다.**   일이 될**성싶다.**

【참고 1】 용언의 어미 '-지' 다음의 부정 보조 용언 '아니하다', '못하다'와 질(質), 양(量)의 우열을 나타내는 '못하다'에서 '아니', '못'은 한 단어의 구성 요소이므로 붙여 쓰고, 본용언을 부정하는 '아니(안)', '못'은 부정의 부사이므로 뒷말과 띄어 쓴다.

  먹지 아니하다.   곱지 아니하다.
  먹지 못하다.   곱지 못하다.
  동생만 못하다.   이것보다 못하다.
  아니(안) 먹다.   안 곱다.   못 먹다.

다만, '① 일정한 수준에 못 미치거나 할 능력이 없다.', '② 비교 대상에 미치지 않다.', '③ ('못해도' 꼴로 쓰여) 아무리 적게 잡아도' 등의 의미로 사용되는 '못하다'는 하나의 단어이므로 '못'과 '하다'를 붙여 쓴다.

① 술을 못하다. / 노래를 못하다. / 물음에 답을 못하다.
② 음식 맛이 예전보다 못하다. / 건강이 젊은 시절만 못하다.
③ 잡은 고기가 못해도 열 마리는 되겠지. / 아무리 못해도 스무 명은 족히 넘을 것이다.

【참고 2】 명사에 직접 붙어 용언을 만드는 '지다'와 부사형 어미 '아', '어' 등에 붙는 '지다'는 앞말에 붙여 쓴다.

  그늘지다   기름지다   등지다
  메지다 모지다   살지다   숨지다
  턱지다
  떨어지다   아름다워지다   예뻐지다   추워지다
  풀어지다

ㅇ 그러나 명사 다음에 조사가 들어갈 경우에는 붙여 쓰지 아니한다.
  그늘이 지다   모가 지다

등을 지다   숨이 지다

붙임 1. 다음 말은 합성어로 붙여 쓴다. 〔(8) 참조〕(이 밖에도 합성어는 많음.)

> 단어를 형성할 때 실질적인 의미를 나타내는 부분을 어근(語根)이라고 하고, 어근에 붙어 뜻을 제한하는 부분을 접사(接辭)라고 한다. '산, 나무, 맑다'처럼 하나의 어근으로 된 단어를 '단일어'라고 하고, '밤나무, 집안'처럼 둘 이상의 어근이나 '톱질, 어른스럽다'처럼 어근과 파생 접사로 이루어진 단어를 '복합어'라고 한다. 복합어 중에서 '밤나무, 집안' 등은 '합성어'라고 하고, '톱질, 어른스럽다' 등은 '파생어'라고 한다.
>
>

가져**가다**	들어가다
걸어가다	따라가다
굴러가다	떠나가다
기어가다	떠내려가다
끌려가다	뛰어가다
끌어가다	뛰어내려가다
날아가다	몰려가다
내려가다	몰아가다
넘어가다	물러가다
다가가다	밀려가다
다녀가다	살아가다
달려가다	잡아가다
데려가다	잡혀가다
돌아가다	지나가다
되돌아가다	쫓아가다

쳐들어가다

흘러가다

깨어나다

뛰어나다

물러나다

벗어나다

불어나다

살아나다

생겨나다

솟아나다

쫓겨나다

들고나가다

뛰어나가다

뛰쳐나가다

빠져나가다

놓여나오다

뛰어나오다

뛰쳐나오다

우러나오다

튀어나오다

풀려나오다

우려내다

자아내다

끌어내리다

뛰어내리다

쓸어내리다

오르내리다

흘러내리다

몰아넣다

물어넣다

불어넣다

내놓다

내려놓다

늘어놓다

덮어놓다[不顧是非]

빼놓다

올려놓다

접어놓다(생각을 ~.)

터놓다

털어놓다

펴놓다

끌어당기다

잡아당기다

집어던지다

새겨듣다

알아듣다

걸려들다

끼어들다

날아들다

녹아들다

달려들다

덤벼들다

뛰어들다

말려들다

먹혀들다

모여들다

몰려들다
밀려들다
배어들다
빠져들다
새어들다
스며들다
엉켜들다
오므라들다
자아들다
줄어들다
파고들다[專心, 沒頭]
흘러들다[流入]
거두어들이다
끌어들이다
맞아들이다
모아들이다
받아들이다
벌어들이다
불러들이다
빨아들이다
사들이다
잡아들이다
물어뜯다
쥐어뜯다
들어맞다
동여매다
싸매다
얽어매다

잡아매다
졸라매다
놀아먹다[放蕩]
떼어먹다[橫領]
뜯어먹다[騙取]
받아먹다
배라먹다
빨아먹다
빼먹다
얻어먹다
우려먹다
잘라먹다(장사 밑천을 ~.)
잡아먹다
집어먹다
긁어모으다
파묻히다(일에 ~.)
물려받다
이어받다
잃어버리다
잊어버리다
내려보내다
내보내다
들여보내다
거들떠보다
건너다보다
굽어보다
내다보다
내려다보다

넘겨보다
넘겨다보다
넘어다보다
노려보다
눈여겨보다
돌아보다
돌아다보다
돌이켜보다
둘러보다
뒤돌아보다
들여다보다
떠보다(마음을 ～.)
뜯어보다(얼굴을 ～.)
몰라보다
바라보다
바라다보다
살펴보다
쏘아보다
알아보다
올려다보다
우러러보다
찾아보다
쳐다보다
훑어보다
흘겨보다
쳐부수다
눌어**붙다**
달라붙다

들어붙다
말라붙다
얼어붙다
밀어**붙이다**
쏘아붙이다
올려붙이다(따귀를 ～.)
곤두**서다**
내려서다
늘어서다
다가서다
돌아서다
되돌아서다
들어서다
막아서다
물러서다
올라서다
일어서다
덮어**쓰다**
뒤집어쓰다(누명을 ～.)
덮어**씌우다**
뒤집어씌우다
끌어**안다**
부둥켜안다
얼싸안다
다가**앉다**
돌아앉다
들어앉다
주저앉다

가져**오다**

건너오다

걸어오다

끌려오다

날아오다

내려오다

넘어오다

다가오다

다녀오다

닥쳐오다

달려오다

돌아오다

되돌아오다

들어오다

떠내려오다

몰려오다

밀려오다

불려오다

쫓아오다

찾아오다

흘러오다

기어**오르다**

끓어오르다

날아오르다

달아오르다(얼굴이 ~.)

떠오르다

뛰어오르다

솟아오르다

타오르다

끌어**올리다**

빨아올리다

쌓아올리다

추어올리다

따라**잡다**

사로잡다

움켜잡다

휘어잡다

내**주다**

집어**치우다**

올라**타다**

파**헤치다**(사건을 ~.)

【참고 3】 보조 동사 ‘내다’가 한 음절의 말에 붙어 굳어 버린 것은 붙여 쓴다.

| 퍼내다 | 짜내다 | 빼내다 | 파내다 | 떠내다 |
| 퍼내다 | 쳐내다 | 캐내다 | 해내다 | |

붙임 2. ‘가다’를 앞말에 붙여 쓰는 합성어에서 ‘가다’ 대신 ‘다니다’가 붙는 것은 붙여 쓴다.

뛰어가다	뛰어다니다
따라가다	따라다니다
지나가다	지나다니다
쫓아가다	쫓아다니다
날아가다	날아다니다

(9) 다음과 같은 단어는 합성어로 보고 한 덩어리가 되게 붙여 쓴다. 〔(8) 붙임 1 참조〕

가랑잎	겁나다
가로놓이다	겉모양
가로막다	겉치레
가로젓다	겨우살이
가로지르다	겹옷
가시밭	곁사람
가시밭길	계집아이
가위바위보	고기잡이배
가을밤	고깃배
간유리	고등학교
감잣국	고래수염
값나가다	곧은결(↔ 무늿결)
값비싸다	공들이다
값싸다	구멍가게
강줄기	궂은비
개고기	궂은살[贅肉(군살)]
개소리괴소리	귀담아듣다
개울둑	그동안
거센소리	그전(예전)
걷잡다	그중
걸터앉다	기름때

기와집
길바닥
그림붓
그림일기
그만두다(간두다/그만두다/관두다)
그만하다(병세가 ～.)
그물코
글공부
글쓴이(지은이)
꽃가루
꽃구름
꽃나무
꽃다발
꽃동네
꽃동산
꽃마을
꽃바구니
꽃사슴
꽃시계
꿈같다
꿈꾸다
꿈나라
끌그물
끝인사(↔첫인사)
나들이
나들이옷
나라꽃
나뭇가지

나뭇잎
남다르다
남몰래
낯설다
낯익다
냇가
냉잇국
네눈이
노랫소리
노루발장도리
논농사
놋그릇
농사일
누비옷
눈대중
눈뜨다
눈멀다
눈싸움
눈웃음
눈짐작
단맛
단물
단발머리
단옷날
단풍잎
달맞이
대감마님
더운물

덩이줄기
돈지갑
돌계단
돌다리
돌도끼
돌부처
돌사자
돌잔치
돌팔매질
동냥젖
동사무소
돛단배
돼지고기
되지못하다(되지못한 놈)
된소리
두꺼비집
뒤따르다
뒤보다[用便]
뒷걸음
뒷부분(앞부분)
딴소리
딸자식
땀구멍
땀방울
땅바닥
땅속줄기
또다시
똑같다

똥오줌
뜬구름
뜬눈
뜻글자
마련그림(＝설계도)
마음먹다
마음잡다
마지못하다
마지않다
막내딸
막내아들
말고삐
말끝
말동무
말버릇
말솜씨
말조심
맛보다
머리끝
머리털
머지않다
먼빛
면사무소
모눈종이
모양내다
목마르다
목메다
몸무게

몸조심	배부르다
못마땅하다	버드나무
못생기다	벌쓰다
못쓰다(그러면 못써.)	벼농사(보리농사, 쌀농사)
못지않다	벼락같이
무녀리	벼포기
무넷결(곧은결)	병들다
무청	보람차다
문단속	볼멘소리
문종이	부삽
물거품	부싯돌
물결치다(파도~, 소리~)	불붙다
물그릇	불사르다
물난리	불장난
물수건	불태우다
물장난	불호령
밀짚모자	비눗갑
바늘구멍	빈틈
바늘귀	빗방울
바닷물	빨랫줄
반올림	뿌리박다
반지름	사내아이
발걸음	사이좋다
발맞추다	살찌다
밤늦다	살코기
밤새다	삼발이
밤새우다	상갓집
밥그릇	새끼손가락

색다르다

색연필

색종이

샘솟다

설빔(추석빔)

섬나라

섬사람

세발자전거

셈여림표

소리글자

소리치다(물결~, 파도~)

소릿값

손꼽다

손대다

손쉽다

손잡다

손재주

수놓다

수돗물

수레바퀴

수많다

숨넘어가다

숨차다

식은땀

신맛

심술궂다

싸잡다

싹트다

쓴맛

쓴웃음

아들딸

아침때(점심때, 저녁때)

아침밥

안팎

앉은절

앉은키

앞당기다

앞부분(뒷부분)

앞서다

앞세우다

애타다

양지바르다(예~)

양지쪽(응달쪽)

어깨동무

어린것

어린이날

어버이날

억척같다

얼굴빛

얼굴색

얼룩소

엄살부리다

여름날(봄날, 가을날, 겨울날)

여봐란듯이

예바르다(양지~)

오가다

온몸

온종일

욕먹다

우리글

우리나라

우리말

울음바다

웃음꽃

웃음바다

위아래

의좋다

이다음

이야기꽃

읽을거리

입맞춤(입맞춤하다)

입버릇

작은누나

작은따옴표

작은말

작은아들

작은형

잔가지

잔돈

잔뿌리

잔손질

잔재주

장난치다

저녁놀

저녁때(아침때, 점심때)

저녁밥

정떨어지다

제각기

제때

제자리

조개더미(조개무지, 패총)

좀먹다

주고받다

줄짓다

쥐꼬리

쥐뿔같다

지난번

지은이

집주인

짝짓기

짧은소리

찬물

찬색

철모르다

철통같다

초등학교

촌사람

촌색시

추석빔(설빔)

춤추다

캐묻다

코납작이

콧노래
큰고모(큰언니, 큰어머니, 큰아버지, 큰형, 큰딸, 큰아들)
큰길
큰닭
큰댁
큰딸
큰물
큰북
큰비
큰아들
큰아버지
큰절
큰형
톱니바퀴
파도치다(소리~, 물결~)
폭넓다
하루같이(감쪽같이, 굴뚝같이, 귀신같이, 꿈같이, 다락같이, 득달같이, 딴지같이, 벼락같이, 불같이, 불꽃같이, 새벽같이, 쏜살같이, 억척같이, 주옥같이, 철석같이, 하나같이, 한결같이)
하루바삐
하루빨리
한결같다
한눈팔다
한동안
한시바삐
한없다
해돋이
해지다(＝해어지다)
헌신짝
활기차다
황소걸음
흉보다
흙장난
흰나비
힘들다
힘쓰다
힘주다

【참고 1】명사나 명사의 성질을 가진 말에 '없다', '있다'가 붙어 한 단어가 된 것은 붙여 쓴다.

가없다
값없다
거리낌없다
거침없다
관계없다
그지없다
까딱없다
꾸밈없다

끄떡없다

끊임없다

끝없다

난데없다

다름없다

덧없다

두말없다

맥없다

물색없다

물샐틈없다

버릇없다

부질없다

빠짐없다

상없다

사정없다

속절없다

수없다

숨김없다

스스럼없다

시름없다

쓸데없다

쓸모없다

아낌없다

아랑곳없다

어김없다

어림없다

어처구니없다

엉터리없다

여지없다

열없다

염치없다

영락없다

온데간데없다

일없다

재미없다

종작없다

지각없다

철없다

터무니없다

턱없다

틀림없다

하릴없다

하염없다

하잘것없다

한량없다

한없다

허물없다

힘없다

가만있다

값있다

뜻있다

맛있다

멋있다

상관있다

재미있다

○ 그러나 앞에 꾸미는 말이 올 때에는 붙여 쓰지 않는다.

　　별 꾸밈 없이　　　아무 쓸데 없는

【참고 2】 다음에 나오는 명사에 직접 '삼다', '나다', '짓다', '들이다' 가 붙는 말들은
앞말 에 붙여 쓴다.

　　거울삼다　　　일삼다　　　자랑삼다　　　장난삼다　　　주장삼다　　　참고삼다
　　결딴나다　　　결말나다　　　결판나다　　　소문나다　　　이름나다　　　탐나다
　　결정짓다　　　관련짓다
　　공들이다　　　길들이다　　　힘들이다

○ 그러나 앞에 꾸미는 말이 올 때에는 붙여 쓰지 않는다.

　　큰 힘 들이지 않고

【참고 3】 형용사의 어간에 어미 '-어'가 결합한 뒤에 '하다'가 붙어 동사로 품사가 바뀔
경우에 '하다'를 앞말에 붙여 쓴다.

가려워하다	부러워하다
고마워하다	서러워하다
괴로워하다	슬퍼하다
귀여워하다	싫어하다
그리워하다	아쉬워하다
기뻐하다	아파하다
노여워하다	안타까워하다
두려워하다	어려워하다
뜨거워하다	좋아하다
무서워하다	즐거워하다
미워하다	지겨워하다
반가워하다	행복해하다

【참고 4】명사에 '가[邊]'가 붙는 다음의 말들은 앞말과 붙어 굳어 버린 것으로 보아 붙여 쓴다.

| 길가 | 난롯가 | 못가 | 무덤가 | 물가 | 바닷가 |
| 부둣가 | 샘물가 | 연못가 | 우물가 | 창문가 |

ㅇ 그러나 앞말만 꾸미는 말이 오면 붙여 쓰지 아니하고, 전체를 꾸미는 말이 오면 그대로 붙여 쓴다.

불 있는 난로 가에서

비 내리는 부둣가

【참고 5】두 음절 이상의 말에 수(數)를 나타내는 명사 '수'가 붙는 말 중에서 다음의 것들은 굳어 버린 것으로 보아 붙여 쓴다.

| 가짓수 | 마릿수[頭數] 머릿수 | 번지수 | 정족수 |
| 주파수 | 진동수 | 질량수 | 회전수 |

(10) 파생어는 붙여 쓴다.

실질 형태소에 접사가 결합하여 형성된 복합어를 '파생어'라고 하는데, 접사는 다른 단어나 어근에 첨가하여 새로운 의미를 나타내거나 문법적 기능에 변화를 주는 요소로서, 접사에는 단어나 어근의 앞에 붙는 '접두사'와 뒤에 붙는 '접미사'가 있다. 접두사는 뒤에 오는 어근의 뜻을 제한할 뿐 품사를 바꾸는 일이 없지만, 접미사는 뜻만 제한하는 것이 아니라 그 앞에 오는 어근의 품사를 바꾸는 경우가 많다.

① 접두사는 붙여 쓴다.

강추위   **설**삶다

개살구   **싯**누렇다

날김치   **웃**어른

늦더위   **잔**소리

돌미나리   **짓**이기다

맏며느리	**풋**나물
맨발	**한**가운데
민머리	**한**여름
새파랗다	**햇**것
선하품	**홑**이불

○ 한자에서 나온 말로서 접두사 또는 접두사처럼 쓰이는 것은 붙여 쓴다.

가건물(假建物)	**가**분수(假分數)	**가**조인(假調印)
가처분(假處分)	**가**출옥(假出獄)	**가**환부(假還付)
건대구(乾大口)	**건**선거(乾船渠)	**건**전지(乾電池)
고속도(高速度)	**고**자세(高姿勢)	**고**차원(高次元)
구대륙(舊大陸)	**구**시대(舊時代)	**구**학문(舊學問)
귀공자(貴公子)	**귀**금속(貴金屬)	**귀**부인(貴婦人)
내내년(來來年)	**내**주일(來週日)	**내**학기(來學期)
당고모(堂姑母)	**당**고모부(堂姑母夫)	**당**형제(堂兄弟)
대규모(大規模)	**대**도시(大都市)	**대**문자(大文字)
대부분(大部分)	**대**만원(大滿員)	**대**성황(大盛況)
몰상식(沒常識)	**몰**인정(沒人情)	**몰**지각(沒知覺)
무관심(無關心)	**무**보수(無報酬)	**무**투표(無投票)
미개척(未開拓)	**미**결정(未決定)	**미**성년(未成年)
반민족(反民族)	**반**작용(反作用)	**반**정부(反政府)
반도체(半導體)	**반**벙어리(半-)	**반**주권국(半主權國)
본남편(本男便)	**본**바탕(本-)	**본**회의(本會議)
부도덕(不道德)	**부**정직(不正直)	**부**정확(不正確)
부사장(副社長)	**부**작용(副作用)	**부**주제(副主題)
비공식(非公式)	**비**국민(非國民)	**비**전투원(非戰鬪員)
생가죽(生-)	**생**쌀(生-)	**생**트집(生-)
소규모(小規模)	**소**도시(小都市)	**소**문자(小文字)

신문학(新文學)	**신**소설(新小說)	**신**학문(新學問)
아열대(亞熱帶)	**아**음속(亞音速)	**아**황산(亞黃酸)
잡문학(雜文學)	**잡**수입(雜收入)	**잡**식구(雜食口)
재교육(再教育)	**재**무장(再武裝)	**재**생산(再生産)
재인식(再認識)	**재**조사(再調査)	**재**확인(再確認)
저물가(低物價)	**저**자세(低姿勢)	**저**학년(低學年)
준결승(準決勝)	**준**교사(準教師)	**준**항고(準抗告)
중공업(重工業)	**중**노동(重勞動)	**중**양자(重陽子)
진면목(眞面目)	**진**범인(眞犯人)	**진**분수(眞分數)
초가을(初−)	**초**봄(初−)	**초**저녁(初−)
초고속도강(超高速度鋼)	**초**음속(超音速)	**초**현실주의(超現實主義)
총공격(總攻擊)	**총**궐기(總蹶起)	**총**동원(總動員)
총선거(總選擧)	**총**정리(總整理)	**총**천연색(總天然色)
최고위(最高位)	**최**선봉(最先鋒)	**최**전선(最前線)
항갑상선제(抗甲狀腺劑)	**항**히스타민제(抗−劑)	

○ 관형사는 띄어 쓴다. 〔(10) 붙임 1 참조〕

매(毎) 회계 연도	**각(各)** 부처
별(別) 이상스러운 소리	**본(本)** 법정
신(新) 교육과정(**구** 교육과정)	**구(舊)** 교육과정
전(全) 세계	**전(前)** 국회의원
총(總) 운전 자본	**순(純)** 살코기

※ '순우리말'은 "표준국어대사전"에서 합성어로서 한 단어로 처리하므로 '순'을 뒷말 과 띄어 쓰면 안 된다.

※ '별 이상스러운 소리'의 '별'은 관형사이지만, '별개, 별걱정, 별의별'은 한 단어의 일부 구성 요소이다. 또 '각 부처'의 '각'은 관형사이지만, '각살림, 각가지'의 '각' 은 관형사가 아니라 한 단어의 일부 구성 요소이다. 또한 '본 법정'의 '본'은 관형사

이지만, '본교, 본사, 본국'의 '본'은 한 단어의 일부 구성 요소이다.

【참고 1】　　　　　　　　　　　관형사와 접두사의 차이

관 형 사	접 두 사
1. 단어의 자격이 있어 독립적으로 띄어 쓸 수 있다.	1. 단어의 자격이 없어 독립적으로 띄어 쓸 수 없다.
2. 두 음절로 된 것도 있다.	2. 두 음절로 된 것은 거의 없다.
3. 관형사로서의 본뜻을 그대로 가지고 있으며, 그것을 띄어도 다른 것이 충분히 한 단어로 인식된다. **전(前) 국회의원** **총(總) 운전 자본**	3. 관형사로서의 본뜻이 약간 변하여 쓰이거나, 그 조성(組成)이 굳어 그것이 붙은 어근과 어울려 한 말로 인식된다. **전세기(前世紀)** **순문학(純文學)**
4. 여러 명사를 두루 꾸밀 수 있다.	4. 여러 명사를 두루 꾸밀 수 없다.

> 관형사는 체언 앞에 놓여서 체언의 내용을 자세히 꾸미는 구실을 하는 단어이다. 관형사는 접두사와는 달리 여러 명사를 두루 꾸밀 수 있다.

붙임 1. 이와 같이 붙여 쓰는 접두사와 구별해서 관형사는 띄어 쓴다. 관형사는 단어이기 때문이다.

각(各) 학교　　　　　　　　**아무** 고생도

갖은 고생　　　　　　　　**여러** 가지

고(故) 해공(海公) 선생　　**옛** 친구

그 아가씨　　　　　　　　**오만** 가지

근(近) 달포 동안　　　　　**온갖** 고통

너댓 개　　　　　　　　　**요** 근처

단(單) 하나　　　　　　　**요만** 고생

두어 사람　　　　　　　　**웬** 소리

맨* 처음　　　　　　　　　**이** 작품도 그 작가

몇 사람　　　　　　　　　**저** 사람

몹쓸 놈들　　　　　　　　**전**(全)* 공무원

무슨 소리　　　　　　　　**조** 아이

뭇 백성	**천**(千) 사람
백(百) 사람	**첫*** 나무
새* 학교	**첫째** 사람
순* 한국식	**한*** 가지
한두 집	**현**(現) 편수관

붙임 2. 다음의 경우에는 '새'가 뒷말과 붙어 굳어 버린 것으로 보아 붙여 쓴다.

새달[來月]	새댁	새봄[來春, 新春]	새색시
새서방	새싹[新芽]	새아기	새해[新年]

붙임 3. 다음의 경우에는 '첫'을 뒷말과 붙여 쓴다.

첫가을	첫개	첫걸	첫걸음	첫겨울	첫국밥
첫기제	첫길	첫나들이	첫날	첫낮	첫눈
첫더위	첫도	첫돌	첫딸	첫마디	첫머리
첫물	첫배	첫사랑	첫새벽	첫소리	첫솜씨
첫술	첫아기	첫아들	첫여름	첫울	첫인상
첫추위	첫출발	첫출사	첫판	첫행보	첫혼인

【참고 2】 다음과 같은 단어의 '한'은 관형사가 아니고 접두사이므로 붙여 쓴다.

한가운데	한가을	한가지[同一]	한걱정[大念慮]
한겨울	한고비	한길	한동생(=한동기)
한동안[許久間]	한밑천	한밤중[深夜]	한복판
한숨	한중간	한집안	한통[同一團體中](=한통속)
한패	한풀	한허리	

【참고 3】 '온통', '더할 수 없이 가장'의 뜻을 가진 '맨'은 관형사이므로 띄어 쓰고, '비다(空)'의 뜻을 가진 '맨'은 접두사이므로 붙여 쓴다.

구경거리는 없고 맨 사람뿐이다.

맨 처음	맨 끝	맨 꼴찌	맨 나중
맨주먹	맨머리	맨입	맨손

【참고 4】 '두 번'에 대응(對應)되는 '한 번'은 띄어 쓰고, 그 밖의 막연한 '一次', '一但'의 뜻일 경우에는 붙여 쓴다.

　　한 번, 두 번, ……

　　되나 안 되나 한번 하고 말겠다.

붙임 4. 각(各), 전(全), 본(本), 당(當)이 독립성이 없는 한 음절의 말과 어울려 굳어 버렸을 경우에는 붙여 쓴다.

각급(各級)	각자(各者)
전교(全校)	전신(全身)
본교(本校)	본관(本官)
당교(當校)	당인(當人)

② 접미사는 붙여 쓴다.

정치**가**(政治家)	인쇄**공**(印刷工)
이**가**(李哥)	장산**곶**(長山串)
번화**가**(繁華街)	여행**기**(旅行記)
이틀**간**(-間)	세면**기**(洗面器)
노리**개**	세탁**기**(洗濯機)
까드락**거리다**	한 사람**꼴**
정성**껏**	욕심**꾸러기**
보름**께**	애인**끼리**
팔월**경**	겨우**내**
한국**계**(韓國系)	시골**내기**
문학**계**(文學界)	영감**님**(令監-)
충무**공**(忠武公)	어른**답다**

평**당**(坪當)

봉변**당하다**

양곡**대**(糧穀代)

어른**들**

심술**딱지**

주목**받다**

부산**발**(釜山發)

앉은**뱅이**

학년**별**(學年別)

3**분의** 2

닷새**분**[五日分]의 양식(일 년분, 백
　　명 분)

처가**살이**

을해**생**(乙亥生)

사교**술**(社交術)

창피**스럽다**

격퇴**시키다**

한국**식**(韓國式)

하나**씩**

한국**어**(韓國語)

천**여** 명(千餘名)

교사**용** 지침서

수행**원**(隨行員)

고아**원**(孤兒院)

정치**인**(政治人)

신임**장**(信任狀)

세기말**적**(世紀末的)

쟁탈**전**(爭奪戰)

산화**제**(酸化劑)

단원**제**(單院制)

미국**제**(美國製)

만주**족**(滿洲族)

재래**종**(在來種)

한 섬**지기**

문**지기**

양복**짜리**

십 원**짜리**

여러 개**째**

미심**쩍다**

어디**쯤**

연구**차**(研究次)

접수**처**(接受處)

피**투성이**

미련**퉁이**

부산**행**(釜山行)

신격**화**(神格化)

붙임 1. '해', '섬', '강', '산' 등이 외래어에 붙을 때에는 띄어 쓰고, 우리말에 붙을 때
에는 붙여 쓴다. (외래어 표기법 제4장 제3절 제1항)

　　카리브 해　　　　　　북해

　　발리 섬　　　　　　　목요섬

○ '道, 市, 邑, 面, 里, 郡, 區, 洞, 島, 灣, 驛, 洋, 寺, 線, 港, 州, 洲'가 붙은 우리말 고
유 명사는 붙여 쓴다.

　　경기도(전라북도)

　　서울역

붙임 2. 의존 명사로 인정되는 것은 띄어 쓴다.

　　문명인 간(文明人間 : 문명인들 사이)

　　이렇든저렇든 간에　　　　　　어떻든지 간에

　　삼십이 강(32强)　　　　　　　19세기 말

붙임 3. '주의'가 붙어 단어가 되는 말은 '주의'를 앞말에 붙여 쓴다.

　　민주주의　　　　자유주의　　　사실주의　　　후기 인상주의

붙임 4. 성명에 붙는 '公, 君, 氏, 孃, 翁'은 띄어 쓴다. 다만, '氏'가 성씨 전체를 대표하
는 경우에는 붙여 쓴다. 외국어에 붙을 경우에는 다 띄어 쓴다.〔(9) 참조〕

　　김 공(김유신 공)　　　　이 군(이인승 군)　　　　이 씨(이인승 씨)

　　성 양(성유리 양)

　　박 옹(박문수 옹)

　　투팔스카 양

　　해당 성씨 전체를 대표하는 경우 : 김씨/이씨/박씨

【참고 1】명사, 어근 또는 부사에 '하다'가 붙어 한 단어가 될 때, '하다'는 접미사이므
로 앞말에 붙여 쓴다.

부사는 주로 용언을 꾸며서 그 뜻을 더 세밀하고 분명하게 해주는 단어이다. 부사에는 '어떻게'라는 방식으로 용언을 꾸미는 '성상 부사'가 있고, '이리'와 같이 특정한 대상을 가리키는 '지시 부사'가 있으며, '못'과 같이 부정의 뜻을 가진 '부정 부사'가 있다. 그런데 성상 부사 가운데에서 '철썩철썩', '울긋불긋'처럼 사물의 소리와 모양을 흉내 내는 부사들을 특히 '의성 부사' 또는 '의태 부사'라고 한다.

이들은 모두 문장 가운데에서 어느 한 성분만을 한정해 주므로 '성분 부사'라고 한다. '과연'과 같이 문장 전체를 꾸며 주는 부사는 '문장 부사'라고 하고, '그러나'와 같이 앞 문장의 뜻을 뒤의 문장에 이어 주면서 뒤의 문장을 꾸며 주는 부사는 '접속 부사'라고 한다.

결행하다	황량하다
물렁물렁하다	출렁출렁하다
우뚝하다	반듯하다

【참고 2】 '하다'가 붙을 수 있는 명사에 '되다', '시키다'가 붙어 한 낱말이 될 때, '되다', '시키다'는 접미사이므로 앞말에 붙여 쓴다.

    결정되다   결정시키다

【참고 3】 명사 아래에 붙어 '입음'을 나타내는 '당하다', '받다'는 접미사이므로 앞말에 붙여 쓴다.

봉변당하다	이용당하다	압제당하다
오해받다	인정받다	

【참고 4】 명사 아래에 접미사 '화(化)'가 붙어, 그렇게 만들거나 그렇게 됨을 나타내는 말 아래에 다시 '하다', '시키다', '되다'가 붙을 때에는 붙여 쓴다.

대중화하다	대중화시키다	대중화되다

다만, 중간에 조사가 들어갈 경우에는 띄어 쓴다.

결정을 하다	봉변을 당하다	반듯은 하다
대중화를 하다	결정을 시키다	오해를 받다

○ 그러나 이와 같이 붙여 쓰는 말이라도, 그 앞에 꾸미는 말이 오면(즉, 명사나 명사의 성질을 가진 말이 목적어로 쓰일 때) 붙여 쓰지 아니한다.

몇 **등분 하였습니까?**　　재미있는 **이야기 하시오.**

들은 **이야기 하기는** 쉽다.　　한글 **공부 하기가** 재미있다.

힘든 **운동 하지** 마시오.　　그런 **권고 하러** 갔었다.

쓸데없는 싸움 **하지** 마시오.　　무슨 **생각 하느라고** 말이 없나?

좋은 **일 하였구나.**

【참고 5】 아래의 '-만 하다'는 보조사 '만'과 서술어 '하다'이므로 띄어 쓴다.

형만 하다　　　　　콩알만 하다　　　　　주먹만 하다

집채만 하다　　　　코끼리만 하다　　　　황소만 하다

○ 용언 아래의 '만하다'는 보조 형용사로 처리하며, '만'과 '하다'를 붙여 쓴다. (예 : 먹을 만하다, 주목할 만하다)

(11) 첩어 또는 준첩어는 띄어 쓰지 않는다.

> 첩어는 같은 음이나 비슷한 음을 가진 단어를 반복적으로 결합한 '합성어'를 말한다. 첩어에는 '동음 첩어'와 '유음 첩어'가 있는데, 대개 의미를 강하고 깊게 하여 사물의 집합체를 가리키거나 동작의 반복, 계속 등을 표시하며, 부사로 쓰이는 경우가 많다. 특히 의성어, 의태어에서 많이 볼 수 있다.

가깝디가깝다*　　　　　　시큼시큼

가끔가끔　　　　　　　　얼룩덜룩

가만가만히　　　　　　　엉큼성큼

곤드레만드레　　　　　　여기저기

그럭저럭　　　　　　　　왈가닥달가닥

긁적긁적　　　　　　　　요리조리

기우뚱기우뚱　　　　　　이러나저러나

끌쩍끌쩍	이리저리
너울너울	이모저모
두고두고	일기죽얄기죽
들락날락	차례차례
매일매일	하나하나
생긋생긋	하루하루

【참고 1】 '-디-'를 취하는 말은 첩어로 보고 붙여 쓴다.

예쁘디예쁘다	높디높다	시디시다
차디차다	짜디짜다	크디크다

【참고 2】 대립적인 뜻을 가진 두 낱말이 하나의 낱말처럼 익은 다음의 것은 붙여 쓴다.

오나가나	가타부타	오다가다
오르락내리락		

붙임 1. 용언의 부사형이 첩어의 형태를 취하는 다음의 것은 붙여 쓰지 않는다.

곱게 곱게	높게 높게	높고 높다	곧게 곧게
싸고 싼(향기)	흘러 흘러		

'이승구, "正書法資料", 대한교과서㈜ 1990'에서
'교육과학기술부, "교과서 편수 자료Ⅱ", 2011.'에서
('실용 띄어쓰기'는 저작권의 보호를 받는 저작물임.)

〈참 고 문 헌〉

Anderson, C. (2000). *How's it going? A practical guide to conferring with student writers*. Portsmouth, NH: Hememann.

Anderson, C. (2005) *Assessing writers*. Portsmouth, NH: Heinemann.

Anderson, C. (2009). *Strategic writing conferences: Smart conversations that move young writers forward*. Portsmouth, NH: Heinemann.

Aneelillo, J. (2002). *A fresh approach to teaching punctuation: Helping young writers use conventions with precision and purpose*. New York: Scholastic.

Angelillo, J. (2005a). *Making revision matter: Strategies for guiding students to focus, organize, and strengthen their writing independently*. New York: Scholastic.

Angelillo, J. (2005b). *Writing to the prompt: When students don't have a choice*. Postsmouth, NH: Heinemann.

Angelillo, J. (2008a). *Grammar study: Helping students get what grammar is and how it works*. New York: Scholastic.

Angelillo, J. (2008b). *Whole-class teaching: Minilessons and more*. Portsmouth, NH: Heinemann.

Beck, I., Kucan, L. & McKeown, M. G. (2002). *Bringing words to life: Robust vocabulary instruction*. New York: Guilford.

Buckner, A. (2005). *Notebook know-how: Strategies for the writer's notebook*. Portland, ME: Stenhouse.

Calkins, L. M. (1994). *The art of teaching writing*(2nd ed.). Portsmouth, NH: Heinemann.

Calkins, L., Chiarella, M., Cruz, M. C., Gillette, C., Kesler, T., Martinelli, M.,

& McEvoy. M. (2006). *Units of study for teaching writing, grades 3–5*. Portsmouth, NH: Heinemann.

Chall, M. W (2003). *Prairie train*. New York: HarperCollins.

Charney, R. S. (2002). *Teaching children to care: Classroom management for ethical and academic growth, K–8*. Turners Falls, MA: Northeast Foundation for Children.

Collins, J. L. (1998). *Strategiesfor struggling writers*. New York: Guilford.

Culham, Ruth. (2003). *6 + 1 traits of writing: The complete guide, grades 3 and up*. New York: Scholastic.

Fletcher, R. (1996). *Breathing in, breathing out: Keeping a writer's notebook*. Portsmouth, NH: Heinemann.

Fletcher, R. (2006). *Boy writers: Reclaiming their voices*. York, ME: Stenhouse.

Garner, B. K. (2007). *Getting to got it! Helping struggling students learn how to learn*. Alexandria, VA: ASCD.

Gee, J. P (2007). *What video games have to teach us about learning and literacy*. New York: Palgrave Macmillan.

Giovanni, N. (2005). *Rosa*. New York: Henry Holt

Glasswell, K. (1999). *The patterning of difference: Teachers and children constructing development in writing*. Unpublished doctoral dissertation, University of Auckland, New Zealand.

Goodman, Y. (1985). Kid watching: Observing children in the classroom. In A. Jaggar & M. T. Smith-Burke (Eds.), *Observing the language learner* (9–18). Newark, DE: International Reading Association and Urbana, 1L: National Council of Teachers of English.

Graham, S., Harris, K. R., & MacArthur, C. (2006,May). Explicitly teaching struggling writers: Strategies for mastering the writing process. *Intervention in School and Clinic, 4J,* 290–294.

Graham, S., & Harris, K. R. (2003). Students with learning disabilities and the process of writing: A meta-analysis of SRSD studies. In H. L. Swanson, K. R. Harris, & S. Graham (Eds.), *Handbook of learning disabilities* (pp. 323–344). New York: Guilford.

Graham, S., & Perin, D. (2007). *Writing next: Effective strategies to improve writing of adolescents in middle and high schools—A report to Carnegie Corporation of New York.* Washington, DC: Alliance for Excellent Education.

Graves, D. (2001). *The energy to teach.* Portsmouth, NH: Heinemann.

Henkes, K. (1996). *Lilly's purple plastic purse.* New York: Greenwillow.

Hesse, K. (1999). *Come on, rain!* New York: Scholastic.

Jordan, D., with Jordan, R. M. (2000). *Salt in his shoes: Michael Jordan in pursuit of a dream.* New York: Simon & Schuster.

Klinkenborg, V. (2009, January 28). John Updike. *New York Times,* p. A26.

Lane, B. (1993). After THE END: *Teaching and learning creative revision.* Portsmouth, NH: Heinemann.

Lienemann, T. O., Graham, S., Leader-Janssen, B., & Reid, R. (2006, June). Improving the writing performance of struggling writers in second grade. *Journal of special Education,* 40(2), 66–78.

Mermelstein, L (2007). *Don't forget to share: The crucial last step in the writing workshop.* Portsmouth, NH: Heinemann.

Munson, D. (2000). *Enemy pie.* San Francisco: Chronicle Books.

Obama B. H. (2009). Presidential InauguralAddress, January 20, 2009. http://www.npr.org/templates/story/story.php?storyId=99590481.

Owocki, G., & Goodman, Y. M. (2002). *Kidwatching: Documenting children's literacy development.* Portsmouth, NH: Heinemann.

Peterson, R. (1992). Life in a crowded place: *Making a learning community.* Portsmouth, NH: Heinemann.

Portalupi, J., & Fletcher, R. (2004). *Teaching the qualities of writing.* Portsmouth, NH: Heinemann.

Ray, K. W (2002). *What you know by heart: How to develop curriculum for your writing workshop.* Portsmouth, NH: Heinemann.

Ray, K. W (2006). *Study driven: A fromework for planning units of study in the writing workshop.* Postmouth, NH: Heinemann.

Routman, R. (2008). *Teaching essential: Expecting the most and getting the best from every learner, K-8.* Portsmouth, NH: Heinemann.

Schaefer, L. M., & Miller, H. L. (2008). *Look behind! Tales of animal ends.* New Yorks: Greenwillow.

Smith, F. (1988). *Joining the literacy club: Further essays into education.* Portsmouth, NH: Heinemann.

Snowball, D., & Bolton, F. (1999). *Spelling K-8.* York, ME: Stenhouse.

Spandel, V (2008). *Creating writers through 6-trait writing: Assessment and instruction* (5th ed.). Upper Saddle River, NJ: Allyn & Bacon.

Swanson, S. M. (2008). *The house in the knight.* New York: Houghton Mifflin.

Tannen, D. (1988). Hearing voices in conversation, fiction, and mixed genres. In D. Tannen (Ed.), *Linguistics in context: Connecting observation and understanding* (pp. 89–114). Norwood, NJ: Ablex.

Tomlinson, C. A. (1999). *The differentiated classroom: Responding to the needs of all learners.* Alexandria, VA: ASCD.

Tomlinson, C. A. (2004). *How to differentiate instruction in mixed-ability classrooms* (2nd ed.). Alexandria, VA: ASCD.

Tomlinson, C. A., & McTighe, J. (2006). *Integrating differentiated instruction + understanding by design.* Alexandria, VA: ASCD.

Troia, G. A., Lin, S. C, Monroe, B. W, &r Cohen, S. (2009). The effect of writing workshop instruction on the performance and motivation of good and poor writers. In G. A. Troia (Ed.), *Instruction and assessment for struggling writers: Evidence-based practices* (pp. 77-112). New York: Guilford.

White, E. B. (1980). *Charlottes web.* New York: HarperCollins.

Wilde, S. (2007). *Spelling strategies and patterns: What kids need to know.* Portsmouth, NH: Heinemann.

Wormeli, R. (2006). *Fair isn't always equal: Assessing and grading in the differentiated classroom.* York, ME: Stenhouse.

Wormeli, R. (2007). *Differentiation: From practice.* York, ME: Stenhouse.